U0854336

本书为教育部人文社会科学重点研究基地暨南大学华侨华人研究院科研成果，其出版获得教育部哲学社会科学研究重大课题攻关项目“华侨华人在国家软实力建设中的作用研究”（项目批准号：10J2D0049）资助

《和谐与共赢：海外侨胞与中国软实力》
编委会

顾　问：刘泽彭

主　编：陈奕平

编　委：曹云华　徐义雄　史小军　高伟浓
　　　　潮龙起　李爱慧　文　峰　石沧金
　　　　代　帆　许　梅　彭伟步

国家出版基金项目

新闻出版总署迎接党的十八大主题出版重点出版物

和谐与共赢

海外侨胞与中国软实力

The Pursuit of Harmony and Win-win:
China's Soft Power and Its Overseas Compatriots

陈奕平　主编

暨南大學出版社
JINAN UNIVERSITY PRESS

中国·广州

图书在版编目（CIP）数据

和谐与共赢：海外侨胞与中国软实力/陈奕平主编．—广州：暨南大学出版社，2012.9
ISBN 978－7－5668－0307－8

Ⅰ.①和…　Ⅱ.①陈…　Ⅲ.①文化事业—建设—研究—中国②文化交流—国际交流—研究—中国　Ⅳ.①G12

中国版本图书馆CIP数据核字（2012）第193057号

出 版 人：徐义雄
责任编辑：黄圣英　侯丽庆　郑晓玲　葛舒旸
责任校对：黄　斯　周明恩　黄　颖

出版发行：暨南大学出版社

地　址：中国广州暨南大学
电　话：总编室（8620）85221601
营销部（8620）85225284　85228291　85228292（邮购）
传　真：（8620）85221583（办公室）　85223774（营销部）
邮　编：510630
网　址：http：//www.jnupress.com　http：//press.jnu.edu.cn

排　版：广州市天河星辰文化发展部照排中心
印　刷：佛山市浩文彩色印刷有限公司

开　本：787mm×960mm　1/16
印　张：18.5
字　数：280千
版　次：2012年9月第1版
印　次：2012年9月第1次

定　价：46.00元

（暨大版图书如有印装质量问题，请与出版社总编室联系调换）

序

改革开放30多年来，伴随着中国综合国力的快速提升，中华文化在全球范围内已受到广泛关注。如何加快推动中华文化在海外的传播，形成与我国国际地位和丰富文化资源相对称的软实力，已成为越来越受关注的话题。作为沟通中国与居住国桥梁和纽带的广大海外侨胞及归侨侨眷，在中华文化海外传播和拓展中起到了重要作用，不仅有助于促进国际社会与中国之间的相互了解，有助于实现国际社会的和谐发展和彼此共赢，还有助于加快中国国家软实力的提升。那么，加深对海外侨胞与软实力关系的研究和研讨，毫无疑问是我们必须高度重视的理论和现实问题。

遍布世界各地的广大海外侨胞，在中国的历史发展进程中一直发挥着重要作用。可以说，凝聚侨心、发挥侨力，已成为坚持和发展中国特色社会主义道路的一条宝贵经验。同时，海外侨胞各界精英、华文学校、华文传媒、海外侨胞社团在传承中华文化，开展民间外交，宣传介绍中国国情和发展模式，支持和解释中国国家政策与行为，展示和塑造中华民族海外形象等方面均发挥着不可替代的作用。因此，可以认为中国的近现代尤其是改革开放30多年来，广大海外侨胞和归侨侨眷始终是弘扬中华优秀文化、推动中华文化走向世界的积极传播者；是拓展民间外交、促进中国人民与世界各国人民友好交往的积极推动者。我国改革开放事业的伟大成功，海外侨胞和归侨侨眷功不可没。

海外侨胞在居住国的表现力、影响力是我国软实力建设的重要一环，是建设和谐世界的基础之一，但要发挥海外侨胞在中国软实力建设中的作用，我们认为还要有共赢思维，即海外侨胞、居住国和中国等多方的共赢。我们应该坚持中国政府一再强调的“三个有利于”的原则，就是要在有利于海外侨胞长期生存和发展及当地社会经济文化的发展，有利于发展我国同海外侨胞居住国的友好合作关系，有利于推进我国现代化建设和祖国统一的原则下，充分发挥海外侨胞在文化、经济、社会乃至政治等各个领域增强中国软实力的作用。我想本书以“和谐与共赢”为书名，其意义正在于此。

全国政协常委、国务院侨务办公室原副主任、
暨南大学华侨华人研究院院长：

刘泽彭

2012年7月28日

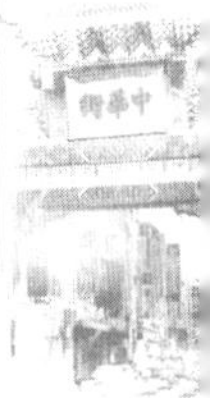

前　言

改革开放30多年来，随着中国经济的快速发展，中国综合国力和国际地位得到极大提升，但国际社会对中国的国际形象却存在不同的看法。由此，如何增进中国软实力，推进“软实力”和“硬实力”协调发展，提升中国国际形象，以实现中华民族伟大复兴的战略目标，成为中国学者和决策者探讨的重大议题。

本书正是教育部人文社会科学重点研究基地暨南大学华侨华人研究院、新闻与传播学院等单位科研人员承担的国务院侨务办公室及教育部课题研究的最新相关科研成果，主要围绕海外侨胞与中国软实力关系的理论分析、海外侨胞的多元认同与中国软实力、海外侨胞与中国公共外交、华文传媒与中国国际形象、海外文化侨务平台与中国文化软实力、侨务工作与中国软实力等议题，从多学科视野探索海外侨胞在国家软实力建设中的作用，全面展现了海外侨胞在传播中国文化、参与公共外交、促进中外交流与合作等方面的积极影响，希望对软实力理论及我国侨务理论和外交工作理论的探讨有所裨益。同时，该书在扎实的研究基础上提出了切实可行的重要政策建议，期望能够对我国的侨务工作和其他相关的对外工作具有一定助益。

本书由陈奕平教授负责整体框架构建及统稿工作，由范如松、陈奕平、高伟浓、潮龙起、李爱慧、文峰、石沧金、代帆、彭伟步、许梅、张小欣等撰写。具体撰写分工如下：第一章 陈奕平、范如松；第二章 李爱慧、石沧金、代帆；第三章 潮龙起；第四章 彭伟步；第五章 高伟浓；第六章 文峰；第七章 陈奕平、宋敏锋；第八章 陈奕平、李天治；第九章 许梅；第十章 高伟浓、范如松、陈奕平。

本书得以出版，要特别感谢全国政协常委、国务院侨务办公室原副主任、暨南大学华侨华人研究院院长刘泽彭，国务院侨务办公室政法司王晓萍司长、刘香玲副司长、范如松巡视员、赵健处长，以及暨南大学国际关系学院院长、华侨华人研究院执行院长曹云华教授的大力支持。同时，本书被列入中宣部、新闻出版总署共同组织的“迎接党的十八大主题出版工程项目”，要特别感谢暨南大学出版社徐义雄社长的积极推动。我们还要感谢暨南大学出版社的黄圣英等编辑对本书的出版给予的大力支持。

最后，必须说明的是，本书并不代表国务院侨务办公室和暨南大学的观点与立场。本书作者对其各自章节中所采用的资料和阐述的论点负责。

编　者

2012 年 7 月 26 日

目　录

对策启示篇

理论篇

第一章 海外侨胞与中国软实力关系的理论分析

改革开放后，尤其是近十余年来，中国经济持续快速增长，但中国的国际形象并未相应提升。中国学者和决策者逐渐意识到，要实现中华民族伟大复兴的战略目标，不能仅仅依靠经济和军事实力增长，也要增进在观念、文化、发展模式的吸引力，国家形象、国际制度参与、国际影响力等方面的软实力。[①] 如何增进中国软实力，如何推进“软实力”和“硬实力”的协调发展，成为近年来中国学者和决策者探讨的重大议题。

本章从华侨华人研究视角，分析海外侨胞与中国软实力之间关系，探讨海外侨胞在中国软实力建设中的作用、机制、路径和面临的挑战。

第一节　海外侨胞与中国软实力的密切关联

探讨海外侨胞在中国软实力建设中的作用，首先要界定两个重要的概念，一是海外侨胞，一是软实力。侨胞（compatriots）一般指居住在国外的同一国家或民族的人。在中国，海外侨胞一般指“定居在海外的保留中国国籍的中国公民”。但在本书不同章节论述中，有关海外侨胞

① 门洪华主编：《中国：软实力方略》，杭州：浙江人民出版社，2007 年，第 281 页。

的界定更加宽泛，是指各个历史时期散居于我国大陆和港澳台以外的其他国家和地区的中国海外移民，同于一般所称的“海外华侨华人”。我国学者高伟浓教授将海外华侨华人分为五大部分：汉族的传统华人群体、新移民群体、中国少数民族群体、来自东南亚印支半岛等地的再移民群体以及非正常移民群体。[①] 我们认为，宽泛的海外侨胞大致也包含上述各部分群体。

对于软实力的概念，学界一般接受美国学者约瑟夫·奈的观点，即软实力是“一种通过吸引而不是强制和利诱手段获取你所要东西的能力”，主要包括文化、价值观、制度及外交政策等方面的吸引力、感召力和影响力。[②] 但中国学者对中国软实力的内涵和构成要素有不同看法。门洪华认为，中国软实力核心要素包含文化、观念、发展模式、国际制度和国际形象。其中，文化、观念、发展模式构成软实力的“内功”，国际形象构成软实力的“外功”，而国际制度联结并跨越两者，成为中国展示和建构软实力的主渠道。阎学通认为国家软实力的核心是政治实力，包括国家模式吸引力、文化吸引力、战略友好关系、国际规则制定权、对国内社会上层的动员力等要素。庞中英认为中国软实力来自以下方面：“培养高素质人口和生产力的教育体系；具有知识创新和贡献能力的研究体系；具有吸引力的主流文化；比较高的人口素质和有秩序的社会；在国际上有影响力的媒体；具有一定普遍性的政治、经济经验、模式、理论、观念；外交政策和外交的成功；政府和社会的良性互动；道德声望或者诉求产生的全球号召力；全球责任的担当能力。”陈正良认为，中国软实力的内涵要素包括政治合法性认同度与执政团队的政治公信力、文化的辐射力与吸引力、国家凝聚力、社会发展模式的影响力、国民素质蕴涵的基础资源力、国家形象力、外交活动基础上参与创设国际机制的能力、依托于哲学社会科学繁荣基础上的发展的想象

① 参见高伟浓著：《软实力视野下的海外华人资源》，吉隆坡：学林书局，2010 年，第 25～30 页。

② ［美］约瑟夫·奈著，吴晓辉等译：《软力量：世界政坛成功之道》，北京：东方出版社，2005 年。

力等方面。陆钢、俞新天等认为国家软实力的核心是文化，文化软实力的作用不可替代。张战、李海军认为中国特色社会主义制度的生命力、中华文化的感召力和吸引力、独立自主和平外交政策的国际影响力是我国重要的软实力。赵海滨、黄建银、孙喜莲等认为中医和武术是中国软实力的重要组成部分。汪安佑则认为，软实力要素应该是综合性的，并提出评价国家软实力的 11 个指标，包括政治价值的导向力、一国文化的吸引力、国际关系的亲和力、国民精神的凝聚力、国际事件中的影响力、传媒的国际影响力、发展制度的有效性、外交政策的合法性、国际形象的认同性、危机处理的合适性、国际规则制定的参与性。①

我们认为，应跳出软实力概念内涵的争论，探讨中国所具有的能够吸引他国的各种软实力元素，即摸清我们的“资源力”，并加以巧用，使之成为一种巧妙的“行为力”或特殊的魅力。具体来说，可从以下方面分析中国软实力的资源及海外侨胞的影响和作用：①文化，包括中华传统文化和艺术及节庆习俗等；②价值观，包括以“和谐”为核心的普世价值观及华商经营理念等；③教育与科技创新，包括对教育的重视、创新能力和科技人才等；④国家制度与发展模式，包括中国国家制度和经济发展模式及华商经营模式等；⑤中国的外交与侨务政策。

从近年发生的一些国际大事及历史经验来看，海外侨胞在我国软实力构建和发展过程中显现出了独特的作用与影响。以 2008 年为例，中国先后经历年初百年不遇的雪灾、3 月的西藏拉萨骚乱和 5 月举国同悲的汶川大地震，以及 8 月成功举办的北京奥运会。这些重大事件在海外

---

① 门洪华：《中国软实力评估报告》（上），《国际观察》2007 年第 2 期；阎学通：《软实力的核心是政治实力》，《世纪行》2007 年第 6 期；庞中英：《中国软力量的内涵》，《瞭望新闻周刊》2005 年 11 月 7 日；陈正良著：《中国软实力发展战略研究》，北京：人民出版社，2008 年；陆钢：《文化实力弱让中国失分——与阎学通教授商榷》，《世纪行》2007 年第 6 期；俞新天：《软实力建设与中国对外战略》，《国际问题研究》2008 年第 2 期；张战、李海军：《国际政治中的中国软实力三要素》，《中国特色社会主义研究》2003 年第 4 期；赵海滨：《从软实力角度看中医药文化走向世界》，《辽宁中医药大学学报》2007 年第 11 期；黄建银：《加强中医药文化建设 提升我国软实力》，《中国当代医药》2009 年第 11 期；孙喜莲：《民族体育文化与国家软实力》，《体育文化导刊》2009 年第 6 期；汪安佑著：《国家软实力论》，北京：中国社会科学出版社，2010 年。

侨胞中引起了巨大反响，他们关注着祖国发生的一切，自发组织起来，为维护国家形象而共同奋斗。于是，我们看到了以下景象：“欧美等地华人在同一时刻走上街头，包括洛杉矶多个华人社团，抗议美国有线电视新闻网（CNN）对中国的负面报道以及卡弗蒂的辱华言论；巴黎共和广场近万名海外侨胞和中国留学生举行集会表达对奥运的支持；德国柏林的华人集会升级为穿越柏林市中心的千人大游行；3 000 多名中国留学生和华人聚集在伦敦西敏寺议会大楼外及曼彻斯特的英国广播公司（BBC）广播大楼外，抗议 BBC 有关中国的报道失实和不公正。”①

基于上述事实观察，我们可以得出一个结论或曰一个命题：海外侨胞在国家软实力建设中可以发挥重要作用。

第二节　海外侨胞在中国软实力构建和发展中的作用

居住在世界各地的广大海外侨胞，他们活跃于居住国的政治、经济、文化、社会领域乃至国际舞台，同时和祖（籍）国有着密切的联系，其本身就是“一个集人力资源、资本资源、文化资源、政治资源、科技资源、信息及网络资源等资源类型于一体的资源系统”②。如此庞大的海外侨胞群体可说是中国软实力构建的独特力量，他们在中国软实力形成和发展过程中可以、应该也能够发挥重要的作用。

海外侨胞在构建和推动我国软实力形成和发展过程中具有重要作用，主要体现在以下几个方面：

一、中国文化艺术的介绍和推广

长期以来，中华文化得以在海外逐渐传播和发展，一个很重要的因

---

① 纪硕鸣：《华人示威为夺国际话语权》，新加坡《联合早报》，2008 年 4 月 26 日，http：//www. zaobao. com/special/china/sino_ us/pages7/sino_ us080426a. shtml。

② 张学惠、江作栋：《华侨华人在中外关系中的作用载体研究》，《八桂侨史》（季刊）1997 年第 2 期。

素就是海外侨胞的推动。海外侨胞移居海外，更为重视中华传统文化教育，其中主要通过教育机构和华文传媒来进行中华传统文化教育及中华文化的传播。海外侨胞还在吸收当地文化元素的基础上，发展中华文化，形成了颇具特色的海外华人文学与艺术氛围，为当地人民乐见并接受。

二、中国核心价值观的传播

“和谐”理念是中国的核心价值观，其主张人与人、人与自然以及国与国之间的和谐，不仅与西方价值观有融通之处，也是人类普世价值观的重要构成部分。比如，“己所不欲，勿施于人”的思想就与西方基督教文化中“爱人如己”、“爱邻舍”等思想相通。因而，以“和谐”为核心的价值观向来受到西方社会的尊重或称赞，为西方社会所接纳。莱布尼茨就称赞孔子的伦理及治国学说，认为“在实践哲学方面，即在生活与人类实际方面的伦理以及治国学说方面，我们实在是相形见绌了”①。法国大文豪、启蒙运动的精神领袖伏尔泰的思想也受到孔子思想的影响，他特别赞赏孔子思想中的“仁爱”与“宽容”，视之为区别善恶的尺度，认为中华文明伟大的奥秘在于其贯穿了理性与道德的原则。②“己所不欲，勿施于人”的格言成为世界各国政要和精英乐于引用的话语，其思想被誉为处理国家间关系的“黄金法则”，镌刻在纽约联合国总部大厅。③

海外侨胞在海外身体力行地阐释、传播“和谐”的理念和价值观，提示我们应该注重在海外华文教学系统中积极传播这一人类社会的普世价值观。

---

① ［德］夏瑞春编，陈爱政等译：《德国思想家论中国》，南京：江苏人民出版社，1989年，第5页。

② 余建华：《西欧启蒙思想家的中国文化观探略》，《历史教学问题》2007年第1期。

③ 李肇星：《和平、发展、合作——新时期中国外交的旗帜》，新华网，2005年8月22日，http://news.xinhuanet.com/newscenter/2005-08/22/content_3389425.htm。

三、中国的现实国情和发展模式的介绍

经济实力是国家的硬实力，但经济制度和发展模式则属于软实力范畴。改革开放30多年来，中国经济取得了举世瞩目的成就，国内生产总值年平均增长9%，为世界所罕见。2008年，全球经济一片萧条，唯中国经济保持较好的增长。这让世界的眼光聚焦于中国的经济制度和发展模式，充满惊诧、赞扬与期望。2008年7月，联合国秘书长潘基文在接受采访时表示："在过去的30年中，中国经济发展非常迅速，这非常的令人惊讶，这个成功建立在智慧、强大、勤劳的中国人民和政府领导人的基础上，不管怎么说，中国都已经成为全球最强大的国家之一，具有全球性的影响力，所以也要肩负全球的责任以及照顾全球的利益。"① 美国前驻华大使芮效俭也说："目前，世界经济领导国家似乎都在削减经济规模，中国经济已经卓有成效，但还可以做得更好，这样可增加中国在世界上的能量，也意味着增加中国的自信。如果中国能比发达国家状态良好地度过金融危机，人们会说中国模式更好，从而会受到许多发展中国家的支持。'不管白猫黑猫，抓住老鼠就是好猫'，现在西方经济已经抓不住老鼠了。"②

海外华文媒体、华人社团、文化中心和华侨华人热心人士都在不同程度、以不同方式介绍中国的国情现状和发展模式，尤其是海外华文媒体近年来普遍增加了对中国新闻的报道，不断扩大版面和加大报道力度，介绍中国政治昌明、经济发展、文化繁荣、社会稳定。有些国家的华文传媒还辟有介绍中国的当地语版特别节目，海外华文传媒成为扩大中国软实力影响的重要方面。

---

① 《国际人士聚焦中国经济　潘基文称关注中国物价》，中国新闻评论网，http：//cn.chinareviewnews. com/doc/1006/9/9/5/100699563. html? coluid =7&kindid =0&docid =100699563。

② 温燕：《美前驻华大使芮效俭：西方经济已抓不住老鼠》，《环球时报》，2008年11月18日，http：//intl. ce. cn/zgysj/200811/18/t20081118_ 17412680　1. shtml。

四、中国外交与侨务政策的理解、支持和解释

中国向来奉行和平、平等、独立自主、不干涉内政等政策，真心实意地帮助发展中国家，使中国成为发展中国家值得信赖的朋友。2005年和2007年，美国皮尤调查中心就世界主要国家的好感度（Favorability Ratings）先后进行全球调查，调查结果显示：中国在多数受调查国家的民众心目中形象正面，在周边国家和非洲国家中形象最好，他们对中国的好感度多在70%以上。① 对于中国的和平外交与侨务政策，海外华人社团和华文媒体普遍接受并加以赞赏，它们已成为宣传中国外交理念和政策的一个重要渠道。

海外侨胞在传播中华文化、介绍中国国情和发展模式、理解和支持中国国家方针政策等方面已经发挥并将继续发挥重要的作用。当然，我们应当注意到，海外华侨华人在介绍中国国情、理解和支持中国国家方针政策方面可能会有很大差异，特别是在他们面临国家认同和在入籍国与中国之间作出选择时。

第三节　海外侨胞影响中国软实力的作用机制和路径

海外侨胞在构建和推动我国软实力形成和发展过程中具有重要作用，其作用机制和路径主要为：

（1）海外侨胞的行为文化和观念文化，包括海外侨胞的节庆习俗以及海外侨胞的经营理念、管理模式，使中国传统文化的特殊魅力在当地社会乃至国际社会中得以展现。华侨华人遍布世界各地，所谓“有海水、有阳光的地方就有华侨华人”，他们是传播中国文化的使者。遍布世界各地的唐人街、中餐馆、中医诊所、华文学校、中华武馆等成为展

---

① 参见：Pew Research Center，Trends 2005，January 20，2005，http：//pewresearch.org/pubs/206/trends-2005；“How the World Sees China”，http：//pewresearch.org/pubs/656/how-the-world-sees-china。

示中华文化的重要场所和路径，而春节、中秋等节庆及华人的婚丧习俗活动，则让西方人有了“零距离接触”中华文化的机会。

海外华商也是中华文化的重要传播者。在这里，“华商”特指活跃在世界经济舞台上的海外华侨华人群体。华商已成为全球化时代的一股重要经济力量，即中外经济合作的重要桥梁和推动力量，也是展现和传播中华文化的推动力量。据中国新闻社课题组发表的《2007 年世界华商发展报告》，2007 年全球华商总资产约为 3.7 万亿美元，其中除中国大陆企业外的亚洲地区华商企业总资产约 3.2 万亿美元，总营业额突破 1 万亿美元。[①] 华商的经营理念和模式与西方企业存在很大差异，越来越受到学界和商界关注，“无论西方、日本学界，还是海外华裔学者、港台学者和中国大陆学者，都已从其神秘的家族企业等表象，深入到其内部运作、成长环境和演进道路各方面来展开严谨的探究”[②]。华商独特的经营理念、管理文化其实源自中华传统文化，如：华商在企业管理中强调“诚信”、“以人为本”、“和气生财”、“勤俭节约”、“量入为出”等价值观，“对家庭和睦、增强企业凝聚力，乃至社会稳定和发展，无疑都具有积极的作用”；“华人企业凭借血缘、亲缘、地缘形成了广泛的人际关系，这种人际关系网在华人企业的成长和发展中发挥着重要作用”，并在此基础上逐步形成现代商务网络。[③] 华商活跃于国际经济舞台，不但成为我国侨务工作的重点对象，也成为世界各国发展经济争取的对象。

（2）华侨华人的个人渠道、海外华文媒体、华文教育及华人精英的著述和演讲，介绍中国国情和发展模式以及中国的对外政策和侨务政

---

① 《世界华商发展报告：全球华商总资产约 3.7 万亿美元》，中国新闻网，2008 年 1 月 22 日，http://www.gx.chinanews.com.cn/news/ HUASHANG/2008/122/ 08122224718F22F8CK0F7302FKK953B.html。

② 龙登高：《经济全球化与海外华商研究》，中国侨网，2001 年 12 月 28 日，http://www.chinaqw.com/node2/node116/node119/node162/node470/userobject6ai29652.html。

③ 陈卫平（香港安达控股国际集团董事长）：《华商在中国—东盟自由贸易区建设进程中的优势》，中国侨网，2004 年 7 月 26 日，http://www.chinaqw.com/node2/node116/node119/node162/node2222/node2512/node2545/userobject6ai184523.html。

策，推动中外经济文化交流。中华民族的凝聚力是中国最大的软实力，五千年的文化传承使海外侨胞对祖（籍）国具有较强的认同感，他们对于祖（籍）国的发展及其取得的成绩感到自豪。自新中国成立以来，尤其是改革开放30多年来，海外侨胞在促进我国对外交往、协助我国开展外交工作方面发挥了重要的作用。中国外交部部长助理吴红波曾说："广大华侨华人充分发挥自身优势，通过不同方式，向居住国政府和主流社会积极传递中国和平发展的政治理念，增进中国与住在国之间的政治互信。回顾历史，我们不会忘记，华侨华人为促进中国同有关国家建立和发展外交关系作出的重要贡献。放眼今天，我们高兴地看到，海外华侨华人组织和社团正积极从事促进双边关系发展的各项活动，为居住国政府发展对华关系建言献策，增信释疑，向外国宣传中国的内外政策。"① 华侨华人通过个人渠道、华文媒体、华文教育及著述和演讲向世界解释和宣传中国，成为加强沟通理解、推动友好合作的"民间大使"。

事实上，海外华文媒体人的看法已经证实了这一点。菲律宾《世界日报》总主笔侯培水曾撰文指出，"在全球一片'中国热'声中，华文媒体基于血浓于水的感情，应积极报道中国在各个领域所取得的成就、中国在国际舞台上的活动情况和对国际社会的贡献，使世界各国对中国的和平崛起能够有正确的看法"。

（3）海外华文传媒、华文教育及华人精英的著述和演讲，传播中华文化特有的思维方式、哲学理念、道德伦理、文学艺术，推动人类文明的融合和进步。海外华文媒体人向来以传播中华文化为重要使命，成为传播中华文化的重要渠道。随着中国的崛起和国际地位的提高，海外华文媒体也进入了一个新纪元。国务院侨务办公室副主任赵阳在2007年第四届世界华文传媒论坛闭幕式上曾说："海外华文媒体正处在蓬勃发展期，华文媒体行业具有光明的前景。""华文传媒是传播中华文化

① 吴红波：《华侨华人在我民间外交和对台工作中的作用》，《侨务工作研究》2008年第5期。

的重要力量，是扩大中国与世界交往的文化使者。”①

华文学校是海外华侨华人社会的重要支柱。自20世纪80年代以来，由于中国的国际影响增大、中国政府对华文教育的重视和海外华社对华文教育的需求，华文教育进入一个新的蓬勃发展时期。随着中国经济的高速发展及国际影响力的上升，世界各国逐渐重视中华语言、文字、文学、道德观等，由此带来世界各国对华文需求的上升。海外华文教育既为华人社会和所在国家培养了懂华语的人才，为维持和增强华人社会的民族认同和文化认同提供了重要的平台和手段，也为传承和发扬中华文化提供了重要的渠道。

海外华人精英则以他们各自不同的方式传播着中华文明特有的思维方式、哲学观念、道德伦理、文学艺术等文化内涵，并探讨和宣讲中华文化在推动人类文明进步中的作用。

（4）华侨华人社团，尤其是定期举行的世界华商大会这类世界性的组织网络和社团活动，密切了华侨华人与中国的联系，推动了华侨华人居住国与中国的交流合作。华侨华人社团、华文媒体与华文学校，被称为海外华人社会的“三宝”，“是支持海外华人社会存在与延续的重要力量，也是中华文化在海外传承与发展的象征”。② 据学者统计，1998年，经登记或建档的海外华人社团达到9 227个，其中分布在亚洲和美洲的华人社团分别为6 208个和2 295个，在欧洲、大洋洲和非洲分别有192个、242个和290个。③

近年来，海外华侨华人社团逐渐走向国际化，形成了不少世界性华侨华人组织及其网络。这些世界性华侨华人组织及其网络不但是华侨华人贸易合作与文化交流的平台，也是密切华侨华人与祖（籍）国联系，加深对祖（籍）国了解与合作的重要渠道。成立于20世纪90年代初的

---

① 赵阳：《前景光明 海外华文媒体正处在蓬勃发展期》，中国侨网，2007年9月4日，http：//www. chinaqw. com/zgqj/qjdt/200709/04/86285. shtml。

② 周兆军：《论坛前瞻：新潮流催生新角色，新形势孕育新气象》，中国新闻网，2005年9月3日，http：//www. chinanews. com. cn/news/2005/2005－09－03/8/620577. shtml。

③ 国务院侨务办公室政研司编：《国务院侨务办公室课题研究优秀成果集粹（2000—2005年）》，2006年，第74页。

世界华商大会（World Chinese Entrepreneurs Convention，WCEC）就是这样的组织，它于1991年8月在新加坡召开了首届大会。经过十余年的发展，世界华商大会已先后在新加坡、中国香港、曼谷、温哥华、墨尔本、吉隆坡、汉城（今首尔）、神户举办，规模也不断扩大，影响力与日俱增。2001年9月，第六届世界华商大会在中国南京召开，出席大会的代表来自70多个国家和地区，人数近5 000名。世界华商大会“成为世界各地华商促进经贸合作的纽带和桥梁，有效地促进了华人华商服务当地经济，推动了所在国家和地区经济的发展”①，也密切了华人与中国的联系，加深了对中国的了解。

世界华商大会（图片来源：http：//www. ty360. com）

海外侨胞在构建和推动我国软实力形成和发展过程中占有重要的地位，也起到重要的作用，但发挥海外侨胞的作用也面临着一些困难和挑战。概而言之，海外侨胞在构建和推动我国软实力形成及发展过程中所面临的困难与挑战包括西方国家政府和民间敌对势力的干扰，海外侨胞中存在少数敌视中国政府的活动分子的干扰活动，等等。同时，国家间关系、居住国对海外侨胞的政策，也都会直接影响到他们的生存发展。由于历史原因，海外侨胞在不少问题上看法不同。这些因素都会或多或少影响海外侨胞参与中国软实力的建构与发展。

① 《世界华商大会》，新华网，2003年6月25日，http：//news. xinhuanet. com/ziliao/2003－06/25/content_ 936409. htm。

第二章
海外侨胞的多元认同与中国软实力

华侨华人在国家认同上的差异是我们探讨这一群体与中国软实力关系必须厘清的一个问题。华侨与华人同为侨务工作对象，却有明显的政策界线区别。作为中国公民，华侨有责任维护中国国家利益，有义务为促进祖国和居住国的发展、为祖国和居住国的友好合作发挥积极的作用。而作为外国公民的华人自然应为属籍国的国家利益尽责，如何把握、保持、发展与外籍华人的关系，关系到侨务工作的科学发展和可持续发展。

改革开放以来，尤其是进入 21 世纪之后，伴随着我国综合国力的不断增强，海外侨胞与中国关系的日益密切和深入，中国的和平发展对海外华侨华人的相关认同产生了复杂的影响。本章试图对海外侨胞国家认同、民族认同以及文化认同发生的变化进行比较深入、系统的分析，并探究这些变化对中国软实力建设可能产生的影响。

第一节　族群与认同

早在20 世纪50 年代，精神分析家埃里克森（Erik Erikson）就提出有关“认同”（identity）的理论，后被其本人和其他学者广泛应用于社会、历史、政治、文化等研究领域。在全球化日益加剧的今天，“认同”问题已经成为众多专家学者关注和研究的热点问题之一。

认同对于理解我们时代的重大问题非常关键，在社会、政治、经济生活的构建中，认同都被用来解释个体行为和集体行动。随着从福柯（Foucalt）到文化多元主义辩论的影响，对各种认同的历史和文化建构，成为从社会历史学到文学与文化研究的关注焦点。如今，无论是在历史学还是人类学、社会学和政治学中，认同都是一个非常重要的概念。准确而言，对认同问题的研究，往往涉及多个学科领域。诸如对个人认同的研究，往往牵涉到文化认同、族群认同、民族认同和国家认同，需要人类学、社会学和政治学等学科的介入。认同还可以用来解释族群冲突。一些人认为，当族群身份与阶级、地位或宗教认同一致时，族群冲突与民族认同尤其激烈。此外，还可以用认同来理解安全共同体的形成或国家之间和平共处的演化。有学者认为，在安全共同体中，阻止背叛的因素并不是制度本身，而是基于本团体认同的共享观念的发展。[①]

“认同”也是华侨华人研究领域的一个重要概念和研究切入点。在过去几十年里，海外华人的身份认同一直是学界关注的热点，如族群通婚与华人身份的保持、海外华人民族主义的兴起、华侨华人与东南亚民族国家的诞生与建构、华文教育与华侨华人身份认同的保持、华人融入主流社会，以及最新的有关华裔新生代的认同、中国新移民与海外华人社会的变迁等问题。

著名的华人问题专家王赓武先生在总结有关东南亚华侨华人认同问题研究的基础上，提出了既非同化亦非双重认同的观点，认为东南亚华侨华人的认同是多重认同。[②] 我们很赞同王赓武先生的观点，身处在全球化日益加快的当今世界，海外华侨华人的身份认同应该是多重性的，他们对自我归属的认知和意识结构是复杂的、混合的，或者说是多元化的。

---

① Abdelal Rawi, Yoshiko M. Herrera, Alastair Iain Johnston and Terry Martin, *Treating Identity as A Variable: Measuring the Content, Intensity, and Contestation of Identity*, Harvard University, Rough Draft, August 17, 2001, pp. 2 - 3.

② 丘立本著：《从世界看华人》，香港：南岛出版社，2000 年，第 157 页。

多元认同是一个由国家认同、民族认同和文化认同（或者说政治认同与族群认同）等构成的相互关联和相互作用的有机整体。其中，国家认同和民族认同的概念更容易理解一些，它们是指人们对所属的国家和民族所产生的一种情感与意识上的归属感，也可以被理解为对国家和民族身份的自我确认。国家认同会受到民族认同的影响，即民族感情影响着公民对国家的效忠程度；而民族认同也会受到国家认同的影响，即公民的国籍身份在一定程度上强化或限制着民族意识和民族感情。在一定条件下，民族认同会超越国家认同的束缚，从而实现更广泛意义上的民族情感融合。

文化认同的概念要更为复杂。文化认同是人类对于文化的倾向性共识与体认，并由此产生深层心理积淀。使用相同的文化符号、遵循共同的文化理念、秉承共有的思维模式和行为规范，是文化认同的依据。文化认同具有先天性和原初性，在社会历史发展中处于相对稳定和恒久的状态。①

拥有共同的文化认同往往是民族认同和国家认同的基础，因为后两者中无不包含着文化认同的内容，其所蕴涵的对象及特性也只有置于一定的文化背景中才有意义；同时，任何形态的文化都是在适应民族、国家的存在特点的基础上形成和发展的。

具体到海外华侨华人，“二战”后，由于他们中的绝大多数已经取得居住国国籍，他们在政治上认同居住国，因此绝大多数海外华侨华人国家认同的对象都是居住国。不过，国家认同的主要标志是国籍认同，相对而言它具有可变性和流动性。

海外华侨华人的族群认同，首先体现为对中华民族或所在国华人族群的认同。至于海外华侨华人的文化认同，则是指向中华文化或者华人文化。文化认同作为一种身份认同，主要是和文化个体归属的民族联系在一起。海外华侨华人无论身处哪一个国家，其民族的生理特征，尤其

① 汪海鹰、王磊：《港澳台海外统战工作中的多元认同问题研究》，《中央社会主义学院学报》2007 年第 3 期，第 34－37 页。

是自身文化的特质始终是难以泯灭的。历史经验告诉我们，国家认同、民族认同和文化认同有时并不是单一的、不重叠的。海外华侨从"落叶归根"转为"落地生根"，在政治上认同居住国，在族群上仍然可以归属于自己的族群，在文化上依然可以归属于自己的族群文化，尤其是当祖（籍）国直接或间接给予他们自信心理的时候，他们的相关认同必然呈现加强的趋势，特别是族群认同和文化认同。

在全球化不断加深的今天，海外侨胞的认同呈现出更加复杂的发展趋势。我们已经不能单纯用线性式的"落地生根"对此进行描述。全球化的发展、人员跨国流动前所未有的频繁、中国的崛起，都给海外华侨华人的认同带来新的变因。比如说，许多国家开放双重国籍政策，使得其海外侨民的身份认同出现多元化的发展态势。与此同时，随着中国的快速发展乃至崛起，以及逐渐融入国际社会，她与海外侨胞发生着深刻而频繁的互动。如大量中国人开始移居海外，给海外华人社会输入了文化上的新鲜血液，中国文化在海外的投射能力不断加强，华人的跨国流动等等，都很可能使海外侨胞的身份认同进一步复杂化。这一群体之于中国与所在国的意义，在新的历史条件下，也许会发生新的变化。由此，人们开始思考一些新的问题，诸如海外侨胞与中国软实力的关系，海外侨胞与中国的民间外交等全新的议题。

第二节　新时期海外侨胞政治认同的新变化

在改革开放的进程中，与中国有着血缘联系的海外侨胞，构成了中国经济现代化的动力。改革开放以来，海外侨胞、港澳同胞带来了中国建设所需的资金，更为重要的是，他们从制度、技术、管理和观念等多个方面对中国经济社会产生了深刻影响，促进了中国从计划经济向市场经济的跨越。海外侨胞最早回国投资，最先把市场经济的企业运作模式和管理方式带进来，同时也带来了先进企业文化，成为中国市场经济的启蒙者。例如，改革开放初期，尽管进入内地的侨资企业多数是技术含

量不高的“三来一补”企业，但它们的引进首先在劳动制度和市场意识上对内地的民众产生了很大的冲击，在诸如用工制度和工资制度、企业效益等方面竖起了新标尺。

1979 年至 1992 年间，我国在吸引外资方面取得了很大成就，有力地推动了经济的发展。其中，吸收海外华资合计 179.32 亿美元。而在闽粤等侨乡省份，海外华资对当地经济的发展贡献更大。改革开放以来，广东省连续 30 年保持年均 13.8% 的经济增长速度，经济总量连续 23 年居全国首位，外贸进出口总额连续 22 年居全国首位，财政收入连续 17 年居全国首位。广东省这些年之所以能够取得如此辉煌的成就，与华侨华人的贡献密不可分。30 多年来，海外侨胞、港澳同胞累计在广东省直接投资 1 200 多亿美元，创办企业近 4 万家，约占全省实际吸收外资总量的 70%。[①]

巨额侨汇也成为侨乡的发展动力。近十年来，随着新移民的增加，福建、浙江等省以及新兴侨乡的侨汇逐年上升。据国家外汇管理局福建省分局统计，2001—2004 年，福建省因私涉外收入共 111.25 亿美元，折合人民币 920 亿元，相当于同期全省本外币储蓄存款增加额的 59.2%，如果加上通过带现金等形式流入的资金，福建省因私涉外收入远远超过这个数目。目前，每年从海外汇入福建省的侨汇在 200 亿元人民币以上。侨汇已成为福建省民间游资和银行存款的重要来源，以侨汇为主要资金来源的民间借贷成为福建省民间投资、县域经济、中小企业的主要资金来源之一，2004 年全省民间投资占全社会固定资产投资的比重高达 36.8%。[②] 大批侨汇的汇入，为侨乡的消费和经济发展提供了重要的资金来源。

海外侨胞具有既熟悉中国文化又熟悉西方文化的双重优势，因而他们回国投资办企业的同时，也传播了现代企业文化，成为引进国外先进

---

① 《30 年投资千亿美元　华侨华人对广东发展贡献大（2009）》，《人民日报·海外版》，2009 年 9 月 19 日。

② 陈长森：《全省每年海外汇款 200 亿　省外证券公司纷纷来闽设机构》，《福州日报》，2005 年 6 月 13 日。

技术和管理文化的主体力量。国务院侨务办公室的统计资料表明，在中国大陆已建立的60多个创业园区中，华侨华人创办的高新技术企业已

重点华侨华人创业团队（图片来源：http：//www.ahradio.com.cn）

达5 000多家，年产值超过100亿元人民币。近年来，在中国鼓励海外留学人员回国服务一系列政策的号召下，在先期回国人员成功案例的示范下，“海归”（指归国留学人员，其中绝大多数已获得侨居国居留权或入籍，成为华侨华人）人数逐年递增。据中国教育部统计资料显示，1978—2006年底，中国各类出国留学人员总数已达106.7万人，留学回国人员总数达27.5万人。2006年中国各类留学回国人员总数达4.2万人，比2005年增长21.3%[1]，表现出良好的增长态势。

海外侨胞或投资中国，或回到中国创业，首先是为了自身能够获取利益，或者说为了谋求自身的发展，这一点是不言而喻的，也是世情常态。但是，我们不能不看到这其中，他们对中国的情感因素。中国经济稳步持续的增长，中国社会和平安定的整体环境，既有利于海外侨胞投资创业，也会促进他们对中国的认同，毕竟，他们的血液中含有华夏子孙的因子，他们乐于看到中国欣欣向荣、蒸蒸日上的景象，直至亲身参

① 《教育部公布2006年度各类留学人员情况统计结果》，中国教育新闻网，2007年3月6日，http：//www.eol.cn/liu_ xue_ kuai_ xun_ 3291/20070306/t20070306_ 221381.shtml。

与其中。

在海外侨胞跨国经济活动增多，与中国发生密切互动的同时，他们对于中国的政治认知也开始发生变化。很多海外侨胞利用自身的有利条件，向居住国政府、社会介绍中国日渐稳定、繁荣、进步的客观事实，并与海外的“台独”、“藏独”以及“疆独”势力展开有力的斗争，捍卫中国的和平统一。如在1991年，全球华侨华人自发组建“中国和平统一促进会”及类似组织。目前，由海外侨胞成立的中国和平统一促进会组织已有170多个，分布在世界80多个国家和地区。该组织的宗旨是实现中国统一，维护领土主权完整。全球大会于2000年在德国柏林召开，此后相继在华盛顿、东京、悉尼、莫斯科、曼谷、维也纳、澳门召开。2010年9月21日，以“推进和平发展，促进和平统一，实现民族复兴”为主题的全球华侨华人促进中国和平统一大会在香港开幕。这次全球性大会是历来同主题大会中规模最大的一次，来自两岸三地及全球60多个国家和地区的逾1 500位代表参加了当天的大会开幕式及其后举行的各场分论坛。本次大会还通过了纲领性文件《香港宣言》，成为凝聚全球华侨华人意志、促进中国和平统一大业的又一重要文件。[①]

除了反“台独”外，在反对“藏独”、“疆独”等分裂势力的阵线中，海外华侨华人也是一支积极活跃的重要力量。

2008年3月拉萨打砸抢烧事件发生后，海外华侨华人积极行动起来，反击西方某些媒体和政客对拉萨事件的歪曲报道。国内外的华人网民在第一时间，就将英国广播公司等发表的一批假照片、恶意篡改事实的照片一一识别并清理出来，发在互联网上，很快揭穿了西方媒体的虚假宣传，让世界人民认清事实真相。西欧、北美、澳大利亚和新西兰的中国留学人员都自发组织起来，举办了多种形式的宣讲活动，向民众诠释了真实的中国、真实的西藏。这是海外同胞们第一次自发地形成一股强大的合力，为维护中国形象而共同奋斗。2009年3月，新西兰奥克

① 黄拯：《全球华侨华人促进中国和平统一大会在香港开幕》，人民网，2010年9月22日，http：//www. 022net. com/2010/9－22/441654323092431. html。

兰地区28个华人团体联合发表反对“藏独”公开信，呼吁新西兰官方和媒体不要支持达赖集团及其在新西兰的代理人所举办的各种活动。公开信说，自古以来，西藏就是中国领土不可分割的一部分。50年来西藏的民主改革取得了巨大成绩。达赖集团及其在新西兰的代理人在新西兰进行的破坏活动，其目的是搞“西藏独立”，恢复神权政治和封建农奴制。他们打着人权、宗教的旗号，企图误导新西兰民众。“对于这种损害中国人民感情，干扰中新友好关系的行动我们表示坚决反对。”① 2009年7月，“全球华侨华人促进中国和平统一大会”在美国洛杉矶举行。此次会议除了继续讨论反对“台独”、促进两岸和平统一的传统议题外，还顺应形势发展，将反对“藏独”议题列入会议议程。

2009年7月，“疆独”分裂分子在乌鲁木齐制造了暴力事件，广大海外侨胞非常愤慨，他们纷纷谴责“疆独”势力的分裂和破坏活动，呼吁国际社会共同抵制和打击“世维会”等恐怖组织。世界各地的华侨华人组织和个人纷纷促请我国政府坚决打击“疆独”分裂势力，维护国家的社会稳定和民族团结；他们还希望居住国政府打击当地的分裂中国的势力。而海外华文媒体也对新疆的暴力事件进行了客观报道。

海外侨胞发挥了他们独特的优势和作用，推动着中国的和平统一，维护我国在海外的政治权利、政治形象，促进着我国在国外政治环境的安全稳定。总体来看，改革开放以来，海外侨胞对中华文化、中华民族的认同趋于不断增强。

第三节 新时期海外侨胞文化认同的新变化

中国卓有成效的改革开放政策，尤其是经济发展的巨大成果加强了华侨华人对中华文化认同的向心力。在1990年代，全球化还被绝大多

① 《新西兰华人团体联合发表反对“藏独”公开信》，新华网，2009年3月13日，http：//news. xinhuanet. com/overseas/2009－03/12/content_ 10997826. htm。

数人视为西化。在中国崛起后，这种日益显得偏颇的观念逐渐淡化。目前，中国已经成为世界第二大经济国、第三大贸易国。中国在世界上的地位越来越重要，国际影响越来越大，中国不仅站起来了，还在逐渐富裕起来。中国的软实力和文化影响力越来越大。在这种情况下，就整体而言，海外华侨华人的文化认同趋向于中华文化或华人文化（或华族文化）。

其实，不管是认同中华文化，或是华人文化（或华族文化），这种不断增强的文化认同趋势对我们而言都是积极的变化。当然，就目前而言，海外华人更多的是对自身族群文化认同的加强。

华族文化是一种具有相对独立性的民族文化，而且，由于华侨华人的“入乡随俗”，华人社会形成了不同于传统中华文化的“华族文化”。在马来西亚，从 19 世纪以来，当地华人社会因应居住地文化而对自身的中华文化作出了改变、适应与创新。曾任马来西亚交通部长兼马华总会会长的林良实先生曾说：“今天的大马华人继续讲方言和华语，吃华人食物，穿华人服装和欣赏中国古典音乐等。不过我们也有所不同，我们已经历了蜕变，祖先知道的，我们也晓得，祖先做的，我们照做，而且做得更多……但我们不但没有失去华人的特征，反而丰富了华人的文化特点。在这许多年里，华人文化不断演进而更具特色，它没有丧失任何东西，反而提升进入一个新的境界。”① 实际上，虽然华族文化已不同于中国本土的中华文化，并已经成为所在国文化的组成部分，但其精髓仍与中华文化相通。

虽然身处全球化的浪潮中，海外华侨华人对中华文化或华人文化传统，却仍然保留着一份深切的热爱与关怀。在海外华人社团的多种世界性联谊会上，都会开展具有传统中华文化色彩的活动。这些强调某种特定的方言或地缘群体的特殊文化活动，有助于加强海外华人对祖籍地的认识，可以使年轻一辈的华人了解其祖先的文化，进而对会馆的活动产

① 《南洋商报》，1994 年 8 月 7 日。

生兴趣，为世界各地的同乡同宗提供一个重温并强化某种群体意识的机会。①

另外，海外华侨华人与中国在文化领域交流的扩大和深入，促进了他们对中华文化的认同。处于和平发展进程中的中国与海外华人的联系更加紧密了，中国和海外华人社会的文化交流，给海外华社注入了新的活力。国内众多的文化、艺术、教育、体育等团体的出国访问、交流为海外华侨华人带去了富有浓厚中国传统特色和民族特征的文化艺术，一些海外华人还得到来自祖籍国的经费、课本、师资支援以开展华文教育，进而深刻影响着海外华社的发展。而一些富有中华文化（或华人文化）特色的海外华人文缘组织，如美国的“海外中国文艺复兴协会”、“中华文化中心”，马来西亚的“华人文物馆”等，兴办华文报刊、华文学校、华语广播电台、华人华文研究中心，在海外传播中华文化（或华人文化）。这些都有助于海外华侨华人文化认同的强化。如马来西亚

旧金山中华文化中心（图片来源：http：//www. photo0086. com）

① 刘宏：《海外华人社团的国际化：动力　作用　前景》，《华侨华人历史研究》1998 年第 1 期，第 48 ~54 页。

的雪隆地区的客家团体茶阳会馆，1980 年代以来，由于得到中国大陆母文化的滋补而出现创新的迹象。“举凡山歌、戏剧、音乐、舞蹈、烹饪、书法、绘画，乃至于参拜寺庙、上坟祭祖和游山玩水，必然增强文化认同感……”，“至于文化方面，因为恢复与故乡的联系，源头活水，彼此交融，文化得以增强复兴，使更具开创的潜力”。[①]

与此同时，新华侨华人，尤其是那些大陆新移民，他们对中华文化的坚持尤其令人关注。通常多数学者认为大陆新移民目前已超过 100 万，估计实际数字要更多。这些数量庞大的新移民，自身中华文化的色彩非常浓厚，他们中的很多人视中国为第一祖国，居住国为第二祖国，新移民往往同时拥有彼此并不排斥的多重认同和效忠。[②] 另一方面，这些新移民总体上的教育程度明显高于老华侨，在居住国的科技、教育、商业、政治等领域崭露头角，是海外华人社会中一支日益崛起的新生力量。而且随着新华侨华人的增多，新移民社团纷纷涌现，新华侨华人创办中文学校和中文报刊也蔚然成风，这些都有利于强化他们对中华文化的认同。因此，在中华母体源源不断地向海外输送新移民的新鲜血液时，由于新移民自身的文化特性，以及新移民在所在国积极推动中华文化认同，这就能够进一步加强华族本身的文化认同。

中国综合国力的不断增强，促使世界范围内出现“汉语热”。据不完全统计，2005 年时，全球华侨华人社会中有近万所华文学校，其中校舍相对固定的、学制比较完备的华文学校有 6 000 多所。[③] 在华文学校中接受华文教育的主要是华裔子弟。华文教育的持续发展不仅能够使海外华侨华人持久保持自身的民族特性，增强华侨华人社会的凝聚力，还有利于华人华侨弘扬中华文化（华人文化）传统，促进他们对中华

① 谢剑、陈美萍：《族群认同与文化适应——以马国雪隆地区客家社团的发展为例》，张存武、汤熙勇主编：《海外华族研究论文集Ⅲ：文化、教育与认同》，台北：华侨协会总会，2002 年。

② Xiujing Liang, Where is Homeland, Who is a Fellow Villager? Distributive Identities among Overseas Chinese Europe，《暨南大学第一届海外华人国际学术研讨会论文集（提要）》，2000 年，第 89 ~ 90 页。

③ 肖木：《世界“汉语热”方兴未艾》，《决策与信息》2005 年第 9 期，第 75 页。

文化（华人文化）的认同。

20世纪90年代以来出现的“汉语热”，促使海外华文传媒迅猛发展。据不完全统计，至1995年时，海外华文报刊已有614份，其中日报78份，期报189份，期刊230份，会刊117份。[①]“汉语热”以及因之迅速发展的华文教育，使懂得中文的人数急剧增加，阅读中文报刊成了时尚。在印度尼西亚，1990年代以来，由于当地政府放宽了对华文传媒的限制，华文报刊趋于增多。《呼声月刊》、《国际日报》、《世界日报》、《和平日报》、《印度尼西亚商报》、《新生报》、《千岛日报》、《印尼与东协》、《望远》、《印华之声》、《赤道线》等华文报刊先后创刊，其中《国际日报》发行量近5万份，稳居首位。[②] 在加拿大，1990年时只有10家华文报刊，到2005年则增加到近60种，另外还有中文电台10多家，电视台7～8家，互联网100多家。[③] 而在华侨华人数量较少的拉丁美洲和非洲，也有不少华文报刊，如巴西的《南美侨报》、《美洲华报》，阿根廷的《新大陆周刊》、《世界新闻》，秘鲁的《秘华商报》、《公言报》，巴拿马的《拉美快报》、《拉美侨声报》，南非的《华侨新闻报》、《南非华人报》和《非洲侨报》等。

华文传媒是海外华侨华人弘扬中华文化和维护华人社会权益的载体，它们的迅猛发展，重要原因之一便是中国的和平发展；反过来海外华文传媒的迅速发展，又会促进海外侨胞对中国的向心力，尤其是促进他们对中华文化（华人文化）的认同感。

有学者认为，我们乐于看到华侨华人认同自身的族群身份，但不能奢望他们高度一致认同中国的国家政治利益，也不能奢望他们在语言、文化方面全面认同中华文化。不过，我们可以希冀他们通过语言、文化的传承，培养对中国及其文化的亲近感。事实上，在目前形势下，加强

---

① 周南京著：《华侨华人百科全书·新闻卷》，北京：中国华侨出版社，1998年，第565页。

② 梁成柱：《印尼华文报业发展简史》，参见夏春平主编：《世界华文传媒年鉴（2005）》，北京：中国新闻社、世界华文传媒年鉴社，2005年。

③ 徐新汉、黄运荣：《加拿大华文传媒的近况》，参见夏春平主编：《世界华文传媒年鉴（2005）》，北京：中国新闻社、世界华文传媒年鉴社，2005年。

海外华侨华人认同中华文化及华人文化的侨务工作的确是明智之举、长远之策。深受中华传统文化影响的海外华侨华人，是传播和发扬中国文化软实力的一个非常重要的载体。

第四节 新时期海外侨胞族群认同的新变化

海外华人的族群认同，准确地讲，是指对华人族群及华人传统文化的认同，而不是对国家意义上“民族”的认同。海外华人认同华族是和其对华族文化的认同紧密相连的。就种族而言，他们仍然认同于华族；就文化而言，无论是宗教信仰，还是婚姻习俗，均渊源于中华民族。所以，华族是一个种族概念，同时也是一个文化概念，它的内涵在于海外华人对种族和文化意义上的民族认同，仅仅是对华人种族特色的确认和文化传统的扬弃而已，本质上是一种族群认同。[①] 华族是相对于华人所在国的其他亚民族而言的，不具有中国的国家意义。尤其在东南亚地区，从国家认同、政治身份认同看，各国的华族是当地民族的组成部分，而不是我中华民族的组成部分。

近二三十年来，由于中国的国际地位日益提升，中国与东南亚华侨华人社会的联系日趋密切，廖建裕教授认为，中国的复兴使一些东南亚华人为中国语言文化所吸引，他们开始“再中国化”（resinification）。[②] 确实，东南亚华人对中国经济和文化兴趣的增长，无疑在现实功利和心理情感的双重维度上，都会对东南亚华人的族群认同和华人意识的保持起较大的推动作用。与此同时，近三十余年来，约有 250 万至 280 万的

---

① 吴洪芹：《海外华人的民族认同与国家观念辨析》，《华侨华人历史研究》1996 年第 1 期，第 1 ~ 6 页。

② Leo Suryadinata, “Ethnic Chinese in Southeast Asia: Overseas Chinese, Chinese Overseas or Southeast Asians?” in Leo Suryadinata, *Ethnic Chinese as Southeast Asians*, Singapore: Institute of Southeast Asian Studies, 1997, p. 17.

华侨华人新移民至东南亚地区，[①] 内含大批求学、从商者。他们的到来给东南亚华人社会重新注入丰富的中华文化活力，有利于当地华人族群意识的增强。

中国的改革开放以及由此而促进的海外华人经济与中国（尤其是华南侨乡地区）的密切联系，是当前海外华人社团迅速而大规模国际化的重要外部因素之一。而海外华人社团的国际化则往往开垦出塑造华人族群认同的文化土壤。因为，一方面，著名华人企业家和政治家通常都直接参加了华人社团举办的国际性联谊活动，这不但扩大了有关社团的知名度和影响，也有助于吸引年青一代华人参与社团事务，从而部分扭转近年来华人社团"青黄不接"的老大难困境，有利于培养华裔青少年对华人文化和华人族群的认同感；另一方面，华人社团国际化的主要目的之一就是保存并推广特定的地方文化与习俗。这一功能在几乎所有的国际化社团的章程中，都被明确列出。所以，几乎所有的世界性华人社团的联谊大会都会举办一些具有地方特色的文化活动，如美食节、舞蹈演出或文物展览，不少社团也同时举办研讨会（如客家学研讨会、潮学研讨会、福建学研讨会等）来评介有关的地方文化。这些活动有助于加强海外华人对其祖籍地的认识与了解。例如，有人认为在客属联谊大会上演唱客家山歌，对于维持客家人的认同感具有重要价值。[②] 更值得我们关注的是，近年来，海外侨胞持续增强的"寻根热"，更明显体现了他们族群认同意识的不断加强。

近些年，海外侨胞纷纷回祖（籍）国、祖（籍）地寻根问祖。改革开放以来中国发生的巨大变化和取得的伟大成就，使海外侨胞产生了强烈的自豪感和荣誉感，也吸引了广大海外侨胞漂洋过海，回归祖籍故土，亲眼目睹中国日新月异的变化。

寻根之旅被众多海外侨胞当作一次"情感之旅"、"文化之旅"，它往往承载着海外侨胞的血缘之情、故乡之情，也成为海外侨胞感受、学

① 庄国土：《东南亚华侨华人数量的新估算》，《厦门大学学报》（哲学社会科学版）2009 年第 3 期，第 62 ~ 69 页。

② 《客总会讯》1990 年第 12 期。

习、传承、宣扬中华传统文化的一条重要有效途径。闽粤两省作为我国最主要的海外侨胞祖籍地省份，也是改革开放较早的地区，“寻根潮”的热度，冠绝全国。

祖（籍）国和祖（籍）地对海外侨胞而言具有特殊的含义，它们承载着先辈的人生历程，记录着家族繁衍搬迁的点点滴滴，昭示着海外侨胞中国血缘的源头。对祖（籍）地的特殊感情，甚至让很多海外侨胞不远万里来认祖归宗。据2006年7月29日“广东侨网”的报道，广东侨办赴美调研团与洛杉矶华人乔家父子男高音组合以及当地一批杰出的侨胞参政人士进行了愉快的座谈交流。参与座谈的华人参政人士表示，虽然华人融入了主流社会，但是他们都自豪地承认自己是龙的传人，特别是许多未到过中国的华人，都希望寻找自己在中国的“根”。[①]

华裔青少年寻根夏令营（图片来源：http：//www. hwjyw. com）

寻根问祖既能增强海外侨胞的族群认同感，又能增强他们对中华传统文化的认同。海外侨胞通过研习中华文化，将寻根问祖作为中华文化的重要组成部分，并积极付诸实践，完美实现寻根之旅。“海外华文教

① ［菲律宾］陈金灿：《融入主流不忘中国根》，广东侨网，http：//gocn. southcn. com/ztbd/zt_ 2006hwdy/zt_ 2006hwdy_ bd/200608010641. htm。

育实际上是一个'留根'和'护根'工程。海外华人要在当地得到更好的生存和发展，就要正确引导下一代在不忘祖宗的根的同时，以积极的态度融入主流社会，培养学生自己也是国家一员的健康心态。而'寻根问祖'有助于海外华文教育事业的发展。回国寻根能让华裔青少年亲身经历、耳闻目睹，他们的根在哪里。当他们接触到博大精深的中华文化，特别是看到中国日益繁荣昌盛时，他们的自尊心和民族情感大大增强，他们会为作为华人而产生自豪感，他们中的许多人会改变人生观念，对学习华语会产生浓厚的兴趣。总之，护根、寻根都是为了海外华人永远留住中华民族的'根'，海外华人就靠它维系华族大家庭，加强凝聚力，更好地在海外安身立命。华族的根是靠中华文化的弘扬、海外华文的教育来呵护和滋润的!"①

寻根之旅大多由中外双方合作举办，大陆的各级侨办侨联（尤其是在侨乡地区的侨办侨联）和海外华人会馆协会等亦参与其中。比如，自2000年以来，福建省侨联已成功举办了八届"文化寻根"夏（冬）令营活动，将之打造成该省侨联的"金字招牌"活动。② 广东省是全国最早组织开展华裔青少年寻根夏（冬）令营活动的省份，从1980年开平首次举办华裔青少年夏令营，至今已有30余年的历史。华裔青少年夏（冬）令营活动得到了海外华社的广泛欢迎。③ 广东省2008年侨务工作实行"五大工程"之一的"三新工程"，其中一项计划便是以华裔新生代为对象的"华裔寻根计划"，通过寻根活动加强华裔新生代精英人士的侨务工作，增进他们对祖籍国与家乡的了解和感情。广东省侨办将每年邀请几十名华裔精英人士来粤寻根交流，同时继续做好华裔青少年寻根夏（冬）令营工作，每年组织1 000名以上海外华裔青少年来粤参加

---

① ［菲律宾］陈金灿：《留住中华民族的根》，广东侨网，http://gocn.southcn.com/qw2index/2006zxzt/hjh15/hjh15qs/200706130086.htm。

② 《寻根的脚步永不停歇》，《福建侨报》，2008年7月28日。

③ 《广东省侨办主任吕伟雄作——恪守"为侨服务"天职，再续百年侨团新章演讲》，广东侨网，http://gocn.southcn.com/qw2index/2006zxzt/2006bnst/2006bnst_bd/200611210050.htm。

寻根之旅夏（冬）令营。①

参与海外华人闽粤寻根之旅活动的成员遍及各行各业，其中以新生代华人居多。寻根之旅的成员来自海外华社中的政界、商界、军界、学生等各个不同的社会群体和阶层，并且是男女老幼“一起来”。一般来说，新生代华人对祖籍国和祖籍地的认知较少，他们大都是通过先辈回忆、学校华文教育、传播媒介等间接方式来获得相关认识，缺乏亲身体验和直观感受，祖籍地对他们依然具有一种神秘的吸引力。新生代华人大多接受过一定程度的教育，视野开阔，社会地位较高，有寻根问祖的热切愿望。他们当中，又以事业有成的中老年以及好奇心强的青年学生为寻根之旅成员的主体。

一般来说，“寻根之旅”内容丰富，不局限于寻根问祖。活动举办方一般会安排丰富多彩的活动项目，观摩学习中国传统元素（文化、历史、地理、书法、手工、武术、国画、地方语言等）、参观风景名胜、游览公司机构、聆听各类讲座、参与各种晚会、体验乡风民俗、品尝美味佳肴等都是常见的预定内容。多样化的活动内容既活跃了团队氛围，密切了成员之间的关系，增加了旅行的趣味性，又让海外华人真切地体验到了中华传统文化的独特韵味，加深了他们对祖籍国和故乡的印象与认识，增强了他们的民族自信心和自豪感。

总之，对海外侨胞来说，寻根之旅的意义是多重的。正如福建省侨办主任曾晓民在2008年中国寻根之旅福建冬令营开营仪式上所说，夏（冬）令营是华文教育工作的一个重要组成部分，举办夏（冬）令营，一为“寻根”；二是让营员亲身领悟中华民族灿烂文明的魅力，观赏故乡和祖籍国的好山好水，增强民族自信心和自豪感……②“从文化建设的层面上看，寻根求源、认祖归宗是有积极意义的，是对中华传统文化的回归、传承和发扬。举行拜祭先祖圣贤的活动，使其成为中华文明共同建设精神家园的重要载体，对于凝聚民族力量，增强民族团结，振奋

---

① 《2008 广东侨务工作突出重点实施“五大工程”》，广东侨网，http：//gocn. southcn. com/qw2index/2006xwzx/2006xwzxgl/200801280057. htm。

② 刘长江：《380 名华裔青少年在闽寻根》，《福建侨报》，2008 年 12 月 23 日。

民族精神，促进祖国统一，实现中华民族的伟大复兴，具有无可替代的特殊作用和重要深远的现实意义。”①

政治认同、文化认同和族群认同三者密切相关、相辅相成。文化认同和族群认同会加强和促进政治认同。如果中国继续保持和平发展的势头，并且在政治和经济上继续开放，那么她对海外侨胞的吸引力就会持续上升，也更可能获得海外侨胞的更大的认可度，从而进一步促进他们对中华文化（或者华人文化）和中华民族（或华人族群）的认同。但是另一方面，我们必须认识到，华人毕竟是属于其他国家的公民，他们在坚守自身独特的文化认同和族群认同的同时，对中国的政治认可度只能局限于某种程度上的理解和支持，而非政治效忠和国家认同。

第五节　个案分析：当代美国华人的多元认同与中国软实力建设

本节在国内外学界关于海外华人认同问题研究的基础上，利用有关文献资料，辅以对来暨南大学读书的美国华裔学生的问卷调查及对几位美籍华人学者的访谈资料，对当代美国华人的认同问题作进一步的探讨，梳理华人社群的认同变迁轨迹，并从政治认同、族群认同、文化认同等多个角度对美国华人的多重认同结构和华社亚群体在认同上的差异进行分析，揭示影响美国华人认同取向的多种因素，最后剖析美国华人的多元认同对中国国家软实力建设可能产生的影响。

一、当代美国华人的认同变迁轨迹

认同虽然是人们关于自身归属关系的自我认知，但它受到群体或个体所处社会环境的制约。具体到美国华人社群，他们在认同选择上受到中美关系、美国政治及社会文化环境变化的影响。“二战”期间，在美华人因美中战时同盟关系度过一个短暂的“暖冬”，但是很快在20世

① 紫云：《从公祭皇帝看“寻根祭祖热”》，《文史春秋》2009年第7期，卷首语。

纪50年代因美国和新中国的交恶而陷入“寒蝉”时期。当时生活在美国的绝大多数华裔迫于中美交恶的现状和美国国内的高压政策，放弃中国国籍，宣誓效忠美国，走上了认同美国之路，并付出巨大努力进行各方面的调整，力求被美国社会接纳。有经济条件的商人家庭和受过良好教育的白领专业人士纷纷到郊区购房，希望与白种美国人融合。这种认同取向实际上是延续了排华时代土生华裔的“美国化”倾向，只不过与排华时代不同，这一时期华人的同化举动获得了美国主流社会的认可和接纳。

进入20世纪六七十年代之后，美国的社会政治环境发生了巨大的转变。从50年代中期开始渐有声势的黑人民权运动激励了美国其他少数族裔（如印第安裔、拉丁裔、亚裔等）在六七十年代采取相应的政治行动，引发了一场对种族主义和盎格鲁—撒克逊文化优越论的全面冲击。与黑人集中于争取政治和经济权利不同，其他少数族裔群体比较注重族裔文化权利。黑人和其他族裔的有组织、有目标和有声势的社会政治活动，促成了美国社会在种族和文化观念上的根本转变，从制度、理论和社会意识等各个层面否定了种族主义、同化理论及政策的合理性，肯定并张扬了少数族裔的社会地位和文化权利，使得多元文化主义不仅成为一种社会思潮，还成为美国政府处理种族和文化多样性的原则。在这种社会风气下，少数族裔和外来移民群体不再以融入“主流社会”为唯一取向，转而强调“族裔性”，鼓励族裔成员及本族文化保持认同感。华裔美国人在这场运动中，消除了对自己族裔身份的消极想法和焦虑心理。土生华裔产生一种新的种族自豪感，对自己的华人身份和祖辈的文化兴趣增强，掀起了“寻根热”。在现今美国宽容的社会政治环境下，少数族裔文化赢得了有利的生存空间，华人移民及土生华裔不再将中华文化视作一种包袱，而更多地将其视为一种财富。他们在认同选择上也有了更多的自主性和灵活性，在某些方面接受美国文化和价值观念，在某些方面又保留中华文化的特质。

在华人族裔认同意识增强的同时，也形成了一种“亚裔美国人”的种族认同意识，以与其他亚裔族群团结起来共同反抗美国社会残存的种族歧视，争取和维护平等权利。不过，是保持单一族裔认同还是亚裔美国人认同，在华人及其他亚裔族群中仍存在很大争议，尤其是在第一代移民中。亚洲新移民来自不同国家，他们在语言、宗教、饮食和风俗习惯上迥异，不少新移民还会把各自的历史宿怨，如日本侵占中国和中越之间的领土争端等带到美国，因此在他们中间形成泛族裔认同是有难度的。而生长在美国的亚裔因同受美国主流语言文化的熏陶，彼此间差异小得多，也没有第一代移民经历的祖（籍）国之间的争端，所以他们的亚裔美国人身份认同意识较强。“亚裔美国人”概念虽然自 1960 年代以来在组织构建和政治动员上的重要性越来越显著，但对绝大多数亚裔来说，他们的“泛亚裔认同”抵不上单一的族裔认同重要。[①] 一般来说，在非公开场合，具有亚裔血统的美国人几乎没人会自觉地认同“亚洲人”或“亚裔美国人”这样的整体身份。他们往往把自己的族裔身份认同标识与具体的来源国或祖先民族联系在一起，倾向于称自己是华裔、日裔美国人等。但是，在涉及亚裔群体共同的权益和福利的时候，亚裔各族群又愿意团结在“亚裔美国人”这一概念下，形成政治联盟。可见，泛亚裔美国人认同更多地体现为一种政治意识或政治策略。华人的单一族裔认同和泛亚裔美国人种族认同是并存的，只是表现于不同的场合。

借用学术界普遍认可的多重认同概念——政治认同、族群认同和文化认同来看当代美国华人的认同变迁轨迹，可以发现：自排华法废除以来，华人在政治认同上已经转向美国，而且这种趋势一直在持续；在族群认同方面，战后初期华人社群刻意“淡化”族裔身份，到 1960 年代之后华人的族裔意识出现复兴和增强的趋势；在文化认同上，战后初期华人社群的“美国化”倾向明显，1960 年代之后对中华文化的认同感增强。

---

① Nazli Kibria, *Becoming Asian American: Second-generation Chinese and Korean American Identities*, The John Hopkins University Press, 2002, p. 3.

二、美国华人多元认同的矛盾统一

现今很多学者都认可，海外华人的认同是多元的。举例来说，王赓武教授分四个维度解析了东南亚华人的多重认同结构，杨凤岗在对美国华人基督徒的研究中，提出了叠合身份认同论，两者有异曲同工之妙。学者们所使用的具体概念也许不尽相同，但多涉及了华人认同的三个维度：文化认同、政治认同和族群认同。从文化认同看，华人不同程度地保存和传延中华文化传统，维系华人的中华文化认同；但同时也包括对非华人文化的吸收和认同。从政治认同看，华人需要作出选择，是保持对中国的认同，还是开始对接纳国的政治忠诚。而至于族群认同，有学者仅强调种族的、生物学意义上的认同，认为“假如一个海外华人的后代也许对中国政府没有任何认同感，对中国文化一无所知或知之甚少，那么就只有生物（种族）层面的华裔认同存在”[①]；而另一些学者认为，除了种族特性外，还要兼顾与族群的相关文化特性。我们比较认可后一种观点。以下从政治认同、族群认同、文化认同三个角度辩证分析美国华人多元认同的矛盾统一关系。

当代华人移民积极融入美国社会，并日益融入美国主流政治，同时又不同程度地保持族裔特性和文化传统，两者之间和谐共存而不互相抵触。1943 年排华法被废除后，在美中国移民终于获得了入籍权。根据美国移民归化局的统计数据，1943—1952 年，加入美国籍华人数量总体上呈上升趋势，但绝对数量不大，每年总数不超过 1 000 人。到 1950 年为止，华人入籍总数只占美国华人总数的约 5%。其中一个原因，是由于一些华侨因身份（比如纸儿子）而无法申请。[②] 朝鲜战争期间和

① Fenggang Yang, *Religion, Conversion, and Identity Construction: A Study of a Chinese Christian Church in the United States*, Ann Arbor, Mich: UMI, 1997, p. 253.

② 参见杨飞：《美国华侨华人国籍问题探讨》，载国务院侨务办公室政研司编：《北美华侨华人新视角——华侨华人研究上海论坛文集》，北京：中国华侨出版社，2008 年，第 174 页。

1955—1966“坦白方案”① 实施期间，华侨入籍呈快速上升趋势。许多华侨怕受迫害或被驱逐出境，而入籍可以起到保护自己的作用。当然，“坦白方案”也解决了历史上遗留下来的华人冒籍问题，让很多人获得合法身份，可以堂堂正正入籍。1965 年移民与国籍法通过后，华人才真正获得平等入境权和入籍权，他们的入籍积极性大为提高，入籍率相比战后初期大幅上升。杨飞教授分析了美国移民与归化局 1977—1995 年的移民统计数据，发现华人移民的入籍率远远高于同时期美国所有外来移民的平均归化率（46%）。按顺序排，台湾地区移民排第一（78.1%）、香港地区移民排第二（76.4%）、中国大陆移民排第十五（65.5%）。② 2000 年，中国大陆移民入籍人数 5.4 万多人，占全美移民入籍总数的 6%，达到历史最高点。③ 至 2008 年在非美国本土出生的华人中，56.8% 是归化美国公民，高于美国所有外来移民的平均归化率（43.0%）。④

华人入籍，只是政治认同转向美国的一个基础条件。华人社群在战后相当长一段时间是一个较为“漠视政治”的社群。很多中国人迁居美国后，远离美国政治，更多忙于生计，期望以此过上安稳富裕的生活。到 1980 年代之后，华人的政治参与意识才逐渐提高。由于一批华

---

① 在排华时代，有不少中国移民采取了买“假纸”入美的方法，这种方法在战后初期一段时间仍然流行，主要是因为当时美国分配给中国移民的限额仍然很少。1950 年代，美国政府开始着手处理历史上遗留下来的这一冒籍移民问题。从 1956 年开始，美国宣布华人可以自首然后调整身份，并出台了“坦白方案”，容许冒籍华人到移民局交出美国公民证件，“坦白”供出本人真实的身份，提供真假亲属各种关系及陈述离境入境的次数和日期。资料交代清楚之后，移民局就可以按照入境当时有效的法律条例分别办理调整身份手续。此后十年间，共有一万多名华人到移民局“坦白”，揭发了两万多名冒籍华人。其中很多人确实获得合法身份，另有一些人则被驱逐出境。

② 杨飞：《美国华侨华人国籍问题探讨》，载国务院侨务办公室政研司编：《北美华侨华人新视角——华侨华人研究上海论坛文集》，北京：中国华侨出版社，2008 年，第 175 页。

③ U. S . Department of Homeland Security, Office of Immigration Statistics, 2009 *Yearbook of immigration Statistics*, p. 53; Sep. 4, 2010 < http://www. dhs. gov/xlibrary/assets/statistics/yearbook/2009/ois_ yb_ 2009. pdf >.

④ Aaron Terrazas and Jeanne Batalova, "Chinese Immigrants in the United States", *Immmigration Daily* (may 2010); Sep. 4, 2010 < http://www. ilw. com/articles/2010, 0526 - terrazas. shtm#bio >.

人有识之士坚持不懈的努力，首开参政风气，并积极引导和团结华人，使得华人参政日趋活跃。这显示出华人在适应和接受美国的价值观念、意识形态、政治制度方面的努力和成就。考虑到华人传统观念中对法律和政治的强烈规避倾向，再来看美国华人日渐升温的参政热，就不难看出，华人在政治意识和情感方面已经逐渐认同于美国主流的民主和自由观念。

政治上认同美国与保持华人族裔认同并不矛盾，族裔归属不会妨碍人们参与到主流政治中。由于多元文化主义理念在美国的兴盛和实践，寻求“群体诉求”和“群体权利”成为当代美国民主政治的一个重要特色，从而鼓励了以族群认同为基础的集体行动，各少数族群都积极动员群体力量在政治层面上争取自己的地位和权益。1960 年代以来，少数族裔群体在美国政治中的影响力越来越大。黑人依靠群体团结，成为美国政治舞台上一支不容忽视的力量；拉丁美洲裔由于持续不断的移民，人口数量迅速增加，也转化为一股强大的政治力量。在黑人和其他少数族裔群体争取平等权利运动和发挥族群整体政治影响力的激发下，美国华人有识之士也努力唤起、重塑和强化华人的族群认同意识，积极动员华裔（亚裔）的整体力量，以增强在美国社会的话语权。华人的族群动员策略在 1960 年代末初露锋芒，到 21 世纪初逐渐成为华人参政的一种重要趋势。

要增强华人的族裔认同，就必须强调华人社群的共性。这种共性主要表现在两个方面：一是种族特性；二是共有的族群文化特性。种族特性指种族遗传带来的体形、肤色和某些心理素质。尽管与此相关的种族主义观念已经逐渐为人们所抛弃，但是一个族群的生物性特征是相对比较稳定的。种族特性在美国华人族群认同方面的影响力随着跨种族通婚的增加而日趋减弱，不过依然是因素之一。在当今美国社会，不少华人特别是土生华裔能说地道的英语、接受主流社会的文化价值观和行为准则，与白人交友甚至通婚，社会经济地位很高，但他们仍会因为肤色而遭遇区别对待，感到自己被边缘化，未被完全接纳入美国主流社会，这种经历从反面强化了华人的族裔认同。① 华人族群的文化特性也就是人们常说的"华人属性"（Chineseness②）。一般认为，华人属性包括说中文、信奉中华传统价值观念（诸如强烈的家庭、宗族观念，勤奋等）、表现出本民族一些特有的行为习惯、保持本民族的传统习俗等。有些学者强调中文话语能力在其中的核心地位。陈志明教授认为，懂中文以及能直接接触中文传统文学作品的华人，将有更多的机会了解中国历史、哲学和文明，也会对中国音乐、戏剧、艺术等感兴趣。③ 由于语言变量更具有可操作性，因此很多关于华人文化适应、同化和认同的研究多根据一个人讲汉语能力的丧失或所在国的语言能力获得为依据，判断其华人属性的保持程度。不过，近年来对于华人价值观念和行为习惯的研究也开始增多。现今美国社会中华人日常工作和交际主要使用英语，第一代移民中文较为熟练，也多在家中说中文，而大多数土生华裔都不能说流利的中文，不过这并不妨碍他们保持华人属性。有学者认为，美国华人族群文化的核心不再是中文，而是一系列重要的价值观与习俗，这些常在不知不觉中由个人或群体表现出来，构成华人的日常生活，这也是中国移民带来的文化财产，其中包括温和、诚实、勤劳、低调、谨慎、守法等被视为最重要的华人特性。

从以上分析可以看出，族群认同实际上包含了文化认同的内容，但这种文化认同主要是对本族群传统文化的倾向性共识与认可。文化认同本质上是具有自由选择空间的，每个群体的文化认同体系都处于不断的建构中。海外华人的文化认同既有对中华文化的认同，也包括对他种文化的认同。前者主要是自然形成的，而后者则通过文化接触和交融而获得。华人移民进入美国后，他们身上所携带的中华民族长期积淀而形成的文化价值观、民族习俗、思维模式仍然有一定的韧性，不自觉地在他

---

① Nazli Kibria, *Becoming Asian American: Second-generation Chinese and Korean American Identities*, The John Hopkins University Press, 2002, p. 13.

② "Chineseness"有多种译法，有的学者译为"中国性"，有的译为"华人意识"；本书比较倾向于王赓武教授的"华人属性"译法。

③ 陈志明：《华裔族群：语言、国籍与认同》，《广西民族学院学报》1999 年第 4 期，第 29 页。

们的日常行为中表现出来。当代美国的多元文化主义氛围，也给予华人族群文化以有利的生存空间，所以华人移民对中华文化的归属和认同意识并未迅速淡化。与此同时，华人社群在美国会不同程度地与主流社会和其他族群发生接触，潜移默化地受到当地文化和价值观念的熏陶。更重要的是，华人为了在当地更好地生存和发展，需要积极主动地学习和吸纳当地的文化。这样，华人对美国文化也会产生一定程度的认同。由于华人社群本身在来源地或出生地、文化背景、受教育水平、阶级地位上构成多样，而美国社会也是一个文化多元的社会，华人族群文化与美国文化的融合以及族群文化内部的协调和磨合，使得美国华人文化带上浓厚的多元性色彩。加上全球化趋势下华人移民的跨国活动和联系日渐频繁，华人的文化认同面对不断变化的社会场景也变得复杂多变。所以，当代美国华人的文化认同基本上是杂和的，具有包容性和可变性，绝不是单一的和纯粹性的。但不能否认，华人社群在文化认同上存在“交集”和一定的共性，那就是他们都或多或少融汇了中美两种文化特性。这一点从华人基督徒的文化认同特点上可见一斑。这些教徒在宗教信仰上已然“美国化”了，但是他们并未丧失对中华文化的认同。他们多组建了独立于主流宗派之外的华人教会，用中文服务于华人信徒，并开设免费的中文学校，教授土生华裔子弟学中文、中国历史与传统文化。华人教会还在很大程度上保留了一些中国传统风俗，比如节日庆祝活动，并有选择地继承了某些中华传统价值观，特别是儒家道德伦理。① 华人教会信众喜欢宣称：“我们都是华人，不论我们来自哪里……我们虽然不说同一种方言，但是有同样的文字，享有共同的中华文化价值观。”② 由此可见，皈依基督与保持对中华文化的认同两者并不矛盾。

---

① 李爱慧：《美国华人基督教会的族裔特性探析》，《暨南学报》（哲学社会科学版）2009 年第 5 期。

② Fenggang Yang& Helen Rose Ebaugh, “Religion and Ethnicity among New Immigrants: The Impact of Majority/Minority Status in Home and Host Countries”, *Journal for the Scientific Study of Religion*, Vol. 40, No. 3, 2001, p. 374.

美国华人的政治认同、族裔认同和文化认同构成一个复杂多元的矛盾统一体。华人在政治上对美国民主自由观念的认同和对美国的效忠与保持本族群认同和某种程度的中华文化认同并不矛盾。华人移民美国是为了获得更好的生存和发展机会，他们必须调整自己，适应和融入当地社会，提升自己的社会和政治地位，这对于华人自身以及中美两国都是有好处的。但是，融入主流社会并不意味着华人彻底“美国化”，完全放弃中华文化，特别是中华文化中的精髓。民族情感和文化特征作为一种意识和文化现象具有延续性，不可能因华人移民美国而马上消失。同时由于多元文化主义理念的实践，国民在族群、宗教、语言、文化习俗方面的多样性得到承认，并且受到法律保护，这有利于华人族群意识的维系和对中华传统文化的保存。现今很多华人中产阶层生活在种族混居的社区中，与非华人一起工作和学习，也参与主流政治活动，可以说在公共领域已基本上同化于当地社会了，但他们也有不同程度的中华文化需求，并有保存和弘扬中华文化遗产的强烈愿望。他们建起了中文学校、华人教会、华人社团组织、文化中心，并举办节日庆典活动，形成华人文化活动圈。针对这种现象，美国学者令狐萍教授提出了“文化社区”理论加以阐释。“文化社区”往往没有清晰的地理界限，而是指以社会文化活动为基石而形成的社区。这类社区的居民多数就职于主流社会的公司、机关和学校，定居于以白人为主的高级住宅区，业余时间则通过参加中文学校和华人社团组织的文化活动与其他华人聚集形成“文化社区”。[①]“文化社区”不再像传统唐人街那样是为了满足互助自保的经济需要，而是为了找到族群与文化的归属感，在这里华人的族裔和文化身份认同凸显出来。

三、美国华社亚群体的认同差异

美国华人社群本身构成多元，因来源或出生地、文化背景、受教育

---

① 令狐萍：《美国华人研究的新视角：文化社区理论》，《华侨华人历史研究》2007 年第 1 期，第 25～31 页。

程度、阶级地位不同而形成亚群体。抵美的先后、收入的高低、居住区域、社会地位等因素对华人的认同起着关键作用。华人亚群体在认同取向上具有一定的共性，但又存在一定的差异，这种差异多体现在文化认同上。有不少学者从历史的视角考察美国华社存在的认同类型，提出了富有启发性的论点。王灵智在《“根”与美国华人的认同变迁》一文中，梳理了美国华人社会中曾出现的五种华人认同类型，并以“根”的譬喻予以归纳，即“落叶归根”、“斩草除根”、“落地生根”、“寻根问祖”及“失根族群”。[1] 王教授指出，虽然这五种类型的认同分别出现于特定的历史背景下，但在今天美国华人中依然可以见到。王保华教授（Bernard P. Wong）在《唐人街：经济适应和华人的族裔认同》一书中，也以一章专门探讨了华社不同亚群体——老侨、美籍华人（包括土生华裔和归化公民）、新移民、来自东南亚等地的再移民在族群和文化认同上的不同特点。[2] 美籍华人学者杨发章发表的《论美籍亚洲人的身份认同、内外冲突和生存策略》一文，将美籍亚裔群体（主要是华裔和日裔）的文化身份认同分为四种类型：传统主义者（老移民和第一代新移民）；同化主义者（主要是指在文化上几乎完全同化于美国，认同自己为所谓的纯正美国人）；两可身份适应者（主要是指在亚洲和美国都接受过教育持双重身份认同的人）；新的身份追求者（主要是桀骜不驯的华裔和日裔大学生，他们试图建构一种反映自己族群独特经历的新的身份认同）。[3] 尽管上述学者的论点在今天看来仍然有一定的可取性，但是时代变迁，当代华社各亚群体在认同上又出现了新的特点，不能再简单地套置于上述认同模式。实际上，在当代美国华人中绝对的传统主义者、同化主义者或者更极端的置身于两种文化之外的“边缘

① L. Ling-chi Wang, “Roots and Changing Identity of the Chinese in the United States”, in Franklin Ng, *Adaptation, Acculturation, and Transnational Ties among Asian Americans*, New York: Garland Publishers, 1998, pp. 27 – 52.

② Bernard P. Wong, *Chinatown: Economic Adaptation and Ethnic Identity of the Chinese*, Holt, New York: Rinehart and Winston, Inc. , 1982, pp. 73 – 85.

③ ［美］杨发章著，徐竹译：《论美籍亚洲人的身份认同、内外冲突和生存策略》，《国外社会科学》1985 年第 7 期，第 27 – 28 页。

人”都居少数，更多的人是不同程度的双重文化认同者。双重文化认同感是指那些融汇了中美两种文化特性，在不同情况下，根据不同文化处境来行动的人。当他们与自己的家人或同种族的成员在一起时，会自然地按中国的方式行事；当他们与主流社会的成员相处时，又会不自觉地按照美国文化的习惯来行动。①

不可否认，第一代华人移民总体上保存中华文化的成分更多一点，他们一般不会轻易放弃母语和一些优良的中华传统。有不少华人新移民即使英语讲得很好，在家里也坚持讲中文，他们要求自己的子女也讲中文，学习中国的传统文化，唯恐自己的子女变得太过“美国化”。据2008年美国的社区普查数据，在100万的土生华裔公民中，有1/3以上（39.4%）的美国土生华裔公民在家里说中文（包括粤语、普通话及中国其他方言），而华人移民中，有83.6%在家说中文。② 但同时，华人移民既然选择定居美国，就不可避免要习用英语，受到主流社会的价值观、政治观念、公民意识、生活习俗等方面的熏染。现今不少留学转而定居美国的新移民在中美两种文化间游刃自如，他们中有很多人在抵达美国时就已经会说流利的英语，因受过良好的教育，多拥有薪金优厚的专业工作，属于中上阶层，住在郊外的高级住宅区。他们有更多的机会通过教育、工作、邻里联系、专业组织、教堂和其他中介机构与美国主流社会接触，这些接触也极大地促进了他们与主流群体的融合。由于接受美国教育及与主流群体接触的影响，他们对于美国文化开放吸收，多认同美国文化中积极的部分，如民主、自由、平等等观念。但同时，由于他们都出生在中国，且至少在中国接受过中学或大学教育，中华民族的一些优良传统也深深地印在他们的脑中，他们依然重视中国文化中的孝顺、节俭、顾家、勤奋、好客、中庸、重教等传统价值观念。在文化

① 滑明达著：《文化超越与文化认知：美国社会文化研究》，北京：中国社会科学出版社，2006年，第167页。

② Aaron Terrazas and Jeanne Batalova, “Chinese Immigrants in the United States”, *Immigration Daily* (May 2010); Sep. 4, 2010 <http://www.ilw.com/articles/2010, 0526 – terrazas.shtm#bio>.

认同方面，虽然不乏有人赞同完全“美国化”，并称自己是美国人；而更多的人则抱着兼顾的态度，倾向于融合中美两种文化，他们也希望自己的孩子能够融合两种文化的精华。

美国华人学者的相关研究就展现了华人专业技术移民的双重文化取向。据令狐萍教授对华人专业人士发起成立的圣路易华人协会（1996年成立）的研究，这一组织的成员具有坚定的扎根意识和社会融合意识，他们把毕生都奉献给了美国，但他们身上还是明显具有一种文化多元性，即中国文化和美国价值观念兼容的特性。该组织在强调维护华人合法权利的同时，致力于推广中华文化，并促进中美两国人民之间的文化交流。这些华人专业人士并没有忘记传承和传播中华文化的责任，在协会成立的第二年就创办了圣路易现代中文学校。像所有的移民家长一样，他们也热衷于将他们的中国情结传递给子女，他们意识到唯一可行的办法就是让他们的子女先学会中文。[①] 王保华在对硅谷华人科技精英的研究中也展现了这一高级人才群体的中西兼容特性。[②] 我们通过对来暨南大学访学的美籍华人李岘女士、尹晓煌教授的访谈，了解到很多留美学人在美国已跻身中产阶层，与当地的融合程度很高，但是他们依然怀有“一颗中国心”。李岘女士曾拍摄十二集大型电视系列纪录片《飘在美国》，反映华人在美国如何带着自身的文化习俗去接受西方文明、如何在东西方两种文化的裂变中重新认定“自我存在意识”。现今有媒体用“第1.5代”来形容这些能够在中美文化保持极好平衡的华人移民群落。他们从中国大陆、台湾、香港移居美国之后，在不到一代人的时间里，迅速融入美国主流社会，拥抱美国社会，但同时并未忘却中华文化，突破了过去第一代移民“固守在唐人街画地为牢”，第二代彻底“美国化”的刻板疆域。

---

① 令狐萍：《论华人新移民在美国的社会融合问题——以华人在圣路易城为例》，《世界海外华人研究学会地区性非洲国际会议论文摘译》，香港：香港社会科学出版社有限公司，2008年，第154～155页。

② Bernard P. Wong, *The Chinese in Silicon Valley: Globalization, Social Networks, and Ethnic Identity*, Lanham: Rowman & Littlefield Publishing Inc., 2005.

当然，华人新移民并不千篇一律，与前述中上阶层人士相对的另一极端，是一些教育和技能水平低下的移民，如福州新移民，生活工作于唐人街，薪金微薄，他们较少有机会与本土美国人进行交流，也缺乏学习新文化的动力，因此对美国文化的认同感相对较低。这类移民较多地维系着中国传统文化价值观和生活习俗等，他们对自己所属的华人社区和文化的认同程度高，族裔群体意识和华人文化意识相对较强。不过，他们大多较为重视子女的教育，有些人并不排斥甚至极为赞同子女的"美国化"。所以，也不能简单将他们归为绝对传统主义者之列。

土生华裔历来多被归入同化主义者之列，被称为"竹升仔"、"香蕉仔"，这种看法今天亟须修正。诚然，"二战"后，因中美关系阻隔，在美华人普遍倾向于"美国化"，淡化自己的族裔身份。他们中很多人住在白人中产阶级为主的郊区，入白人学生为主的学校读书，日常惯用英语。很多人对中国和中华文化都比较陌生，对祖籍地的感情也较淡薄，只是由于家庭熏陶，仍然保留某些中华传统观念和风俗习惯。与自己的移民父母相比，他们与主流群体有更直接的接触，对美国主流文化的认同度也更高。不过，与此同时他们身上的族裔特性和中华文化的因子依然存在。族裔文化由一系列价值观和从家庭生活习惯中习得的处事方式组成。每一代华裔美国人身上的"华裔特性"或许会有弱化的趋势，但他们仍然会从父辈身上继承某些特征，尽管人们常常不能清楚地定义出这些特性或习惯究竟是什么，但往往一眼就能辨别出。

进入20世纪60年代之后，在美国风起云涌的少数种族和族裔社会政治运动氛围中，很多土生华裔重新思考自己的族裔身份，转过头来追寻本族群的历史和文化之根，并联合其他亚裔群体青年，反抗种族歧视和偏见，争取本族群平等的政治和文化权利。在争取平等权利的运动过程中，他们的族裔认同意识得到进一步强化。置身美国主流文化的语境中，土生华裔首先考虑的是融入美国主流社会。然而，成长于移民家庭中的土生华裔不免受到父母自觉的中华文化灌输或是不自觉的言传身教，他们感到身处两种相互矛盾的文化——中华文化与美国文化的冲突与交锋中，在文化认同上产生困惑。华人父母与子女往往在家庭秩序、

教育和读书观念、生活习惯、交友恋爱方面产生文化冲突。[①] 不过，华人社区特有的族裔环境对华裔子弟具有辅助性的教育作用，环境使他们对父辈的文化产生理解，有助于消弭华人家庭的代际文化冲突。如周敏教授所言，这种族裔环境体现在种类繁多、营利性和非营利性的华人组织上，其中最突出的是和子女教育有直接关系的中文学校。就读中文学校大大加强了华人移民子女的华裔认同感。周敏教授在一次问卷调查中设计的一道问题是："什么使你感到自己是华人?"许多华人学生答道："上中文学校。"[②] 华人孩子们在一起，有利于熟悉华人文化，适应华人习惯，使华人习俗和传统受到尊重。除中文学校外，华人社团、华文传媒、中华文化中心等机构在中华文化传承方面的努力，华社有关团体与国内侨务部门合作不时组织寻根活动和中华文化之旅夏（冬）令营等活动，以及一些华人家庭将他们的子女送回中国读书、度暑假和其他假期，也令土生华裔有机会切实接触中国语言和文化，欣赏其魅力。这一切都有助于增强土生华裔对中华文化的认知感。

寻根之旅对于土生华裔探寻自身的族裔文化根基，增强族裔意识和对中华文化的认同感具有特别重要的意义。参加寻根团之前，很多华裔美国人对自己的祖籍地没有太多的了解或念想。寻根活动最初兴起之时，旧金山湾区住在郊区的第二、三、四代广东籍移民后裔中有一些人部分是从父母处习得，部分是幼年有相关语言区的居住经验，能说流利的粤语或某种乡村方言，但他们不知道如何读或写中文；而大多数人根本没去过中国，也不知如何说好中文或压根不会。[③] 寻根活动有助于土生华裔找回或重新认知丢失了的传统。参加过"寻根团"的土生华裔声言寻根改变了自己的身份认同。1980 年参加首届美加学生寻根团的美国土生华裔李振匡说："我的身世包含中国人和美国人双重意义，寻

---

① 参见 May Paomay Tung, *Chinese Americans and Their Immigrant Parents: Conflict, Identity, and Values*, New York: Haworth Press Inc., 2000.

② 周敏著：《移民家庭的代际关系与跨文化冲突》，《美国华人社会的变迁》，上海：上海三联书店，2006 年，第 335 页。

③ Andrea Louie, *Chineseness across Borders: Renegotiating Chinese Identities in China and the United States*, Durham: Duke University Press, 2004, pp. 10 – 13.

根之旅给予我实现自我和发现自我的机会，这条发现自我之路将相伴终生。”另一位寻根者蒂娜·汤多年前接受《亚洲周刊》的采访时说：“我认为寻根活动有助于美籍华人寻找他们的传统遗产，使他们更加关注华人社会。像我这样的人，原来并不十分感觉到自己是美籍华人社会中的一员。在寻根活动中，对美籍华人的经历有了深刻的体会和了解，这段经历使我们与华人社会的其他人联系在一起。”① 中国和平发展，在国际舞台上日益引人瞩目，更是激发了华人族群的自豪感，在土生华裔中掀起“中国热”、“中文热”和“中华文化热”。许多已步入社会的华裔新生代，自己不会讲中文，但都在培养自己的孩子学习中文，并对了解中国国情和中华文化有较强的渴望。现今“寻根活动”的很多参与者是土生第三、四代甚至第五代华裔。可以说，与早期的土生华裔相比，新一代的土生华裔对中华文化表现出更多的欣赏态度，其族裔认同意识有增强的趋势。

四、影响美国华人认同取向的主要因素

（一）华人社群自身因素

第一，华人家庭和族裔社区的作用。我们在与来暨南大学访学的杜荣佳教授交流美国华人认同问题时，他特别提到华人家庭在其中的作用。虽然华人家庭的社会经济状况各不相同，融入美国主流社会的程度不同，但是大多都直接或间接地受到历史悠久的儒家文化传统的熏陶，这些无疑都对下一代文化认同上的族裔特性有影响。Nazli Kibria 关于美国第二代华裔的访谈资料揭示，不同华人家庭向子女传延中华文化的积极性和方式不同。在一些家庭中，父母期望与要求子女学习中文和中华文化，他们与国内的父母相似，强调尊重长辈、奋发读书、严格律己等中国传统的价值观和行为标准，严格要求子女；而另一些家庭平时并未

---

① Albert Cheng and Him Mark Lai, “The ‘In Search of Roots’ Program: Constructing Identity through Family History Research and a Journey to the Ancestral Land”, in Susie Lan Cassel, *The Chinese in America: A History from Gold Mountain to the New Millennium*, Rowan & Little Field Publisher Inc., 2002, p. 305.

特意去教导自己的子女要承袭中华文化，只是以自己的言行感染子女，他们对子女的影响完全是润物细无声式的。这种差异很大程度上与华人家庭所居住社区的社会环境有关。生活在唐人街或是华人聚居程度较高的社区中的华人家庭在中华传统文化的教育上会得到族裔社区的外在支持；而另一些华人家庭则生活在大多数是白人或其他族群的社区中，与同族相对疏离，这类家庭的中华传统文化的教育则更多地依赖父母个人的决心、努力和坚持。[①] 周敏教授也认为，生活于移民家庭和族裔社区有利于华裔新生代族裔性的保持，因为移民父母们会经常灌输祖源意识，与族裔聚居区亲戚及同族保持紧密关系也会对土生华裔的族裔和文化认同产生重要影响。[②]

第二，华人新移民的持续涌入。据美国人口普查统计，2000 年美国华裔人口中 70% 是非本土出生的第一代移民。由于大量华人新移民持续涌入美国，延缓了华人群体同化于当地社会的进程，使得中文和中华文化在华人社会中依然很有活力，极大地增强了当地华人社群的意识，也有助于维系他们的中华文化认同感。

第三，华人社群的构成。华人按移民先后可分为老侨和新移民，按出生地可分为美国本土和非本土出生，按来源地可分为中国大陆各省籍移民、台湾移民、香港移民、东南亚及其他地区的再移民等。来源地或出生地的不同导致了语言文化上的差异，使得华人社区口语方言多如牛毛，如粤语、普通话、闽南话、客家话、潮州话、上海话等，彼此互不相通。这些移民虽然享有共同的中华文化传统，但是因成长环境和所受教育的不同，在意识形态和文化价值观上又存在一定的差异，他们首先形成的是地缘或方言群认同，然后在此基础上构建华人的族群认同。

第四，华人社团的作用。新、老华人社团在增强华人族群认同、弘扬中华文化、推动华人与当地社会一体化方面发挥着积极作用。当代美

---

① Nazli Kibria, *Becoming Asian American: Second-generation Chinese and Korean American Identities*, Baltimore: The John Hopkins University Press, 2002, p. 45.

② Minzhou and James V. Gatewood, "Revisiting Contemporary Asian America," in *Contemporary Asian America: A Multidisciplinary Reader*, New York: New York University Press, 2000, p. 25.

国的华人社团大多能走出家族性、地域性的小圈子，为各类各阶层的华人提供交流机会，努力克服分歧，以求增强华人族群的凝聚力。华人社团还致力于宣传中华传统节日，组织民俗庆典，举办中华民族歌舞表演、中华饮食文化、中国武术等各类中华传统文化活动，满足华人新移民的文化需求，也为华裔新生代提供感受、接受和学习中华传统文化的机会。它们还与国内侨务部门合作，组织华裔青少年的寻根夏（冬）令营活动。与此同时，华人社团也逐渐积极参与当地社会事务，加强与主流机构、组织的联系，维护华人权益，发动华人参与主流政治，促进了华人在政治上认同和融入当地主流社会。

第五，华文学校的作用。华文学校在传延中文和中华文化传统方面发挥着举足轻重的作用。当代美国的中文学校除了语言教育外，还强调中华文化传统教育。教师们在课堂上强调孝顺父母、尊重师长、努力工作、遵守纪律等中华传统美德。在春节、端午节和中秋节等中国传统节日，中文学校会以合唱、舞蹈和体育等形式参与社区的庆祝活动。在课堂学习和学校组织的各种文化活动中，孩子们受到中华文化潜移默化的影响。他们通过听中文故事，唱中文歌曲，读中国古诗词，背诵孔孟名言，听儒教关于家庭价值、行为和道德观的解说而对中华民族的价值观、处世准则、道德规范等有所了解，这有助于增强他们的民族认同意识和自豪感。一位华人中文学校的校长说：“我们的另一半任务是启发孩子对他们自己的文化传统的感知，从而使他们尊重父母并为身为一个中国人而感到自豪。”①

第六，华文媒体的作用。除华文学校外，华文传媒是华人在异域他乡寻找文化归属感的重要保障。由于华人新移民的持续涌入，在“二战”后初期走下坡路的华文媒体到1960年代中期后又恢复生机，并迅猛发展。今天美国华人比较集中的地方都有华文报纸，用“多如牛毛”来形容毫不为过。华文传媒的发展，使得华人新移民能及时了解祖国的

---

① 周敏：《族裔特性、社会资本与美国华人中文学校》，《世界民族》2005年第4期，第39页。

信息资讯，保持与祖国的情感和文化联系。华文媒体大量刊出中国大陆、港、台的新闻，神州、台湾乡情版面的专题报道，移民生活经验的交换，副刊及小说版面的文艺交流，乃至华人饮食、超市、卫生、健保及医疗等，无不力求涵盖，以满足华人从实用到心灵的需求，达到传递文化的目的。它承担了服务华人社区，凝聚华人族群，弘扬中华传统文化的功能，对维系华人的族群认同感起到了不可估量的作用。

第七，中华传统节庆仪式的保持。中华传统节庆仪式具有极大的象征意义，在界定华人属性上非常重要。美国华人还保持中国传统的公历—农历双历法，庆祝某些中国传统节日，特别是春节。春节是家庭团聚和很多移民怀旧的时候，也是引导其美国土生子女学习中国传统文化的快乐时光。美国华人过春节依然保持着贴红色春联、燃放爆竹、祭祀祖先、派红包、进行舞龙舞狮表演等传统风俗。文化认同影响着文化的存在与发展，美国华人对中华文化的认同保证了中国传统民俗在美国的延续，而中华传统风俗的延续又强化了美国华人的中华文化认同意识。

（二）美国方面的因素

第一，美国政治和社会文化环境的变化特别是美国对外来移民和族裔群体政策的变化，会带来华人认同取向的变迁。在排华时代，出生于美国的第二代土生华裔在公立学校和基督教堂里所受的教育，使他们学习了包括权利平等和个人自由在内的美国价值观念。在公立学校所受的教育弱化了他们对自己本族文化的认同，使得他们逐渐形成了对自己本族文化的自卑感。由于种族和肤色的原因，他们遭受了主流社会的隔离、经济歧视和法律上的不公。不少土生华裔面对种族歧视时，急切想要摆脱华人族群身份，寻求完全同化于美国社会，以被主流群体接纳。在这种情况下，中华传统文化就成了很多土生华裔急切要丢掉的包袱。土生华裔试图抹掉所有中华文化遗产的痕迹，彻底遵从欧裔美国人的价值观和行为，有些人甚至将自己的姓都“盎格鲁化”了；与自己的亲戚和中国朋友断绝往来，在条件允许的情况下搬出唐人街。[1] 他们视自

① Fenggang Yang, “ABC and XYZ: Religious, Ethnic and Racial Identities of the New Second Generation Chinese in Christian Churches”, *Amerasia Journal*, Vol. 25, No. 1, 1999, p. 94.

己为“美国人”，然而种族歧视和隔离的严酷现实阻止了他们与主流社会真正融合，而备受贬抑的中华文化认同又经常导致自卑和自我痛恨的心理。战后初期，土生华裔依旧延续着这种“同化”倾向。1960 年代以来，盎格鲁归同论遭到诟病，多元文化主义得到推崇，美国主流社会对外来文化的尊重和认可度增加。华人文化获得了相对自由的发展空间，有利于华人保持对中华文化的认同。华人新移民及其美国土生子女探求有选择的同化，同时在一定程度上保存族裔性的路径。

拿美国与东南亚国家的相关政策进行对比，我们可以看出，华人的认同取向与居住国的政策息息相关，取决于居住国客观限定的宽严与否，带有明显的地域化特征。居住在美国的华人享有宽松的族群政策环境，虽然很多人已经入籍居住国，但他们无须讳言自己对中国统一和发展的关切，可以自由地公开庆祝中国国庆，在各种与中国有关的纪念活动中展现出民族感情。这一点与东南亚相比，显然大不相同。东南亚的华人会更自觉地以华族的身份认同于当地国家和社会，其身份定位通常须面对明确、严格的要求和舆论压力。

第二，主流群体隐性的歧视和排斥会从反面强化华人的身份认同。现今在美国社会依然存在的视华人为“永久的外国人”观念，职业领域的隐性歧视——“玻璃天花板”现象，以及不时发生的种族仇恨犯罪会强化华人的种族、族群意识和认同感。

（三）中国方面的因素

第一，国籍政策。中国政府宣布放弃血统主义的国籍法，不赞同保留双重国籍的政策，是海外华人包括美国华人保持单一政治认同的重要保证。移居美国的华人移民融入当地社会，成为当地公民，已是必然的发展趋势。

第二，中国崛起。中国作为海外华人的祖籍故乡，与海外华人有切不断的血脉联系，其自身发展得如何，对海外华人的认同取向起着举足轻重的作用。目前美国华人的族裔自豪感和对中华文化认同感的增强无疑与中国经济的飞速发展、国际地位的大幅度提升有密切关系。来暨南大学访问的李岘女士在演讲中特别提到中国改革开放以来经济的蓬勃发

展令美国华人社群倍感自豪，对祖籍国的认同感增强。

第三，中国的海外侨务工作。中国政府在当前和平发展的大好形势下，大力倡导在海外构建和谐侨社，其重点工作之一就是促进海外华侨华人与居住国人民融为一体；同时大力加强海外华文教育和文化交流及联谊活动，以求增强海外华侨华人对祖（籍）国的文化认同感。

（四）中美关系

冷战时代和后冷战时代中美关系的走向对美国华人的认同变化有一定影响。在冷战时期，由于中美交恶，切断了美国华人与祖籍国的关系。很多华裔美国人表示彻底认同于美国，以减少主流群体的歧视。1979 年中美建交后，两国关系趋向改善并稳步向前发展，美国主流社会对中国和华人的整体印象大为改观，在美华人乐于在中美间充当民间友好使者。

（五）全球化趋势与跨国主义

在当今世界，经济和社会交往日益全球化，体现在国际移民上就是跨境流动频繁和跨国联系日趋紧密。华人移民与祖籍地的跨国联系日益密切是影响华人认同建构的另一个重要因素。很多进入美国的华人新移民，一方面努力融入美国社会，另一方面又可借助于现代交通和通信联络手段与祖籍国（地）在经济和社会文化方面保持着密切往来及联系，这有利于他们保留母语和民族文化传统及生活习俗，从而有助于维系族群认同感和对中华文化的认同感。不过，需要注意的是，现今关于跨国主义的讨论满天飞，有将跨国主义泛化的趋势，似乎所有的移民都是跨国主义者。实际情况并非如此，拿美国华人移民社群来说，只有一部分人可称得上真正的“跨国华人”。我们比较倾向于这么一种观点：“跨国主义主要是有稳定家庭、受过高等教育、在家乡有良好关系网、地位稳固的人的追求。”① 直白一点说，华人商业人士、高级知识分子、专业人士更倾向于跨国主义行为，他们因工作、事业发展或是学术交流需

---

① Alejandro Portes, Theoretical Convergences and Empirical Evidence in the Study of Immigration Transnationalism, *International Migration Review*, Vol. 38, No. 1, 2004, p. 887.

要而置身于跨国网络中。而且，由于他们身上中西兼容的学养，对居住国和祖籍国往往有一种双重关怀，乐于从事有利于两国之间合作和交流的工作。可以说，现今跨国联系的意义与以前不同了，早期华人移民的跨国性是为了将来叶落归根，而目前华人移民的跨国性则更多的是为了最大限度地利用居住国和祖籍国的资源，寻求更好的发展机会。跨国主义活动对华人认同的影响主要体现在文化认同和族群认同方面，它会一定程度上增强华人的族群认同感和对中华文化的认同感，但不会改变华人在政治上认同于美国的趋势。① 这一点不同于美国大量持双重国籍的拉丁美洲移民。

五、结论

通过上述各方面的考察，可以看出：成为美国公民，认同于美国核心价值观，行使平等公民权，已经成为很多华人的共识和自觉；与此同时，由于美国社会政治环境趋向宽容、中国的和平崛起、全球时代华人跨国流动和联系日益频繁等诸多因素的作用，美国华人的族群认同和对中华文化的认同感有增强的趋势。针对这种情况，我们可以合适有度地在美国华人中开展侨务工作，充分发挥他们在中国软实力建设中的良性作用。

第一，要准确把握当代美国华人政治认同、族群认同和文化认同的变化趋势，在鼓励和促进华人参与当地社会公共事务、融入美国主流社会的同时，藉由他们的族群认同感和对中华文化认同感增强的良好局面，通过华人社团、华文学校、华文传媒、中华文化等多渠道、多形式地传播中华文化。除了以舞龙舞狮、文艺汇演、武术表演等文化活动形式来满足华人的耳目欣赏之乐外，还可以制作一些光碟、画册，配以中

① 当今美国华人中跨国主义者的活动实践主要集中于经济或文化领域，在政治领域则表现不明显，除了一部分来自台湾的移民对台湾政治的参与，以及关注两岸统一的华人“反独促统”活动带有一点跨国政治参与色彩。美国华人学者连培德曾以美国的台湾移民为个案，探讨这一华社亚群体在台湾政治自由化和民主化发展中所扮演的角色，以及他们作为全球公民社会行动和谈判的参与者，在台湾缔结联盟、改善“国际”关系方面所起到的独特作用。参见 Pei. te, Lien, “Ethnic Homeland and Chinese American Conceiving A Transnational Political Network”, in Tan Chee-Beng, *Chinese Transnational Networks*, London: Routledge, 2007.

英双语介绍中国几千年文明进程，代表中国文化各方面的重要人物、文物、名胜古迹、工艺，以及改革开放以来的新成就，然后通过华人社团、中华文化中心、华文电台等多种渠道传送到众多华人家庭中，让他们对中国有更全面的认识。这后一类形式更能深入人的心灵，比前一类形式的影响作用更大。不过，要尽可能避免出现带有政治色彩和强调"中国认同"、"大中华认同"的宣传内容，以免引起居住国政府的猜忌，质疑华人的忠诚问题或是中国政府利用华人搞文化渗透。

第二，要注意中国大陆新移民是目前美国华人社区中最大的群体，他们在全球化和中国和平发展的背景下的认同变化倾向较之其他群体更为显著，而且他们对子女的认同取向发挥着核心的影响作用，所以是侨务部门需要重点开展工作的对象。中国大陆新移民中的留学转定居的中高级人才与美国主流社会的融合程度相对较高，与此同时他们对自己出生和成长的地方有深厚的感情，而且对祖籍国有一种民族主义的情怀。这种情感往往通过关注中国统一发展，到中国进行学术文化、经济贸易交流，以及促进中国与美国友好关系的发展等多种"为国服务"的形式表现出来。这些人当中有相当一批是在 1989 年春夏之际留居美国的，到 90 年代之后看到中国经济体制改革和民主化进程带来的巨大改变，对中国的态度改观，许多人转而积极从事中美经贸、技术、学术文化交流与合作的工作。现今有大量华人移民"回归"母国，但这种"回归"并非完全回归祖籍国定居开展事业，而是来回流动，从事有利于两国之间的交往和联系的工作。此外，如前文所述，这些高级专业人士也没有忽略对子女的中文和中华传统文化教育，他们对下一代的族裔认同和文化认同起着引导作用。除了中上阶层华人精英人士外，我们对于唐人街上的中低层的华人移民群体在中华文化传承上的作用也应给予重视。这些人与主流社会相对隔离，对自己所属的华人社区和文化的认同程度高，族裔群体意识和华人文化意识相对较强。但由于他们的文化水平有限，加上忙于生计，这些人对子女的中华传统文化教育可能是非系统的、随意性的，而且在教育方式上比较刻板，易引起子女的叛逆或疏离。我们应给他们相关教育和文化活动的开展提供一定的帮助，比如资助成立社区文化中心，赠送一些好的教材、图书、光碟等。

第三，要充分理解美国华人的双重文化认同特点，并合理地利用他们身上中西兼容的文化素养。移民美国的华人要想获得更好的生存和发展机会，他们就必须调整自己，适应和融入当地社会，提升自己的社会和政治地位，这对于华人自身以及中美两国都是有好处的。但融入主流社会，并不意味着华人彻底“美国化”，完全放弃中华文化，特别是中华文化中的精髓。一些融入美国主流同时又保持中华文化认同的跨国精英人物在中美关系中能够发挥重要的作用。他们具有深谙两种不同文化的优势，同时与上层政治人物有良好的关系，此外由于血缘和文化纽带，他们对中国怀有深厚感情。他们也具备现实条件，积极参与影响中美关系：其一，中国经济迅猛发展以及跨国经济圈和移民圈的形成。其二，中文媒体能让华人及时了解中国大陆发生的事情。其三，成立跨国华人组织，如同乡会、校友会、学术团体、商会等，也起到了与祖（籍）国保持联系的积极作用。基于以上诸多原因，华人能成为促进中美经济、政治和文化往来的重要纽带和桥梁。

第四，要正确认知土生华裔与第一代移民在认同上的差异，有针对性地开展工作。土生华裔虽然与中国在血缘上有割不断的关系，但从感情上说当然没有新移民强烈，他们与祖籍地更多地是通过家族移民历史和族谱联系起来。要认识到，土生华裔缺乏第一代移民那样的民族主义情怀，但他们不缺乏寻根的强烈意识。祖籍观念在他们的自我身份认同建构中依然起着必不可少的作用。他们的华人认同只有与祖籍地联系起来，才有了实在的意义。所以，在对华裔新生代开展侨务工作时，要先以亲情、乡情打动他们的心，不宜一开始就提带有民族主义色彩的大口号，要用土生华裔容易理解和感兴趣的语言与文化形式，向他们呈现中华传统文化与中国人情风貌，帮助他们进一步了解、关注从而喜爱中国与中华文化；要让他们多接触已有建树的土生华裔学者、政界人士、经济精英，与他们建立良好的关系，通过他们去带动和影响更多的人。

领域篇

第三章
海外侨胞与中国公共外交

公共外交是近年中国政界和学界热衷讨论与倡导的一种外交方式，是指一国政府通过对外信息传播和对外文化交流等方式对他国民众进行说明、说服工作，旨在创造有利于本国的国际环境，进而实现国家利益的最大化。我国侨务工作是指一定的部门和团体为了实现国家在各个历史时期的战略目标和任务，以海外侨胞和归侨侨眷为主要工作对象所开展的各项工作的总称。在当下，这些部门和团体主要是全国人民代表大会华侨委员会、中国人民政治协商会议全国委员会港澳台侨务委员会、国务院侨务办公室、中国致公党、中华全国归国华侨联合会等部门，即具有中国特色的“五侨”系统。它们构成了侨务公共外交的活动主体。建设现代化的国家、完成祖国统一大业、维护世界和平发展，是中国政府和中国人民进入新世纪的三大历史任务。近年来面对海内外“台独”、“藏独”、“疆独”等势力分裂中国的猖獗活动，世界各地的华侨华人纷纷成立反“独”促统组织，开展形式多样、声势浩大的反“独”促统活动，沉重打击了各种分裂势力的气焰，也充分显示了海外侨胞强烈的爱国主义热情。实践表明，海外华侨华人是中国开展公共外交的桥梁，是中国最广泛统一战线的重要组成部分，也是促进中国和平统一的一支重要力量。然而，学术界目前对这一问题并未给予足够的重视，系统而深入探讨这一问题的内容尚付阙如。在此，我们以公共外交理论为分析视角，拟对近年侨务工作与华侨华人反“独”促统活动的形成、发展和特点进行全面剖析。

第一节　公共外交和侨务公共外交

一、公共外交

近几十年来，随着全球媒体或信息传播技术的兴起、中产阶级的壮大、全球公民社会在现代外交中地位的上升，公共外交日益成为一种重要的外交形态。特别是诸多因公众利益需要而产生的组织，如各类慈善团体、非政府组织、社区组织、专业协会、工会等更成为公共外交兴起的一种推动力量。

公共外交是近年在西方国家逐渐兴起的一门新兴交叉学科，是国际关系学、传播学、外交学和文化学跨学科发展的产物，是以增强国家软实力、维护和促进国家利益为根本目标的新型外交形式。我国学者在梳理外国学者的相关概念后，将其界定为“一个国家为了提高本国知名度、美誉度和认可度，由中央政府或者通过授权的地方政府和其他社会部门，委托本国或者外国社会行为体通过传播、公关、媒体等手段与国外公众进行双向交流，开展针对全球公众的外交活动，以澄清信息、传播知识、塑造价值，进而更好地服务于国家利益的实现。它由政府主导，面向社会公众，以传播和交流为主要手段”①。它包括超越传统外交的国际关系领域：政府对其他国家舆论的开发、一国私人集团与他国的互动、外交使者与国外记者的联络等。②

作为传统外交的重要补充，公共外交的价值主要在于它被视为一种在国外培植信任和理解的有效工具。其重要使命就是扩大本国政府和公民与他国公众的对话和交流，增进外国公众对本国政治制度、国家政

① 韩方明主编：《公共外交概论》，北京：北京大学出版社，2011 年，第 7 页。
② 唐小松：《中国公共外交的发展及具体系构建》，《现代国际关系》2006 年第 2 期。

策、经济发展和社会文化等的了解和认同，向国外民众展示本国的正面形象，感化国外民众，以对本国形成亲和力，① 进而影响外国政府对本国的政策。其主旨是创造有利于本国的国际环境，进而实现国家利益的最大化。

公共外交的核心是信息和思想的跨国流动，它以文化传播为主要方式，以大众传媒、非政府组织及网络为主要载体。传播学理论依据信息传播的规模、范围将传播方式划分为自我传播、人际传播、群体（公众）传播、组织传播和大众传播五种形态。大众传媒方式的主要优势在于它具有广泛的受众，有塑造公众认知的能力，而它的缺陷在于文化障碍易于扭曲受众所听到的信息，信息发布者能知其所言，却不能知他人所闻。随着互联网的普及，网络成为公共外交的重要工具。它以计算机通信网络为基础，进行信息传递、交流和利用，从而达到社会文化传播的目的。门户网站、搜索引擎、电子邮件、网络视频、博客、播客、网络社区等新技术的推广，使得网络空间成为公众生活的一个重要空间，也成为公共外交的重要渠道。网络传播具有低成本、高速度、大容量、多功能、可互动、跨文化的特点，集人际传播、组织传播、大众传播于一身，其对传统传媒的冲击力很大。而人际传播最鲜明地代表了传播的互动本质，是其他传播方式的框架和基础，具有信息传递渠道多、感官参与度高（言语、手势、表情、动作、距离、仪表等）、信息量大、双向性强、反馈及时、互动频率高、非强制性等优势，因而在传播效果的有效性方面居五种形态之首。以上几种传播形态在传播者、传播渠道、传播方向、受众、传播效果方面具有不同的特点，有针对性地采用不同的传播方式才能准确实现传播者所需要的传播效果。

公共外交可细分为三个层面。第一个层面便是日常交流，它既涉及对内政与外交决策背景的解释，也涉及应对危机的准备工作。第二个层面则是战略交流，它与政治宣传或广告推销颇为类似。第三个层面是指在数年甚至数十年的时间内，通过奖学金、交换活动、培训计划、研讨

① 唐小松：《中国公共外交的发展及其体系构建》，《现代国际关系》2006 年第 2 期。

班、会议以及接触媒体信息等方式培育出与关键人物之间的持久关系。①

公共外交是与传统外交形式不同的一种外交形式，主要表现在以下几个方面：

（1）实施外交的主体不同。公共外交的行为主体不仅仅是政府，而且包括个人、社会团体、非政府组织，甚至跨国公司等。这些行为主体可分为政府、社会精英和普通公众三个层面。其中政府是主导，社会精英是中坚，普通公众是基础。公共外交和政府外交组成了国家的整体外交。

（2）工作对象不同。公共外交所针对的对象为他国社会不同阶层的公众，包括个人、团体和社会组织等。美国学者伯纳德·科恩（Bernad Cohen）将一国公众细分为普通公众、专注公众、舆论精英和舆论领袖四个群体。②

（3）实施的方式不同。公共外交的手段主要是国际传播和文化交流，主要通过文化出版物、国际电视广播、互联网、学术交流和讲座、国际会展以及文化艺术演出等来进行。不同于政府外交的严肃性，公共外交不是从自身出发强加给对方国公众某种形象，而是建立一种消费者导向或者市场导向，往往既无任务，也不直接涉及利益谈判，所以常常可以实现充分沟通，可以尽可能地接触对方的文化，并尝试站在对方的角度来看待问题，运用灵活方式向对方表达自己的见解。

（4）形式不同。传统外交主要是政府间的外交活动，带有很多隐秘成分。而公共外交从实质上说是输出思想、传播和沟通信仰、交换文化价值观，通过发达的媒体改变信息单向交流的模式，民众参与公共事务的可能性就可以大大增加。所以，公共外交具有明显的公开性特点，公开性促使各国民众对外交事务的关注和热情不断提升。

中国的和平崛起需要一个有利的国际环境，需要一个良好的国际形

① ［美］约瑟夫·奈：《新公共外交：非政府组织与网络》，《公共外交季刊》2010年夏季号。

② 韩方明主编：《公共外交概论》，北京：北京大学出版社，2011年，第74页。

象。中国要如何发展？中国要向何处去？中国追求一个什么样的世界？这需要我们开展公共外交来向世人回答这些问题。学者贾庆国就曾指出："崛起中的中国无论是身份、利益还是需求都在变化，这些变化正在引起国际社会越来越多的担心和猜忌，它更需要通过开展公共外交减少对中国的猜忌和化解敌意，从而为改革开放建构一个和平和友好的国际环境；崛起中的中国需要加快改革和发展，它也更需要通过开展公共外交向世界说明自己对自身不断变化的利益和愿望的理性认识，从而推动国内改革，并不断完善自己。崛起中的中国的利益和责任都在跨出边境，走向世界，它也更需要通过开展公共外交来增强自己在世界上的吸引力和影响力，从而更好地维护自己的利益和承担国际责任。"① 近年来，外界一些不实报道和负面舆论曾对我国的对外形象造成不良影响，我国外交工作陷于被动，从而使公共外交的重要性被重新审视，也使这一全新领域被国人寄予厚望。作为传统外交的重要补充，公共外交的价值日益为中国政府所重视，党和国家领导人多次强调公共外交在中国和平崛起进程中的重要作用。2009 年，胡锦涛在第 11 次驻外使节会议上，明确指出要加强公共外交。在实践上，中国公共外交体制保障不断加强。官方层面，外交部将新闻司公共外交处升格为公共外交办公室，在 2010 年成立专门的公共外交咨询委员会，设立"蓝厅"论坛；民间层面，2010 年清华大学当代国际关系研究院等类似智囊机构的纷纷成立，也反映了中国民间智库建设的加速。② 不久前出台的第十二个五年规划的建议就明确提出要"加强公共外交，广泛开展民间友好交往，推动人文交流，增进中国人民同各国人民的相互了解和友谊"。中国领导人不仅高度重视公共外交，而且身体力行。在出访期间，他们总会接见海外华侨华人代表，或深入到往访国华侨华人当中，深入浅出地阐述中国外交政策、侨务政策。这些公共外交活动充分展现了中国领导人的人格魅力、亲和力和感召力，拉近了中国同世界的距离，加深了中国与海

---

① 贾庆国：《崛起中的中国与公共外交》，《公共外交季刊》2012 年第 1 期。

② 《两会前瞻：中国外交继往开来公共外交成新着力点》，新华网，http://news.xinhuanet.com/politics/2011-02/22/c_121110302.htm。

外华侨华人及世界人民之间的感情。

二、侨务公共外交

在全球化时代，不同国家在公共外交上的理念和做法差异很大，存在着众多公共外交的实践模式，如美国的战略模式、欧洲国家的文化外交模式、日本的经贸外交模式、以色列的族裔外交模式、伊朗和沙特阿拉伯等国家的宗教外交模式和中国的人民外交模式等等。[①] 一般而言，每一个国家都可以从自身实际出发，从国家目标和利益出发确定独特的公共外交模式。我国是一个侨胞众多的国家，且大多数侨胞关心中国的发展。能否发挥他们的优势条件开展公共外交，构建中国的侨务公共外交模式，是需要在理论和实践上进行探索的一个问题。

侨务公共外交是指海外侨胞以多种方式向居住国政府及主流社会介绍中国的基本国情、发展道路和内外政策，帮助他们客观看待和认识中国发展进步的活动。如果说政府相关部门是公共外交的主体，那么，华侨华人既是公共外交的受众，也是公共外交主体的组成部分之一。有针对性地影响他们的观点，并通过他们与主流媒体及非政府组织的接触和沟通，进一步加强外国公众对中国的客观了解和全面认识。侨务部门在开展公共外交中的独特优势表现在以下三个方面：

（1）侨务资源持续快速发展。海外华侨华人目前已达 5 000 万人，数量增长很快，分布更为广泛。海外侨胞在居住国的社会地位不断提升，实力不断增强。作为海外华人社会纽带和中坚力量的华人社团仅在 20 世纪 80 年代末已达 9 093 个，比 1950 年增长了 42.5%。[②] 经济上，目前华人的贸易中心遍及世界各地，华商总资产已达 3.7 万亿美元，[③] 成为世界经济发展的一支重要力量。科技上，西方发达国家集聚着数百万华人专业人才，所从事的研究涵盖当今世界大多数高新科技领域。政

① 赵可金：《把握全球化时代公共外交的规律》，《公共外交季刊》2010 年第 2 期。

② 李明欢著：《当代海外华人社团研究》，厦门：厦门大学出版社，1995 年，第 5 页。

③ 中国新闻社课题组：《2007 年世界华商发展报告》，中国新闻网，http：//www. chinanews. com. /hr/kong/news/2008/01 - 16/1135297. shtml。

治上，海外华人已逐渐摆脱“只重事业发展，不问政治国事”的传统，参政意识不断增强。文化上，就海外华文媒体而言，据不完全统计，目前仍在出版的印刷媒体有500多种，其中出版日报的有100多家，以报纸形式、定期出版的期报180多家，各类刊物230余种；海外华语广播电台70多家，华语电视台数十家，华文网络媒体更是不计其数。[①] 而目前的海外华文学校已经超过5 000所，华文教师有2万多名。其中华文教育的重点地区如亚洲有3 000多所华文学校。欧美各国的华文学校如雨后春笋般蓬勃发展，仅美国就有华文学校500多所，学生6.8万人。[②] 近年来侨务工作取得了重大成效，同华侨华人重点社团和人士建立了广泛联系，巩固和发展了一支宏大的对我友好力量，明确了以北美、东南亚和西欧为重点，积极拓展中南美洲、中西亚及澳大利亚、日本、南非等地区和国家侨务工作的新格局。各级侨办加大了走出去和请进来的工作力度，拓展了华裔新生代、参政华人和中青年侨领等群体的工作；还策划了许多有影响、有实效的活动，如“世界华侨华人社团联谊大会”、“世界华人论坛”和“世界华文传媒论坛”等品牌活动，促进了侨务资源的可持续发展。

（2）当今海外华侨华人的跨国性在不断增强。跨国华侨华人是指那些在跨国活动的进程中，将其移居地同出生地（或祖籍地）联系起来，并维系起多重关系的移民群体。他们的社会场景是以跨越地理、文化和政治的界线为特征的。作为跨国移民，他们讲两种或更多的语言，在两个或更多的国家拥有直系亲属、社会网络和事业，持续性与经常性的跨界交往成为他们谋生的重要手段。公共外交在很大程度上是跨民族、跨种族、跨国家、跨文化的沟通，交往的双方往往分属于不同的文化背景或文化系统。而当今的跨国华侨华人能够熟练地游刃于中外文化之间，既了解居住国的文化和民众对外来思想的接受能力，能够用民众

---

① 《评论：让海内外华文传媒的声音在国际上更加响亮》，新浪网，http：//news.sina.com.cn/o/2006－11－23/190310580150s.shtml。

② 丘进主编：《华侨华人研究报告》，北京：社会科学文献出版社，2011年，第304～326页。

最容易接受的方式帮助他们客观看待和认识中国的发展与进步，又熟悉中国的国情、文化、发展道路和内外政策，因此他们在中国的公共外交中具有独特的优势。

（3）公共外交是一种信息传播方式。公共外交的有效性更加取决于它的信息传播者，而不仅是它所要传播的信息本身。而海外华侨华人通过其在居住国建立的人脉关系进行人际传播是最有效的传播形态，具有更多的灵活性、更强的渗透性，且由其建立的这种联系和影响更具有持久性。近年来，百人会在美国政界中的活动就是海外华人开展公共外交的典型实例，对推动中美关系的发展贡献很大。如“9·11”事件发生之后，百人会专门撰写了一份“美中关系白皮书”，专门发给美国国会议员、国务院官员和工商界头面人物，希望美国采取同中国合作而不是对抗的政策，以造福于两国人民与世界和平，这对小布什的对华态度产生了一定影响。①

第二节　公共外交视野下
海外侨胞的反“独”促统活动

近十多年来，在台海关系和国际形势的推动下，海外统促会的队伍不断发展壮大，组织机构日益健全。从工作对象来说，海外统促会以“三个延伸”为主要工作思路，着力构建全球最广泛的反“独”促统阵线；从工作方式来说，以重要会议和现代传媒为重要平台，宣传“和平统一、一国两制”的思想和反“独”促统的理念；从工作内容来说，密切关注台海关系和海内外“台独”、“藏独”、“疆独”等分裂势力的新动向，不时调整工作重点，力求反“独”促统活动具有针对性。海外统促会已成为中国反“独”促统活动的一支重要力量，为促进中国和平统一作出了不可磨灭的贡献。

---

① 韩方明主编：《公共外交概论》，北京：北京大学出版社，2011年，第64页。

一、海外侨胞的反“独”促统组织的创建

近现代历史经验表明，海外侨胞与中国的命运休戚相关。一个统一、民主、富强的中国，永远是海外侨胞的坚强后盾和靠山，经济合作的平台更是他们在居住国获得荣耀和尊严的基础。几十年来，台湾问题一直是影响中国和平发展的重要问题。尽早实现中国的和平统一，是事关海外侨胞切身利益的大事。随着20世纪70年代中美关系的逐渐缓和，中国与世界各国之间的交往不断增多，国际政治环境日渐宽松。在这种背景下，世界各国侨胞希望祖国统一，于是纷纷成立了一些以促进中国统一大业为宗旨的社团组织。当时美国的华侨华人就特别活跃。1972年，美国华人黄企之参与建立了“华府中国统一促进会”，后更名为“华盛顿中国和平统一促进会”。1982年，美国旧金山华人成立中国和平统一促进会，其宗旨是联合海内外各界人士，为台湾海峡两岸的民间往来铺路搭桥，探索中国和平统一的途径，推动中国和平统一的进程。其他的促统组织有纽约华人联合会（1981）、美京华人各界联合会（1982）、中国统一国际联谊总会（1984）、海峡两岸交流会（1985），以及费城、洛杉矶和巴西等地的中国和平统一促进会等。1982年，美国中国和平统一促进会成立。总会设在首都华盛顿，在纽约、旧金山等十多个城市设有分会。这些华人社团成立之后，经常联系中国大陆、台港澳以及海外各界人士开展活动，交流见解，谋求共识，对于间接传递海峡两岸信息、增进双方相互了解、推动两岸关系发展起了重要作用。

1988年，为推动海峡两岸关系发展，促进祖国和平统一，中国23个民主党派和有关人民团体共同发起在北京成立中国和平统一促进会（以下简称“统促会”）。统促会是由赞成中国统一的各界人士自愿结成的具有独立法人地位的全国性、非营利性社会组织。其宗旨是高举爱国主义旗帜，团结一切拥护中国和平统一的海内外同胞，推动台湾海峡两岸的民间交流与往来，反对制造“台湾独立”、“两个中国”、“一中一

台”等分裂中国的活动，以求早日实现中国和平统一。[①]

中国和平统一促进会成立大会（图片来源：http：//www. hudong. com/）

自1988年李登辉上台以来，台湾岛内政治生态发生了显著变化。李登辉1995年访美时制造了“两个中国”的言论，1999年又抛出“两国论”，顽固对抗中国大陆“和平统一、一国两制”的主张，在两岸经贸合作、文化交流和“直接三通”等领域设置种种障碍。特别是陈水扁上台以来，更继承了李登辉的“台独”路线，大肆推动“去中国化”，策划所谓的“台湾正名运动”，公开发表“一边一国论”。随着近年“台独”分裂势力的日益猖獗，为了抑制“台独”分裂势力的倒行逆施，向来主张中国统一的广大华侨华人纷纷行动起来，积极开展反分裂、反“台独”的斗争，遍布全球的中国和平统一促进会就是在这样的历史条件下成立的。

1999年8月，欧洲华人张曼新先生发起成立欧洲统促会。这是第一个洲际反“独”促统组织，开启了反“独”促统和“以侨促统”的

① 《中国和平统一促进会章程》，《统一论坛》2006年第1期。

新时代。2000 年上台的陈水扁不顾全球华人对祖国的巨大认同感，一意孤行推行“台独”，引起了海外华侨华人的极大愤慨，这就更进一步促使全球华人纷纷成立反“独”促统组织。迄今为止，全球五大洲已有 80 多个国家和地区成立了 180 多个统促会。

从近二十年全球反“独”促统组织的发展来看，其在 21 世纪头几年迎来了发展的高峰期，尤其是 2000 年至 2005 年的六年间共成立了 130 多个统促会，约占总数的 75%，而在 2006 年到 2009 年间仅有 40 多个统促会成立。从中国统促会的地区分布来看，其中亚洲有 28 个统促会（包括大陆的两家）；欧洲有 36 个统促会；非洲有 30 多个统促会；北美洲有 40 多个统促会；中南美洲和大洋洲亦各有 20 多个统促会。全球统促会在空间分布上呈现出不平衡性。单论密度来说，亚洲的西部、西南部鲜有统促会的踪影。到目前为止，在中亚、西亚地区仅见有吉尔吉斯斯坦统促会。而美洲要远远高于其他大洲，如在墨西哥一国内，就有 8 个中国统促会，在美国也有 30 余个统促会。究其原因，主要是在一些国家或地区，如美国、中南美洲等，“台独”势力猖獗，特别是在中南美洲，这既是台湾当局所谓“建交国”较为集中的地区，也是反对“台独”国际化图谋的重要地区，“独”、“统”两种势力的竞争和较量异常激烈。在这种情况下，为了便于协调和组织华侨华人反“独”促统的力量，一些赞成一个中国原则的侨领出面倡导成立了中国统促会。

可见，21 世纪伊始，全球华人掀起了成立统促会的高潮，这与当时的国际局势，尤其是海峡两岸的紧张局势、台湾当局陈水扁上台后肆意鼓吹“台独”密不可分。同时，全球华人政治觉悟提高，期盼祖国和平统一的愿望也推动着中国统促会在世纪初的快速发展。

二、海外侨胞反“独”促统组织的特点

仔细分析相关资料，我们可以将众多海外统促会组织的特点概括为以下两个：

（一）结构的系统性

全球 100 多个统促会可分为全洲、全国和地方三个层次。大凡华侨华人比较集中的地方，都有统促会组织。这是统促会的基层组织。众多基层统促会按国别又成立了全国性统促会。如全美中国和平统一促进会联合会已有 15 个团体会员，分布于全美各大都会区。各国统促会又以洲为单位，成立洲际统促会组织。如欧洲中国和平统一促进会、全非洲中国和平统一促进会等。大洋洲中国和平统一促进会就是一个包括澳大利亚、新西兰、斐济、汤加、瓦努阿图等国统促会的洲际性反“独”促统组织。各层次间的统促会通过组织上的相互联系和工作上的相互配合，形成上下统属、相互协调的一个组织系统。在组织架构上，各统促会大多实行理事会制度，上一层次的统促会通常通过吸纳下一层次统促会的会长为统促会理事来实现组织结构上的统属关系。在实际工作中，下一层次的统促会往往配合或分担上一层次的统促会工作。如芝加哥统促会作为“全美中国和平统一促进会联合会”的团体会员，配合联合会开展在美国和世界的反“独”促统工作，担负联合会分派的任务，并独立地在芝加哥地区开展相应的日常工作。北京的中国统促会是全球统促会系统的中心，它对各地统促会起到了协调和引导的作用，并通过吸纳各国统促会会长为自己的理事成员而成为海外华侨华人与祖国大陆沟通联系的桥梁和纽带。

（二）成员的广泛性

作为一种统战性质的社团，为实现中国的和平统一，限制少数“台独”、“藏独”、“疆独”等分裂势力在海外华人中的渗透和扩张，最大限度地扩大海外华人的爱国统一战线。世界各地统促会坚持团结包容的原则，最大限度地团结旅居海外的港澳台侨同胞，特别是已经融入当地主流社会的华侨、华人和华裔新生代，并以极大的耐心和包容团结台籍侨胞，因此，各统促会在成员构成上具有广泛性的特征。如华盛顿统促会就是一个由大华盛顿地区各界侨社领袖联合组成的，他们来自中国两岸三地，是由老中青不同年龄层次的华人结合组成的一个社团。① 2000年成立的北加州统促会是一个以台胞会员为主，又包括由中国大陆和香港等其他地区爱国同胞组成的社团。② 澳洲统促会的成员包括来自中国大陆、台湾、香港和澳门以及东南亚等地区不同社会界别的华侨华人。该会来自东南亚、中国台湾和中国大陆的理事会成员各占1/3。③ 瓦努阿图统促会则经过三年的努力，吸纳了当地95%的华人为该会的会员，这些会员包括新侨和老侨。可见，海外统促会是一个包容性较强的组织，就来源地、职业、移民时间或法律身份及社会阶层来说，其成员来自华人社会的各个方面，既有来自中国大陆的，又有来自港澳台的；既有从事工商实业、科学研究、艺术创作等工作的华人精英，又有普通的小企业主、餐馆服务员、制造业工人等；既有新老移民，又有土生华人等。

海外统促会不仅广泛吸纳广大的华侨华人，更注重联系众多华人社团，并将它们视为其组织的重要基础，在组织结构上与侨社紧密地对接起来。如法国统促会自2000年成立以来，十分重视侨团的工作。目前法国的80多个重要侨团都加入了统促会，成为其团体会员。这些侨团基本包括了法国华人社会的各个方面。④ 有些统促会本身就是由华人社团联合创建的。如阿根廷统促会就是由不同类型的14个侨团共同发起成立的，并由每个侨团派出一位会长、两位副会长担任统促会的理事，实现侨团和统促会在组织结构上的对接。⑤ 美国南加州中国和平统一促进会联盟由南加州12个主张中国和平统一的民间社团发起，30多个反“独”促统团体盟员自发地组成。大洛杉矶地区促进中国统一联合会依

① ［美］吴惠秋：《发挥地区优势做美国主流社会的工作》，《统一论坛》2007年第1期。

② ［美］古铣贤：《做两岸沟通的桥梁，为中华统一而献力》，《统一论坛》2007年第1期。

③ 《专访海外统促会会长》，央视网，http：//www. cctv. com/lm/523/51/85762. html。

④ 杨明从：《从法国华人社会的民心看祖国和平统一的光明前景》，《统一论坛》2003年第5期。

⑤ 毛蓉君：《中南美洲各国和统会会长谈开展本国反“独”促统工作》，《统一论坛》2003年第5期。

托洛杉矶中华会馆正式成立，由洛杉矶中华会馆所属60多个社团和唐人街老侨组成。尽管有些成员对中国大陆和台湾的认同有所不同，但他们的共同主张都是“中国和平统一”。而全美反“独”促统联盟则是由全美100多个侨团联合倡导成立的。这些华人社团包括了福建、广东、江浙沪、西藏、新疆等不同地缘的侨团。由于这些侨团负责人政治上有影响力，经济上有实力，社会上有威望，他们加入理事会，对统促会更好地通过侨社基层组织开展反“独”促统工作提供了组织保障。

组织的健全有利于海外统促会团结广大同胞，凝聚侨心，协调和组织华侨华人开展反“独”促统行动，从而进一步推动祖国和平统一大业的进程。

三、海外侨胞反“独”促统活动的特点

综合分析海外统促会的工作对象、工作方式和工作内容，我们认为，它们具有以下三个显明的特点：

（一）从工作对象来说

海外统促会以“三个延伸”为主要工作思路，着力构建全球最广泛的反“独”促统阵线。

反“独”促统工作是一种做人思想的工作。十年来，各地统促会根据自身特点发挥各自优势，以“三个延伸”为主要工作思路，通过广泛的接触、交流和联谊，团结了一切可以团结的力量，扩大了国际反“独”促统的阵线。

1. 向上延伸

为取得反“独”促统的实效，海外各统促会积极向上延伸，做好所在地主流社会和主流媒体的工作，争取获得他们对中国和平统一政策的理解和支持。如新西兰统促会举办反“独”促统论坛，邀请新西兰有关官员参加。澳洲统促会同当地政府建立了良好关系，聘请多位著名政界人士担任荣誉职务，并邀请一些前国家领导人参加该会举办的全球华侨华人反“独”促统大会。比利时是欧盟总部和议会所在地，比利时统促会的工作重点是做欧洲议会的工作，积极与比利时上层社会和议

会进行沟通与交流。该会曾组织200多位华人与议长对话，希望议会坚持一个中国政策。在2004年3月中国台湾大选前，比利时统促会致信比利时政要，呼吁比利时政府继续奉行一个中国原则，坚决反对“台湾独立”。韩国统促会以韩国政界、新闻界、工商界的精英为主要工作对象。在该会的参与推动下，韩国20多位国会议员和30多位媒体要员发起创立了“国会中国论坛”。他们在台湾问题的各种政治议案上，能够主持公道，坚持一个中国原则。华盛顿统促会注意和美国国会两院保持经常性沟通，每逢圣诞和新年，广大华侨华人都会寄上贺信贺卡，在祝贺节日的同时也寄上他们反对“台独”、希望中国和平统一和增进中美友好的理念。① 北加州统促会还创办了三份英文月报，主题包括支持《反分裂国家法》等，并将月报按时分发至美国主流社会及参议员和众议员手中。芝加哥统促会突破华人圈，日益深入到美国主流社会，开展了一系列促进中美关系、反对“台独”分裂活动的工作。会长侯大正在美国政界人脉较广，和许多政要有深厚交情，曾多次与他们沟通，强调反对“台独”的重要性和正义性。② 巴拿马统促会努力开展巴国议员工作，动员他们在议会上提出与台湾断交的议案。

西非是“台独”势力最为活跃的地区之一，乍得、尼日尔、布基纳法索、冈比亚、塞内加尔等国都是“台独”势力在非洲的桥头堡。担任西非统促会秘书长的尼日利亚华商胡介国在当地具有较强的经济实力。由于他义利兼顾、回馈当地社会，因此树立了华人的良好形象，赢得了当地政府的信任，在社会上享有较高声望。他和尼日利亚政府包括总统和州长在内的官员建立了良好的人脉关系，这为争取当地上层人士支持其反“独”促统工作提供了很大便利。西非统促会还通过尼日利亚政府在该地区的影响，向西非各国宣传“一个中国”和“一国两制”政策。③ 担任莫桑比克统促会会长的江永生是莫桑比克总统的保健医

① ［美］吴惠秋：《发挥地区优势做美国主流社会的工作》，《统一论坛》2007年第1期。
② ［美］王坚：《让美国社会了解“台独”之危害》，《统一论坛》2006第1期。
③ ［尼日利亚］胡介国：《把中国统一事业作为自己终身的追求》，《统一论坛》2008年第2期。

生。他利用与希萨诺总统接触的有利条件，时常把台湾问题的由来及现状介绍给总统，并解释中国政府解决台湾问题的方针和政策。2002 年 8 月，希萨诺总统同意出任莫桑比克统促会名誉主席，这在海外统促会中尚属首例。2005 年至 2007 年，莫桑比克统促会聘请了格布扎总统及其他政要为该会的名誉主席、名誉顾问、名誉理事等。通过他们的带动和影响，当地政府、上层人士和主流社会普遍认同一个中国的政治框架，支持中国和平统一事业。①

2. 向外延伸

国民党 1949 年败退台湾后，非常重视培植海外华人的亲台力量。经过长期经营，台湾在海外华社中拥有一大批亲台社团，被台湾当局视为“扩大国际生存空间”、推行“务实外交”和增强台湾实力的“最重要资源”。此外，台湾当局还重视海外台胞的工作，利用他们为其政治目的服务。台湾海外移民主要在北美。至 2005 年，美国华人总数已超过 300 万。其中来自台湾的华人从 1990 年的 36.3 万增至 58.3 万。与来自中国大陆的华侨华人以及其他国家和地区的台湾移民相比，美国台湾移民及其后裔在融入当地主流社会、社会经济状况等方面都显现出较为独特的优势。② 20 世纪七八十年代以来，海外台胞以多种社团的形式组合起来，成为居住国社会的一支重要政治势力，并为台湾当局所利用。据台湾“侨委会”的资料，目前世界各地有亲台侨团近 2 588 个，其中与台湾“侨委会”保持密切联系的台籍社团约有 500 个。因此，对于反“独”促统工作来说，最大限度地团结和争取亲台社团和人士，至关重要。

近年来，海外统促会坚持求同存异的原则，努力做好争取亲台社团、台胞社团的工作，最大限度地团结一切反对“台独”分裂、拥护中国统一的各界人士。许多统促会采取多种方式加强与台籍同胞、传统侨社的团结合作，共同开展活动，帮助他们解决困难。一些统促会非常

---

① ［莫桑比克］江永生：《顺地制宜，独辟蹊径开展住在国上层社会人士工作》，《统一论坛》2008 年第 1 期。

② 龙登高：《美国台湾移民及其后裔生存与发展状况》，《侨务工作研究》2007 年第 4 期。

重视与当地台胞的交流，通过互访、联谊、茶话会等形式建立联系，结下友谊。美国宾州统促会始终注意与当地台胞建立联系，不但主动参加台湾同胞举办的中秋晚会、合唱节等文艺活动，也特别邀请台湾同胞参加该会举办的京剧专场演出、音乐会等，加深了相互了解和理解，增进了感情融合。加拿大统促会成立以来，支持台湾同胞参加大陆侨社、大陆同胞参加台湾社团，支持两岸三地同胞参加克兰尼社区活动，并邀请国民党和民进党在海外的党员、加拿大亲台的议员参加统促会的座谈会。① 巴西里约热内卢统促会广泛接触台胞，特别是一些有选票的台胞，希望他们能够影响台湾的民意。该会还尽量争取团结一些有"台独"倾向的侨胞，让他们逐渐了解祖国统一大业的重要性，转变他们的立场。② 近十年来，随着两岸局势的发展变化及中国大陆的和平发展，经过海外统促会坚持不懈的努力，一些传统亲台侨社的政治立场开始发生明显的变化。

海外统促会还以共同文化渊源、共同民族感情、共同民族利益为基础，多渠道、多层面地把工作向外延伸到台湾岛去，做台湾民众的工作。特别是在促进与台湾民众交流方面，各地统促会做了大量深入细致的工作，如组团赴台，邀请台胞到居住国访问，大力推动海峡两岸的民间交往与交流，不断增进两岸同胞的感情，促进台湾同胞对中华民族和中华文化的认同。一些在两岸三地均有贸易往来、合资或投资事业的统促会成员还利用经商之便向台湾业界人士进行反"独"促统宣传。一些海外统促会还在 2009 年 8 月"莫拉克"台风肆虐台湾后纷纷呼吁赈灾，紧急开展募款活动，表达海外华人对台湾灾民的爱心。加拿大统促会基于对台湾政党的认识、对民进党的分析，从建会开始就确立了反"独"促统和化"独"促统两手抓，在民进党内广交朋友，坚决支持民

① ［加］车英麟：《两岸和平发展引领海外反"独"促统运动登新高》，《统一论坛》2009 年第 5 期。

② 毛蓉君：《中南美洲各国和统会会长谈开展本国反"独"促统工作》，《统一论坛》2003 年第 5 期。

进党内有影响的人物与大陆交流沟通，积极推进民进党的转化过程。①

3. 向下延伸

近年来，海外统促会在旗帜鲜明地推动中国和平统一大业的基础上，广泛联系当地华侨华人，不断扩大统促会的社会影响，争取居住国广大民众的支持，推动海外反“独”促统运动深入开展。

为了早日实现中国的和平统一，遏制“台独”等分裂势力，众多统促会根据本地区的特点加强与各侨团的联系，增加交流交往的机会，扩大团结的对象，致力于和谐侨社的建设。随着近年新移民群体的不断壮大，海外统促会还根据新移民的特点，注重在新移民群体中开展反“独”促统工作，帮助他们尽快适应居住国的工作生活，在此基础上，鼓励新移民向居住国政府和人民宣传中国政府的和平统一政策与“一国两制”内容，坚决反对一切分裂中国的行为及主张。另外，为保证全球反“独”促统运动持续发展，后继有人，海外统促会还重视培养海外反“独”促统的年轻力量，做好华侨华人中年轻人的工作，以“根在中国，力促统一”为行动主线，以经济、科技等方面的实质性合作为切入点，调动他们参与“反独促统”运动的积极性。海外统促会还利用各种机会与场合向居住国广泛地宣传中国政府和平统一的方针和政策，积极争取国际社会对中国和平统一事业的理解和支持，表明广大海外华侨华人反对“台独”、促进中国统一的坚定立场。

（二）从工作方式来说

海外统促会以重要会议和现代传媒为重要平台，宣传“和平统一、一国两制”的思想和反“独”促统的理念。

为使反“独”促统工作更加深入民心，海外统促会还开展了形式多样的活动，宣传中国“和平统一、一国两制”的方针和中国政府关于推动两岸关系和平发展的各项政策，宣传中国经济建设和社会发展所取得的成就，宣传一国两制方针在香港和澳门所取得的成就，宣传中国

---

① ［加］车英麟：《两岸和平发展引领海外反“独”促统运动登新高》，《统一论坛》2009 年第 5 期。

政府为解决台湾问题对台湾同胞展现的最大诚意和善意，同时展现广大海外华侨华人的共同意志。在众多形式中，召开层次不等、规模不一的全国性、洲际性或全球性大会，发表会议声明或宣言，表明广大华侨华人反“独”促统的坚决立场，是海外统促会的一种制度化行动。2000年夏天，欧洲华人社团联合会秘书长张曼新等侨领在德国柏林发起召开了全球华侨华人推动中国和平统一大会，同时在全世界首先提出了“反‘独’促统”的战斗口号，开启了“以侨促统”的新时代。从2000年柏林大会开始，“反‘独’促统”爱国运动在世界各地风起云涌，每年一度两度的“反‘独’促统”世界大会和洲级大会相继在华盛顿、东京、悉尼、莫斯科、维也纳、巴拿马、里约热内卢、圣保罗、洛杉矶等国际大都市召开，极大地震撼了岛内外的“台独”势力，有力地促进了中国的和平统一大业。从柏林声明到洛杉矶宣言，海外统促会都明确宣誓坚持一个中国的原则，反对任何形式的“台独”分裂活动，反对外来势力对中国和平统一的干涉。自2000年以来，全球反“独”促统大会已成为海外华人表达反分裂、反“台独”、促统一心声的重要平台，成为深受欢迎、具有广泛影响力的重要品牌。

传统和现代传媒也是海外华人宣传反“独”促统理念的一种主要形式。西非华侨华人积极利用自身的有利条件，组织演讲会与座谈会，自办报纸免费分发。尼日利亚统促会及当地华侨华人组织发行《西非统一商报》，覆盖尼日利亚的主要城市及周边一些国家。该会还利用当地主要媒体刊登中国政府有关台湾问题的报道，在主要电视频道买下黄金时段播放有关台湾问题的专题节目，宣传中国的各项政策主张。[①] 巴西中西部统促会面对“台独”分子的分裂活动，筹资出版《南美侨报》，占领舆论阵地，宣传中国的“和平统一、一国两制”政策。巴拿马统促会自办的中文报纸《华信日报》，从2003年开始每两周安排一期专栏，刊登两岸关系及促进中国统一等方面的讯息、文章，在报纸上发表

① ［尼日利亚］胡介国：《相互交流合作，共促中国统一》，《统一论坛》2006年第6期。

声明，抗议陈水扁、吕秀莲到巴拿马访问。菲律宾统促会在成立之初就着手组建了一支由新闻媒体、专栏作家组成的文宣队伍，每当台海发生重大事件时，这支队伍就活跃起来。他们充分发挥自身优势，在当地华人报刊上发表评论，揭露“台独”分裂势力的险恶用心，并对之进行猛烈的声讨和挞伐。[①] 一些统促会会长为了中国和平统一事业，数十年来奔走疾呼，笔耕不辍。如华盛顿统促会共同会长黄企之先生30年来奔赴全球参与促统座谈会数百次，几乎每次都进行主题报告；在华盛顿，他放映中国电影96部，以传播中华文化，宣扬统一之声；通过各种媒介发表统一短文200余篇；1982年起，日日坚持撰写“统一日记”，迄今超过200万字，被各界冠以“统一先生”的美誉。

（三）从工作内容来说

海外统促会密切关注台海关系和海内外“台独”、“藏独”、“疆独”等分裂势力的新动向，不时调整工作重点，力求反“独”促统工作具有针对性。

近十年来，针对台湾当局和陈水扁等分裂势力进行的一波又一波的“台独”分裂活动、散布的“台独”分裂言论，如“台湾正名”游行、“一边一国”论、“3·20公投”、“四要一没有”、“入联公投”等，海外统促会通过举办座谈会、请愿、集会游行、发表声明等多种形式进行了针锋相对的斗争。它们强烈谴责“台独”分子企图分裂祖国的图谋，坚决反对“台独”分子的分裂活动。

另外，海外统促会积极配合中国政府的对台政策，通过举办座谈会、发表声明、撰写文章等形式拥护和支持全国人大制定的《反分裂国家法》、中台办和国台办的“5·17声明”等，认真学习并宣传中国领导人一系列对台工作的重要讲话精神，坚定地支持中国政府为维护中国主权和领土完整所采取的一切行动及措施。

近几年，海外统促会还根据海内外各种分裂势力的新情况，在反对“台独”势力的同时，积极开展反“藏独”、反“疆独”的斗争。针对

① ［菲律宾］蔡友铁：《求同存异，共促统一》，《统一论坛》2008年第6期。

"藏独"分子先后制造拉萨"3·14"打砸抢烧事件，连续冲击中国驻外使领馆，干扰、破坏奥运火炬传递，以及达赖借宗教、文化之名在世界各国的疯狂窜访等分裂行径，很多海外统促会都明确把反对"藏独"作为自己的重要工作职责。世界各地的华侨华人纷纷行动起来，在当地统促会的组织下，掀起了反对"藏独"分裂和破坏活动的巨大浪潮，向国际社会和世界人民揭露了达赖分裂集团的"藏独"实质与分裂祖（籍）国、破坏奥运的罪恶行径。针对2009年新疆发生的打砸抢烧暴力犯罪事件，海外统促会相继以发表声明、接受媒体采访等方式对暴力罪行表示了强烈谴责，并坚决支持中国政府为保护人民生命财产安全所采取的一切必要措施，呼吁华侨华人与分裂势力开展斗争，反对国际反华势力对中国社会稳定和民族团结的一切破坏活动。

华侨华人是中国和平统一事业的独特优势，是遏制海内外"台独"、"藏独"和"疆独"等分裂势力的重要力量。近十多年来，在台海关系和国际形势的推动下，海外统促会的队伍不断发展壮大，组织机构日益健全。十年来，海外统促会通过坚持不懈的努力和行之有效的工作方式，有力地宣传了中国政府"和平统一、一国两制"的方针政策，使一个中国原则得到国际社会越来越多的理解与支持；广泛团结了世界各地华人，开展了形式多样、声势浩大的反"独"促统运动，沉重打击了各种分裂势力的嚣张气焰。实践证明，海外统促会已成为中国反"独"促统运动的一支重要力量，为促进中国和平统一大业作出了不可磨灭的贡献。

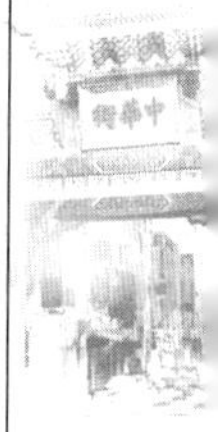

第四章
华文传媒与中国国家形象

海外华文传媒历史悠久，文化传承的作用显著。华文传媒除了报道华社新闻外，还努力传承华族文化，维系华族的文化之根，发挥影响社会舆论、提升华人话语权、塑造中国国家形象的作用。因此，华文传媒对海外侨胞和中国具有特别的意义，它不仅是海外侨胞作为一个族群生存与否的象征符号，也是展现海外侨胞精神面貌的重要平台，塑造中国国家形象的重要力量。

第一节　海外华文传媒现状

迈入 21 世纪之后，随着中国大陆的留学生和海外移民大量增加，海外华文传媒得到了进一步的发展，面向留学生和大陆移民的华文传媒不断涌现，改变了过去只有港台背景的华文传媒在海外一统天下的局面，这也对华文传媒的运作模式和报道方式提出了挑战。

一、海外华文报纸的现状

华文报纸虽然面临诸多困难，但仍普遍呈现良好的发展势头，世界各地的华文报纸不断创刊，有些华文报纸还逐渐建立起世界性的华文媒体集团。随着定居海外的大陆移民不断增多，作为海外侨胞获取信息的重要渠道，华文报纸的地位与作用是其他传媒无法代替的。

（一）华文报纸发展迅速

在马来西亚，据尼尔森的调查数据（2008 年 7 月 1 日至 2009 年 6 月 30 日），《星洲日报》及下属的《光明日报》读者人数约占华文报市场的 60% ~65%。2008 年 7 月 1 日至 2009 年 6 月 30 日，马来西亚发行审计局公布了马来西亚的日报发行量。其中日销量最高的是华文报，英文报排第二、马来文报排第三。在增长率方面，华文报纸也高于英文报和马来文报（见图 4 –1、图 4 –2）。英文报销量下滑 5%，马来文报销量仅增长 1%，而华文报销量却增长 2%。

海外华文报纸

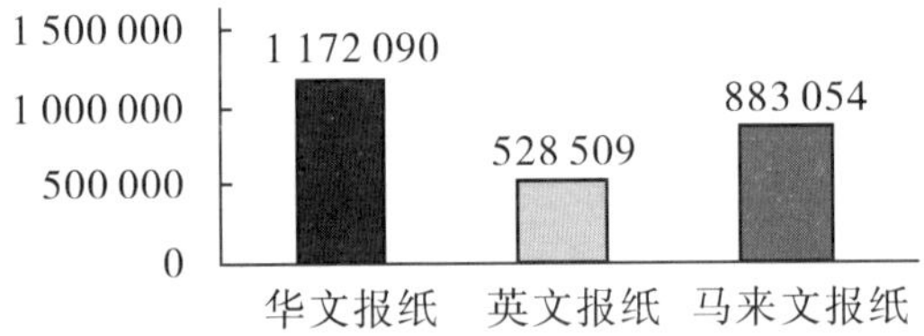

图 4 –1　马来西亚各语文报纸每日销量（单位：份）

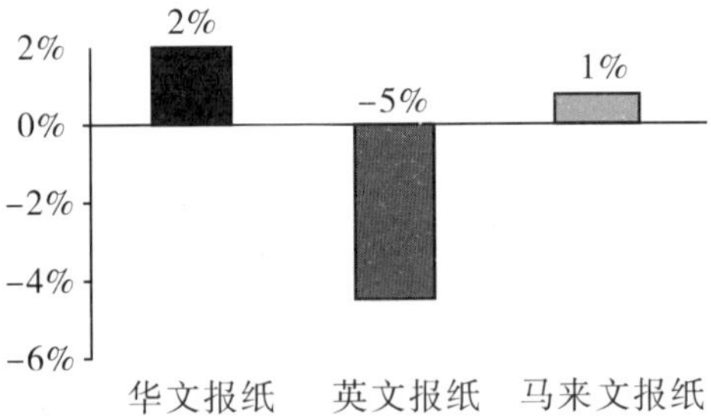

图 4 –2　马来西亚各语文报纸增长率

另一个华文报业重镇——新加坡，近几年来，随着中国经济迅速发展、华语商业价值的不断提高，华文报业的销量也比以往有所起色，如《联合早报》就基本上缓解了下降的势头。（见图 4 –3、图 4 –4）

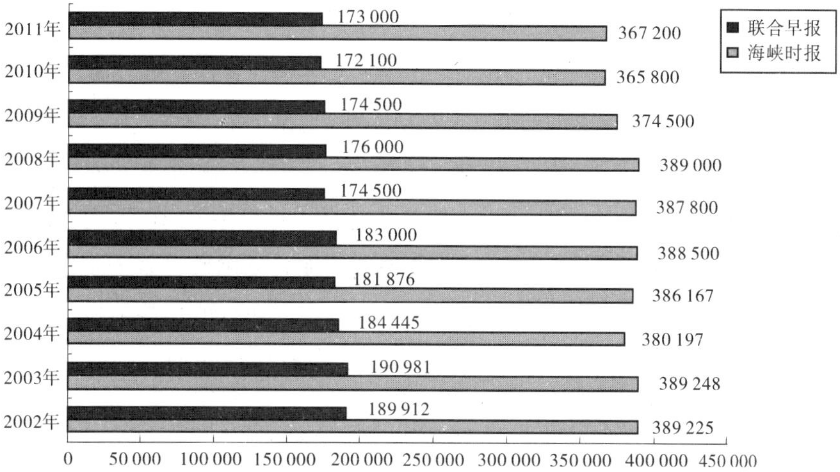

图 4－3　新加坡两份主要语文报纸销量比较（单位：份）

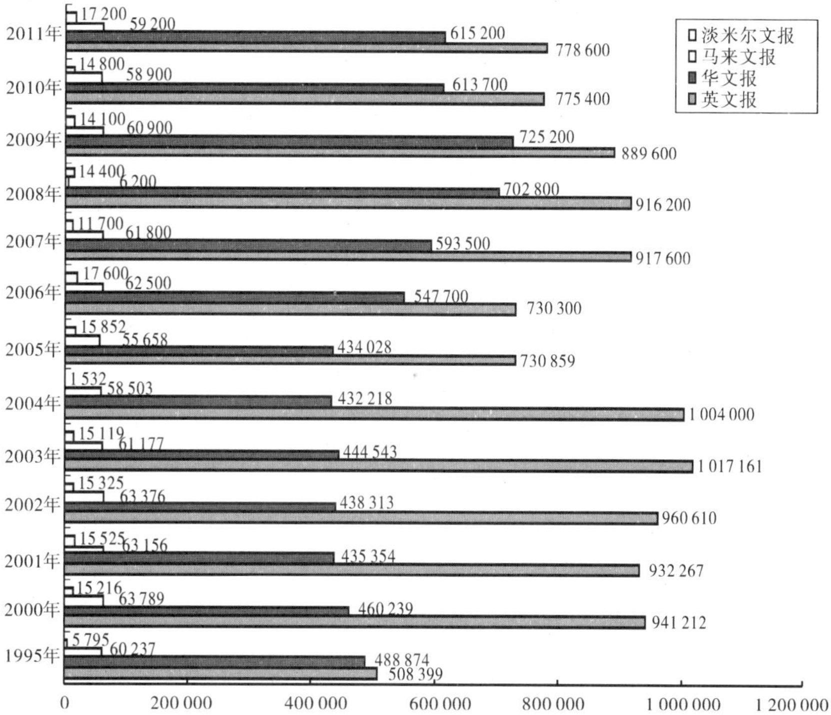

图 4－4　新加坡各语文报纸销量总计（单位：份）

注：《我报》（*My Paper*）在 2006 年 6 月 1 日创刊，是新加坡首份免费华文报。2008 年 1 月 8 日，《我报》改版为华文与英文双语报。由于其华文色彩较浓，因此在统计各语文报纸销量时，将其计为华文报。

在欧洲，有两份华文日报发行：《欧洲时报》、《星岛日报》，它们的销量也在稳步上升。部分报纸还与当地主流媒体合作，介绍海外侨胞与中国的信息。如《欧洲时报》从2001年开始，与法国最大的时事周刊《巴黎竞赛周刊》合作，出版法文版的《巴黎竞赛周刊中国特刊》，以介绍中国的现状、历史、文化为主要内容，每期发行10万份。欧洲《华商报》于1996年创刊于德国法兰克福，现有德国版、意大利版、捷克版、芬兰版、北欧版和英国版共6个版别，每期总发行量为16万份。

21世纪后，欧洲华文报纸进入了前所未有的繁荣期。随着欧洲华人的增多，华人的政治、经济实力大幅提升，中国经济迅速发展，华文报纸也面临着一个相当好的发展环境。现在各类华文报刊已达到60家。目前在欧洲各国继续出报，并在当地有一定影响力的华文周报或月刊按创刊日期先后排列如下（见表4－1）：

表4－1　西欧报刊出版周期统计表

国家	创办时间	报刊	目前出版周期
英国	1975年	《星岛日报》（欧洲版）	日报
	1981年	《香港文汇报》（欧洲版）	周报
奥地利	1990年	《欧华侨报》	周报
	1999年	《同乡报》	周报
	1995年	《多瑙时报》	双周报
法国	1990年	法华双语报《东西报》	月刊
	1994年	《欧中经贸》	双月刊
	1995年	《欧华侨志》	不定期
	1995年	法华双语报《华报》	双周刊
	2005年	《欧洲联合周报》	周报
西班牙	1994年	《华新报》	周报
	2000年	《欧洲晚报》	周报
	2001年	《中国报》	周报
	2002年	《欧华报》	周报

（续上表）

国家	创办时间	报刊	目前出版周期
德国	1997 年	《欧华侨报》	月刊
	1998 年	《新天地》	周报
意大利	1996 年	《欧华时报》	周报
	1998 年	《新华时报》	周报
	2001 年	《欧洲商报》	周报
比利时	1994 年	《华人通讯》	月刊
	2000 年	《创业报》	周报
	2001 年	《欧洲华汇报》	月刊
葡萄牙	1999 年创刊 2000 年改版	《葡华报》	1999 年双周刊 2003 年周报
希腊	2005 年	《中希时报》	周报
波兰	2007 年	《环球周报》	周报

还有一批由华人社团创办的会刊和专业性的华文刊物。虽然部分会刊现已停刊，但是它们在西欧华侨华人社团的发展历史上留下了值得纪念的一页（见表 4－2）。此外，还有一些专业性的华文刊物，如 1994 年 2 月在巴黎创办的华文经济类月刊《欧中经贸》，1995 年 9 月在巴黎创办的《欧华侨志》。

表 4－2　欧洲华人社团创办的会刊一览表

创办时间	刊物	创办者
1975 年 9 月	简讯	旅法华侨俱乐部
1980 年 6 月	华侨通讯	荷兰华侨总会
1983 年 5 月	欧华学报	欧洲华人学会
1990 年 7 月	奥华，后改为欧华侨报（周报）	奥地利华人总会
1992 年	华侨通讯	意大利米兰华侨华人工商会
1994 年 7 月	西华之声	西班牙西华总会
1996 年 2 月	旅比侨声	比利时上海联谊会

在加拿大，目前主导中文报纸市场的主要有《星岛日报》、《世界日报》、《明报》、《环球华报》、《现代日报》。前两份报纸在加拿大发行历史稍长一些；《明报》1993 年 5 月在加拿大问世，两年后打开市场，三年后形成与《星岛日报》和《世界日报》"三分天下"的局面，并后来居上，成为目前阅读人数最多的中文报纸，每日拥有超过 10 万的读者。（见表 4－3）

表 4－3　加拿大主要华文日报一览表

报纸	创办时间	创办地点	隶属
《星岛日报》	1978 年 8 月 1 日 1983 年 1988 年 5 月 31 日	多伦多（加东版） 温哥华（加西版） 卡加利（亚省版）	多伦多星报集团 （Toronto Star Corporation）
《世界日报》	1987 年 8 月 1976 年 2 月	多伦多（加东版） 温哥华（加西版）	台湾联合报系
《明报》	1993 年 5 月 28 日 1993 年 10 月 15 日	多伦多（加东版） 温哥华（加西版）	香港《明报》集团
《现代日报》	2005 年 11 月 1 日	多伦多	加拿大现代日报报社

近年来，无论是加拿大东部的多伦多、蒙特利尔，还是西部的温哥华、卡尔加里，我们都可以看到不少由大陆新移民创办的报刊出现，或以大陆移民为主要服务对象的报刊面世。这类报刊以周报为主，还有部分以杂志的形式呈现，如多伦多的《多伦多第一报》、温哥华的《精品生活》等。这些报纸、周刊一起进入华文报业市场，形成了激烈的竞争态势。

美国华文报业的布局随华人人口分布而定。纽约、洛杉矶和旧金山是美国三大华埠，这三大城市的华文报业也最为发达，也只有在这三大都市和首都华盛顿能够读到当天的《星岛日报》和《世界日报》。美国华文报业的总体格局是，《世界日报》及《星岛日报》两大报业集团占有最大的发行份额，特色是有一批免费的华文报纸，这些报纸与当地民众有很强的贴近性，它们以当地广告为支撑，很受当地侨胞的欢迎。

《世界日报》在说普通话的读者当中有一些优势，但《星岛日报》由泛华集团接手后，努力扩展广东话以外的读者，这就与《世界日报》产生了竞争。这样一种竞争机制，事实上使读者受益，双方的竞争使报纸出现了许多变化，而这些变化的目的，都是为了适应读者的需要。如果没有竞争，这些变革出现的速度或许要迟缓很多。

（二）华文报业扩展趋势明显

华文报业集团化趋势明显加快，其中最令人注目的是，马来西亚星洲媒体集团宣布南洋报业集团与星洲媒体集团、香港明报集团于2008年4月合并，成为中国大陆、香港、台湾之外最大的华文媒体集团。目前，南洋报业集团、星洲媒体集团、明报集团每日报份总发行量逾100万份，三家集团有员工5 000人。合并后，明报集团成为拥有5大报纸（《星洲日报》、《光明日报》、《南洋商报》、《中国报》、《明报》）、逾30份杂志、年收入超过10亿美元的大型华文出版集团。

马来西亚已经成为中国（大陆、香港、台湾、澳门）之外最繁荣、竞争最激烈的华文报业市场。近20份华文报刊在马来西亚展开竞争。当前该国华文报业已经形成《星洲日报》一骑绝尘、其他报纸相互混战的局面。马来西亚华文报纸不仅在国内激烈竞争，还把视野扩展至邻近国家和地区。比如说，东马①的《国际日报》、《亚洲日报》等销至文莱，《星洲日报》则在柬埔寨、印度尼西亚开辟了新的华文报业市场。

海外比较有实力的华文报纸基本上都组建了华文媒体集团，如美国侨报集团等。中国港台报纸则利用在港台的报业基地和内容优势，纷纷赴海外办报，而且相当成功，如香港明报集团、星岛报业集团、台湾联合报系等。有些报纸因为在当地颇有影响力，吸引当地主流媒体参股甚至收购华文报纸日报的现象不断出现，如《星岛日报》加拿大版被加拿大星报报业集团收购，《现代日报》也与当地主流媒体密切合作。

由于华文报纸非常注重与主流社会的沟通，反映民意民声，并将各

① 马来西亚东部区域，统称东马，包括沙捞越州（又名砂拉越州）、沙巴州。

级政府的政策动向、英语主流社会的舆论及时报道给华人社区，受到华文媒体和英语主流媒体的关注。如加拿大著名的杰克·韦伯斯特新闻奖专设“最佳中文报道奖”，每年都表彰华文媒体的杰出作品，说明华文报纸越来越受到社会的认可。

二、海外华语广播的现状

海外华语广播发展势头很猛。许多国家都开设了华语广播，为当地华人服务，为他们提供熟悉的母语声音。由于成本较低，华语广播在欧洲和北美都得到了充分的发展。

在欧洲，除了当地官方或半官方创办的电台如法国华语电台、土耳其华语广播等，还有由华人自己筹办的华语电台。如2008年法国华人决定在2009年创办法国法语广播电台，本着实际、实在、公平、公益，互知、互敬、互爱、互护、共创未来的宗旨，每天为身处巴黎大区的华侨华人提供华语、法语各12小时的广播服务，传达在法华侨华人的心声。

在北美，华语广播不计其数。在加拿大华文媒体的电子媒体中，“新时代传媒集团”一枝独秀。该集团目前拥有3家电视台（多伦多新时代电视、温哥华新时代电视、城市电视），5个电台频道，温哥华地区有AM1470、FM96.1，多伦多地区有AM1430、FM88.9，卡尔加利地区有FM94.71，此外还有3个网站及《娱乐生活杂志》等，是加拿大实力最强、市场占有率最高、覆盖范围最广的华文电子传媒集团。数量众多的华文广播、电视，一起构筑了加拿大繁荣的华文媒体，而且发展很快。

美国人几乎人手一车，开车则必听广播，广播因此一直是美国最普遍、最个人化的媒体之一。为满足华人的需求，许多华语电台应运而生，如洛杉矶的“洛城双语广播电台”、“洛杉矶中文广播电台”等。洛杉矶双语广播电台拥有4个中波频率，其中两个台是英语台，一个台是西班牙语台，此外还有一个华语台。

澳大利亚是一个提倡发展多元文化的国家，来自150多个不同国家

和地区的移民在这里落地生根，移民中包括来自马来西亚、越南、柬埔寨、老挝、中国大陆、中国香港和台湾地区的华人移民群体，华语已成为澳大利亚仅次于英语的第二大语言。华人移民的增长促进了澳大利亚华语广播业的发展，特别是商业华语广播的出现填补了专业华文电台在澳大利亚发展的空白，深刻影响着澳大利亚华人社会。（见表4－4）

表4－4　澳大利亚华语广播的发展及分布

名称	创办时间	地点	备注
昆士兰民族广播电台4EB	1980年	布里斯本	澳大利亚政府资助
南澳华声广播电台	1986年	阿得雷德	澳大利亚政府资助
多元文化电台3ZZZ	1989年	墨尔本	澳大利亚政府资助
珀斯6EB民族广播电台	1990年	珀斯	澳大利亚政府资助
澳大利亚特别广播服务SBS	1992年	悉尼	澳大利亚政府资助
澳大利亚中文广播电台2CR	1994年	悉尼	大陆新移民陈雄创办
澳洲华人电台2AC	1996年	悉尼	香港移民陈锦忠创办
墨尔本中文广播电台3CW	1999年	墨尔本	大陆新移民项翔创办

从上表显示的年份来看，从20世纪80年代开始，华语广播已在澳大利亚的天空翱翔，90年代更是发展迅猛，各大主要城市都分别成立了华语电台。

在华人聚集最多的地区——东南亚，华语广播也非常流行。在印度尼西亚这个千岛之国，华人不少。1966年前有很多华校，华人子弟大部分进入华校读书，接受华文教育。2000年瓦希德上台后，对华语、华文实行开放政策，推动了华人学习华语的热潮。2001年4月1日，印度尼西亚万隆市华裔陈如锵顺应局势，在华社一些得力人士的支持下成立了“万隆美声广播电台”。这个电台是印度尼西亚首家一天18个小时用华语播出节目的电台。

在马来西亚，华语广播更为华人所器重。马来西亚华语广播主要是“988”和“MY FM”，之后又有一家华语电台——“哗！FM”向华人广播。“988”是丽的呼声有限公司下属的子公司，开播初期即成为马来西亚最受欢迎的华语电台；而之后开播的“MY FM”，则属马来西亚有线电视台寰宇电视（Astro）所有。

马来西亚的广播电台具有多元化的元素，以华语、粤语、英语和马来语对外开播。马来西亚广播电台虽然每个时段都有不同的播报风格，然而每个时段都有一些专题，如时事性、休闲性、放松性、清谈性和娱乐性专题。广播剧很受华人欢迎，其收听率比其他任何节目都高。以“988”为例，其前身“丽的呼声”就是靠广播剧起家的有线电台，演变至今天的“988 有声有色”，广播剧仍然活跃在 988 的固定节目群当中。可以说广播剧是一家电台的台柱。

总体而言，海外华语广播以各种形式和多元化节目为华人服务，由于成本低廉，覆盖面广，随听性强，又能播放原汁原味的华语节目，反映故土的风情，很受华人欢迎，再加上各国逐渐放松了对华人的监管，华语广播电台迅速发展，呈现遍地开花的局面。

三、海外华语电视的现状

海外华语电视是继报纸、广播之后出现的另一反映华人生活和传承中华文化的重要桥梁。虽然成本很高，且缺乏自制节目，但是华语电视仍然在世界各地得以开办，而且很受当地华人华侨的欢迎。

在欧洲，1993 年由香港商人出资创办的“欧洲东方卫星电视”在伦敦启播。1999 年 8 月，总部在香港的“凤凰卫视”进军西欧，收购了“欧洲东方卫星电视”，以“凤凰卫视欧洲台”的台名正式在伦敦开播。该台凭着总部的实力和节目的多样性及免费收看，已在西欧争取到越来越多的观众。“香港无线”在伦敦开设欧洲台有较长的历史，主要是转播香港无线的节目。该电视台的节目不少以反映香港生活为内容，且用广东话播出，所以能吸引广东籍的华侨华人收看。该电视台为收费台。

20 世纪 90 年代中期，美国华语电视机构总数量达到 40 家，其中不乏全日播出的华语电视台，如美国中文电视台。美国的华语电视市场不

仅具有潜力，而且因为法律对少数族裔开设电视台的要求不苛严，因此吸引了实力雄厚的港台华语电视公司开始进军美国市场。继香港凤凰卫视控股有限公司下属的“凤凰卫视美洲台”于 2001 年 1 月在洛杉矶启播之后，台湾的“东森美洲卫视”也于 2003 年在洛杉矶开办，并于同年 9 月取得“北美世华电视网”的经营权，更名为“美洲卫视”全力出击。

香港凤凰卫视、台湾东森美洲卫视陆续进军美国市场，加剧了竞争程度，故而美国本土华语电视台也必须通过“走出去”等方式大力开拓中国内地的电视市场，利用自身对中华文化的趋同性和对于国际文化的把握力开展非同质化竞争。

在大洋洲，华语电视主要包括悉尼中文电视台、澳大利亚翡翠互动台、澳大利亚澳洲华人卫星电视公司、新世界电视和新西兰中华电视网等几家媒体，但由于澳大利亚和新西兰都地广人稀，因此，地理状况是这两个国家的华语电视首先需要面对的问题和挑战。此外，和美国等其他国家的华语电视一样，大洋洲的华语电视也面临着人口结构、运营机制和资源占有等方面的问题。

除了马来西亚和新加坡外，其余东南亚国家也开始设立华语电视频道，但仅限于简单地播报新闻。近几年，随着中国经济地位日益提升以及与东盟贸易的不断增长，了解中国、走进中国成为东南亚社会的迫切愿望，他们对中国新闻的需求度日益提高。东南亚各国电视台纷纷增加购买华文节目的数量，延长华文电视节目的播放时间，甚至开办华语电视。

印度尼西亚美都电视台是播放华语新闻的电视台，它与中国中央电视台有密切的合作关系。2000 年 11 月，用印尼语、英语和华语进行播音的“地铁电视台”开播。华人因此很容易收听、收看到来自中国原汁原味的广播电视节目。

在越南，国家电视一台和二台每天都播放中国新闻，这些新闻直接采用中国新闻画面，并配有中文字幕。2005 年 11 月 26 日，“云南卫视”越南河内广播电视台有线网开播，成为中国首家进入东盟国家有线电视网的省台。柬埔寨目前已有7家电视台。中国中央一台、四台、九台，以及福建台、广东台和凤凰台的节目都能通过当地有线电视台收看到。它们成为柬埔寨人认识中国、了解中国的重要窗口。

当前，随着网络的迅速发展，网络华语电视也随之迅速发展。它们的出现，不仅为当地的华人提供了许多新的信息来源，而且对于帮助华人了解当地华人社会的情况起到了积极作用。这些网络电视成本相对较低，不仅能为观众提供大量适时的点播节目，而且还提供了许多其他的节目，如观众自由上传的视频等，这些服务是传统华语电视所无法企及的。由于网络电视节目丰富、收看方便，已经成为海外华文传媒新的发展领域，相信不久的将来会成为海外华人社会重要的文化支柱和信息来源。网络电视的迅速发展，对传统华语电视也带来了显著的冲击，改变了过去传统华文传媒一统天下的局面，为海外华文传媒的发展注入了新的活力。

第二节　海外华文传媒发展趋势

当前，海外华文传媒的发展态势出现了新现象、新趋势，特别是随着新媒体的迅速发展，海外华文传媒呈现出传播全球化的趋势，如许多华文媒体与中国大陆的新浪网、腾讯合作，实现信息双向传递，使信息交流更加频繁，全球化网络传播的态势更加明显。伴随着国际政治形势的变化，海外华文传媒在立足本土的情况下，密切与中国以及其他国家华文媒体的互动与合作，从而形成了跨越世界的全球性传播网络，为世界4 000万华人提供了信息获取的快捷渠道。

一、海内外合作强度增大

一直以来，中国新闻都是海外华文传媒的主要内容，华人尤其关心祖籍地的信息。在泰国，华人非常关注中国特别是广东的社会发展。一方面广东与泰国关系密切，另一方面许多泰国华人来自于粤东，他们相当关心家乡的变化，从这个实例来看，虽然生活在泰国的华人已经是第二代甚至第三代，但他们仍然相当关心祖籍地的新闻，对祖籍地怀有相当浓郁的乡情。

近年来，中国企业不断拓展海外市场，发展中国软实力，加强了与海外华文传媒的合作与交流，传播中华文化。中国媒体“走出去”，采写海外华人事迹，并取得了很大的成绩。“许多国内传媒积极赴海外去采访华侨华人，让更多生活在本省的人有机会认识和了解海外的广东人。2006 年春节期间，广州日报特派十多名记者赴各大洲向华侨华人拜年，刊发了大量有关海外华侨华人生活的专题报道。《南方日报》、《羊城晚报》、广东电视台、南方电视台等媒体积极拓展外宣平台，中山电视台不畏艰辛历时数年摄制过百集的《海外中山人》，这些都是一个个很好的例证。”① 南方报业传媒集团与马来西亚最大的华文传媒——星洲媒体集团商谈合作事宜，并多次邀请该集团访问广东，加强合作。东南亚华文传媒也非常乐意与广东传媒开展合作，如星洲媒体集团董事会主席张晓卿于 2010 年 5 月率领 20 人的高级访问团参观广东四大报业集团（南方报业传媒集团、羊城晚报报业传媒集团、广州日报报业集团与佛山传媒集团），与广东展开实质性合作的商谈。

新加坡《联合早报》早已加大对中国的报道。该报把中国新闻组从国际新闻组分离出来，使之成为与国际新闻组平起平坐的新闻组。该报在北京、上海、广州、重庆、香港、台北等城市派驻记者，全方位报道中国新闻，目前该报也寻求与中国媒体合作，希望借助中国媒体进入庞大的报业市场。

美国《侨报》、《星岛日报》、《世界日报》，加拿大《现代日报》、《环球华报》、《明报》等，牵手中国新闻社，大量采用中国新闻社的稿件，不仅有助于传播中国信息，也有助于丰富其自身的版面内容，增强信息的多元化，为海外新移民提供更全面、完整的信息。如美国《侨

① 吕伟雄：《要想收获，先去种田》，见《侨务与传媒》，广州：南方日报出版社，2008 年，第 2 页。

报》虽然常常报喜不报忧，但是毕竟为当地中国留学生和华人提供了最新的中国资讯，使他们对中国的发展动态了解得更加深入。

随着海外华文传媒的全球性拓展以及香港、台湾、大陆报业集团向海外的延伸，国内外华文信息的全球性传播与分享已成为现实。海外华文媒体作为所在国华侨华人的重要信息传播工具，促进海外华人融入当地社会的同时，更加关心祖（籍）国的发展，特别是中国统一大业的进程。最近几年，海外各家华文媒体不断加大对两岸三地的报道力度，增加中国报道的版面，积极牵手两岸三地强势传媒，开拓中国报道的深度、广度，架起中国与海外的信息桥，提供了所在国主流媒体比较欠缺的中国信息。

二、传媒与社区互动明显加强

最近几年，海外华文传媒出现的几大趋势是十分引人注目的。其一大趋势是海外华文传媒与华人社区的关系越来越密切。目前在华人社区内发挥重大影响的华文媒体，与近年新出现的华人社区制度机制息息相关，它是华人社区思想文化制度的创新形式。华文媒体是社区制度机制（或制度安排）的组织系统，而由媒体带出的一系列的规范、角色规则、价值、办事程序则构成了社区制度的规则系统。

在这种形势下，海外华文传媒应该更加充分参与和谐侨社的建设，做好做实华文传媒可持续发展的基础工作。我们应该清醒地看到，华文媒体的生存和发展离不开侨社与社区和谐。反过来，维护侨社的和谐，才可能为华文媒体争取更好更长久的生存和发展空间。否则，势必束缚华文媒体的可持续发展。所以，华文媒体在发展过程中，应该致力于和谐侨社的建设，包括华文媒体本身的和谐氛围的建设。和谐是一种理念，也是一种责任与追求。中国国务院侨务办公室主任李海峰在第四届世界华文传媒论坛开幕式上致辞时说，海外华文传媒是营造侨社和谐氛围的重要力量。自 2001 年第一届世界华文传媒论坛成功举办以来，海外华文传媒取得了长足的发展，对外影响力和话语权进一步增强。李主任希望在构建和谐世界、和谐侨社的新的历史条件下，海外华文传媒在华侨华人社会中积极倡导“以和为贵”、“和而不同”、“和衷共济”、“和气生财”、“协和万邦”等理念，共同开创和谐世界、和谐侨社的新局面。

第六届世界华文传媒论坛开幕式（图片来源：http：//cq. cqnews. net）

随着中国经济的发展，学习汉语的人数越来越多，华文传媒在华文教育方面起到了重要作用，前景非常好。因此，华文传媒必须加强与当地华社及中国媒体的全方位、深层次的合作，除了信息交流外，还须建立某种形式的媒体联盟，甚至与它们组成传媒集团，共同开拓受众市场，实现两地全方位的信息交流，一方面扩大中国在当地的影响力，另一方面把中华文化传播出去，帮助华文传媒增强实力，更加深入当地华社，传播中华文化，维系华族认同，促进中国与当地国的联系，帮助中国企业和文化走出去，同时实现华人社会的升级换代，推动华人社会朝着更加包容、开放、繁荣的方向发展。

三、传播全球化趋势显著

在媒体融合的时代背景下，海外华文传媒形成了网络化、全球化、跨媒体化的新现象，海外华文传媒的媒体融合、资源融合与共享新现象，不仅为其立足华人社区、构建全球传播网络和信息联盟、充分利用新媒体传播的优势、加强对传媒传播方式和内容的变革与创新、扩大文化传播的影响力提供了良好的契机，还增强了其文化传承的能力。

作为一种信息传播工具，海外华文传媒是以华人社会的形成及其规模的扩大为基础的。作为少数族群传媒的典型代表，海外华文传媒在媒体融合的背景下，利用少数族群传媒的独特区位和角色作用，敏感的族群议题，颇具特色的族群文化，以及文化全球化等有利条件，担当了少数族群的喉舌，增强了少数族群传媒在主流社会的话语权，承担了族际文化交流的责任，实现了维系族群认同、塑造良好的华人形象、维护中国国家形象等目的。当以美国为首的北约组织炸毁中国驻南联盟大使馆时，各国华人义愤填膺，纷纷涌上街头游行抗议，仅多伦多就有多达3 000人的游行队伍，其声威之大令世人称奇；当“藏独”分子破坏中国奥运火炬传递时，华人们见义勇为、挺身而出。且不说世界各地，仅仅加拿大首善之区渥太华就曾汇聚10 000多名华侨华人，举行了主题为“宣传西藏真相，支持北京奥运”的大型集会。无论是奥运会在中国召开这样的百年喜讯，还是祖国发生洪灾、地震那样令人揪心的噩耗，海外侨胞都没有忘记慷慨解囊并与中国的父老乡亲同喜同悲。

传播全球化展现了海外华文媒体从单媒体到多媒体的内涵扩展。一是单种媒体密度的提高，信息传播更加密集，表现为扩版和内容的丰富性。二是从过去的单一媒体发展到现在多种媒体共存共荣、频道互动的局面，形成了你中有我、我中有你的新现象，特别是电子媒体和互联网的发展与成熟，使得海外华文媒体可以突破国界、地域等方面的局限，实现跨区域传播。如新加坡《联合早报》的电子版中，摘录了大量来自两岸三地的新闻，而浏览该网站的海外读者中，有87%来自于中国大陆。该报虽然是新加坡政府控股的华文报纸，但是在中国，特别是在大陆拥有强大的社会影响力与号召力。又如马来西亚星洲媒体集团，旗下拥有报纸和网络华语电视，还通过推特（Twitter）和手机短信向读者定制、传播信息，发挥华文媒体的社会影响力，通过全球性的网络向世界华人进行传播。

四、媒体多元化与集团化

与报业发展的国际化趋势相吻合，海外华文传媒也逐步走上集团化的道路，而报业集团化也必将在资源配置等方面为海外华文传媒带来更多的益处。海外华文传媒的集团化有两种情形：一是随着本地华人办报者经济实力的不断增强而形成的一报为主、同时出版多种报刊（甚至多种传媒）的集团；二是港台报业集团在海外的拓展。

进入 21 世纪之后，海外华文传媒的多元化与集团化趋势明显加强。其中最令人瞩目的是，2008 年 2 月马来西亚星洲媒体集团宣布南洋报业集团与星洲媒体集团、香港明报集团合并组成明报集团，同时在中国香港和马来西亚上市，打造海外华文出版业与跨媒体传播业的巨头。

美国《世界日报》与中国台湾联合报系本属一家，业已形成了横跨北美、东南亚的报业帝国，不仅实现了信息资源共享、减少经营成本、拓展报纸生命线的目标，还成为海外最具影响力的传媒。现已跻身美国报纸发行量前二十名之列。在四年一届的美国总统大选及其媒体争夺战中，它成为亚裔传媒的杰出代表，受到美国政治候选人的青睐。政治候选人常常特意抽出时间接受该报的采访，如 2000 年布什与戈尔竞选美国总统时，两人都乐意接受该报的专访，以获取华人与亚裔选民的支持。2008 年希拉里与奥巴马竞选民主党候选人，希拉里也特地抽出一天时间，接受包括《世界日报》在内的亚裔传媒的专访。

在欧洲，出现了一份遍及全欧洲的《欧洲联合周报》。鉴于欧洲华文报纸比较零散、规模不大的实际问题，法国《欧洲时报》和上海《新民晚报》于 2005 年联合创办该报。在短短的一年多时间中，这份报纸迅速在欧洲 6 个国家开花结果，形成了一种新的报业联合体。目前除法国外，奥地利、德国、希腊、匈牙利和葡萄牙都先后在当地创办《欧洲联合周报》，并取得了良好的效果。《欧洲联合周报》实现资源共享，降低成本，一份 100 多版，彩色印刷，一般报社难以承担。该报弥补了这方面的欠缺，版面共享，既节省编辑费用，又可以实现版面的原创性。2005 年德国原《华侨新天地》报改为《联合周报》，紧随其后，奥地利《欧华侨报》、希腊《中希时报》、匈牙利《布达佩斯周报》、葡萄牙《葡华报》在一年之内纷纷改版，使用同一报头，显示了报系的气势，而且这种联合气势还在不断扩展。

五、克服困难　顺势发展

虽然海外华文传媒在新世纪的发展中取得了显著成绩，但是也不可避免面临许多问题。几乎所有的海外华文报纸共同面临的问题就是，读者少，华语水平较低。菲律宾《世界日报》总主笔侯培水说，菲律宾华人读报率较低，而且 90% 的华文读者集中在马尼拉市区，华人后代中读华文报纸的人越来越少，而且华语水平比较低。对于侯培水的感受，泰国《世界日报》的社长兼总编辑黄根和很有同感。他也认为，需要提高华人的华文读写能力。

中国改革开放后，华语的商业价值不断增加。目前，全球正在兴起一股华语热潮。在这个热潮中，一部分人学习华语确实是出于了解中华文化的愿望，而更多学习华语的人则是希望通过掌握华语寻找到更好的工作。面对中国的崛起，了解中国成为世界各国的一大热点问题，为促进与中国的经贸联系，世界各国政府对待中华文化和华文教育的态度也发生了改变。例如，新加坡政府推动华语运动，鼓励人们成为双文化精英。总理李显龙 2004 年 10 月 19 日晚在出席华侨社团举办的晚宴上谈到，“强调中国经济崛起，带动国内外公司机构对华语人才的需求，一再呼吁华社要协助政府推动华文学习，让华语成为新加坡人的生活用语”。为推动华文教育的复苏和发展，2004 年 11 月 26 日，国会批准了教育部提交的华文教学改革白皮书。教育部长尚达曼当天宣布，这项改革将在 2008 年全面执行，其中部分内容会在 2009 年启动。官员称，此举目的是使新加坡这个以英语为日常语言的国家重回“华语世界”。

马来西亚政府则逐渐增加对华文学校的拨款，在国小开设越来越多的华语课程。除了华人学习华语外，其他族裔的小孩也进入华校接受华语教育。2005 年，在马六甲郊区的一所华文小学，学生来自华族、马来族、印度族和其他土著等近 10 个种族。2005 年该校录取的 55 名一年

级新生中，其他族裔学生占 43 名，华族学生仅 12 名。这种其他族裔学生超过华族学生的华文小学在部分地区已经不是个别现象。“马来西亚现任教育部副部长、拿督魏家祥说，根据最新统计（截至 2012 年 5 月），在华文小学就读的非华裔生已从过去的 12% 增加到 14%，即全国 60 万名华小生当中，超过 8 万名是非华裔学生。他说，这显示华文教育广受各方的认同，而且越来越多友族把孩子送到华文小学就读。”①

华语热促进世界各国的人们学习华语，虽然不能为华文传媒的运转与发行带来直接、显在的帮助，但是从长远来看，却有助于华文传媒的生存。懂华语的人多了，华文传媒的生存基础自然就会得到充实。就像在新加坡，越来越多的人重新拿起华文教材，学习华语，通过华文报纸了解新闻，关注中国的经济发展，华文报纸的销量自然会提升。

虽然海外华文传媒的发展面临诸多难题，但是只要中国经济继续发展下去，各国对外经贸离不开中国，越来越多的中国人到世界各国观光旅行，华语热就将更加火爆，不仅华文传媒的受众群将得到巩固和扩大，华文传媒也将受到更多的社会关注，成为学习和了解中国的重要窗口，并在众多有利条件下顺势快速发展。

第三节　海外华文传媒在建构中国国家形象中的作用

随着中国迅速发展，中国的经济规模与悠久的历史文化引起人们的强烈关注，成为国外许多学者的重要研究课题。近几年来，我国在软实力的建设方面虽然尚处起步阶段，但是也取得了许多令人鼓舞的成绩。2007 年，中国国家主席胡锦涛在党的十七大报告中强调要“提高国家文化软实力”。随后几年，中国接连举办北京奥运会、上海世博会和广州亚运会等国际盛事，推出国家形象系列宣传片，在海外开办孔子学

① 魏家祥：《越来越多友族念华小　60 万华小生 8 万非华裔》，《星洲日报》，2012 年 5 月 28 日。

院，大量招收外国留学生……各种积极发展软实力的举措备受世人瞩目。

媒体作为文化软实力的重要组成部分，在当今信息传播全球化的时代日益凸显出它的重要作用。作为在海外传播中华文化的重要载体，海外华文传媒在我国发展软实力的背景下，其独特作用尤其要引起我们的重视。

华人是世界各国（除了新加坡外）少数族群的重要组成部分，很早以前就有中国人移民世界各地，自此之后人数不断增加，在众多领域发挥了愈来愈显著的作用。作为反映华人诉求、承传中华文化的喉舌，华文传媒从早期缓解华人思乡情绪，发展到现在积极参与政治选举，成为当地社会生活一股不可忽视的力量，在政坛产生了愈来愈大的影响，从而在复杂的国际政治关系和全球化的背景下，重构了华人与当地人之间敏感和复杂的种族关系，同时在某种程度上维护了中国国家形象，促进了中国与当地国的政治关系的发展。

一、传媒地位不可替代

从民族学的角度来说，传媒、社团、教育是少数族群维系族群认同的重要手段和工具，其中传媒起着尤其关键的作用。它们不仅传播族群信息，也传播当地主流社会信息，促进不同族群的文化交流，这些都是促进少数族群融入主流社会的重要渠道。由于把族群语言作为传播中介，在创造少数族群的共同想象与历史记忆方面，少数族群传媒起着当地主流传媒、跨国传媒不可替代的作用。

无论是人口，还是经济实力，华人均是美国举足轻重的少数族群，尤其是在文化科技界。早期，美国传教士为了向华工传播宗教，于1854年出版了世界上第一份华文周报《金山日新录》。虽然此份报纸主要目的在于传教，但是也传播美国当地信息，对于帮助华人了解美国主流社会有明显作用。此后华文报纸不断涌现。迄今，华文传媒几乎遍地开花，其中不乏具有较大影响的传媒，如跻身美国报纸发行量前二十名之列的《世界日报》。

华文传媒之所以能在美国迅速发展，除了得益于每年有大量中国移民海外，还得益于大量华人经常使用华文媒体。在美国，“有40%英文流利的或英文不大流利的移民经常或者间或使用华文媒体”①。定居海外的新移民发现自己处于文化转型的阵痛中，需要一种合适的媒体帮助自己了解美国的文化、政治、经济与法律，但是由于语言和文化上的隔阂，因此需要“一些有效的制度机制帮助他们解决现实的、由于语言文化隔阂所带来的困难，尽快适应新家园的生活，而主流社会又缺少这类制度机制，因而华文媒体应运而生，作为一种新的、具有华人特点的制度机制，它向新移民提供了一个重要的帮助工具，使他们能在陌生的土地上尽快开始新生活，进而立足生根”②。

除了在文化上缓解华人的思乡愁绪外，华文传媒还因为特殊的“民族聚集区经济”而承担着主流媒体所无法发挥的商业功能。如华人企业在海外的发展越来越快，中资企业不断进军世界各国，迫切需要华文传媒帮助他们打开华人市场，增强华人企业的凝聚力与认同度。作为面向华人传播，与华人密切联结的华文媒体在特殊的族群经济环境中拥有主流媒体无法企及的优势。比如说，华人餐旅业、运输业、超市百货等均在华文传媒上刊登广告，而华人往往更倾向于在华文传媒寻找相关信息。华人稳定和强大的购买力吸引着许多著名的跨国公司在华文传媒刊登广告。在华文媒体的广告中，移民们很容易获得自己需要的信息，解决日常生活中所遇到的问题，从而为华文传媒的生存与发展提供了资金来源。

二、展现少数族群传媒的独特作用

少数族群传媒究竟对美国社会产生何种作用？美国著名社会学家罗伯特·帕克（Robert Ezra Park）通过对移民报刊的研究，认为移民报刊的角色有助于维护种族文化，并使读者通过族群语言而接触到都会生

① 周敏、蔡国萱：《美国华文媒体的发展及其对华人社区的影响》，《社会学研究》2002年第5期。

② 周敏、蔡国萱：《美国华文媒体的发展及其对华人社区的影响》，《社会学研究》2002年第5期。

活，了解当地主流社会，缓解新移民的思乡情绪，淡化边缘人的色彩，从而顺利地融入美国社会中。“即便是最冷僻的外语报纸如意第绪语、波兰语等报刊，其作用主要是帮助新近来的移民懂得如何在北美生存下来，很少有报刊鼓励对于原先祖国的忠诚，美国的移民通过传播确立美国文化的标准、价值观念和习俗帮助它们的移民读者同化于美国文化，从而加速了移民与主流社会的融合。”① 帕克还认为，移民报刊将移民过去的经历与美国城市生活联系起来。“外语（外来移民语言）新闻保存了过去的记忆，同时它成为新经历的通路”，而且正因如此“外来移民语言的报刊不自觉地成为美国化中最经常的因素”。②

就华文传媒来说，我们认为，其在帮助新移民融入主流社会时，确实有助于缩小华人与主流社会的距离，帮助华人逐渐走出身份认同困境，在接受当地价值观等方面发挥了积极作用。如美国至少有 40 家华语广播电台每天准时广播，侧重报道当地新闻事件，通常是最新的时事新闻以及有关交通、商业购物、金融保险、消遣娱乐等信息的最新报道，直接或间接地帮助华人了解华人社区内外的信息。华文网站立足于华人族群，维护社区的利益，兼顾华人思念祖籍国和家乡的情怀以及渴望融入美国主流社会的意愿，开设了众多论坛，为华人排忧解难，帮助他们找到新朋友，密切与社区的联系。

为了生存，华文媒体立足本地化，重视制作本土节目，不断增加对当地新闻的报道，关注当地社区的发展，“作为移民社区的重要信息媒介的功能越来越明显，既保留了移民不同文化背景的特点，又有效并及时地向移民传送美国主流社会的有关信息，进而有效地帮助华人移民在陌生的、多元化的社会环境中生存和发展”③。华文传媒已经成为族群制度机制中的重要环节，能够有效地把华人和主流社会连接起来。“移

---

① 胡锦山：《罗伯特·帕克与美国城市移民同化问题研究》，《求是学刊》2008 年第 1 期。

② R. Park, *The Immigrant Press and Its Control*, New York: Harper & Brother Publishers, 1922, p. 449.

③ 周敏、蔡国萱：《美国华文媒体的发展及其对华人社区的影响》，《社会学研究》2002 年第 5 期。

民即使不通英文，亦可从中知道发生在他们周围的事情，大至国家大事，小至社会名流花边新闻。”①

华文媒体向移民提供了一条进入美国主流社会的捷径，使他们很快能够生活于这片文化背景迥异的土地上。它们的存在在某种程度上承担了政府、主流社会与华人之间沟通的任务，在帮助华人融入主流社会，接受美国价值观等方面降低了政府的行政成本、教育成本，由此引起政府和主流社会的重视，并在日常的政治、文化和经济生活中日益展现出它们的影响力和社会参与力，并对美国的对华关系产生了重大影响。

由于站在海外的视角看中国问题，站在华人的立场分析当地国涉华问题，海外华文传媒的新闻报道与评论，往往具有独特的观点而为世人所关注，引导世界舆论，维护华人和中国国家利益，从这点来说，海外华文传媒能够发挥国内媒体所不具备的独特作用。

三、利用敏感课题增强社会影响力

也许在主流社会和主流媒体看来，少数族群传媒只关注该族群内部事务，不具有影响社会的力量，然而，传播的全球化，“不仅能够重构由非领土扩张所形成的文化意义和认同感，而且能够重构全球文化政治的相关形式”②。迅速而又频繁的信息传播已经深刻地影响和改变了当地国的政治。在政治、经济、文化的全球化趋势下，处于被边缘化、非主流化状态的少数族群传媒，其发展固然会受主流媒体和跨国媒体的影响，但与此同时，民主制度以及多元主义的盛行，又使少数族群传媒在特定的空间与时间中，不仅成为一个牵动社会神经的信息传播和族群文化承传的重要媒体，还成为影响少数族群的国家认同、维护社会稳定和种族和谐的重要因素，更是影响选情的关键因素。

在政治选举的敏感时期，华文传媒虽然属于少数族群传媒，但是在

---

① 周敏、蔡国萱：《美国华文媒体的发展及其对华人社区的影响》，《社会学研究》2002年第5期。

② ［英］约翰·汤姆林森著，郭英剑译：《全球化与文化》，南京：南京大学出版社，2002年，第41页。

政治选举过程中，其动用跨媒体的传播手段，形成包括报纸、广播、电视、网络的立体传播体系，不仅影响华人的投票意向，使政治候选人不敢忽视华人的作用，同时也向世界传播了华人的权益诉求。在这样的传播态势下，华文传媒的诉求往往能够得到候选人的回应，并得到各种承诺，从而实现舆论引导的目的，并由此增强社会影响力与号召力。比如，在政治选举过程中，许多候选人亲自到唐人街或华文传媒进行访问，回答华人的问题，并表示关注华人的各种利益诉求。如 2009 年 7 月 8 日，寻求第三次连任的纽约市长彭博（Bloomberg）历史性地走访了位于曼哈顿的《侨报》社和美国中文电视台，接受两家华文传媒的联合采访。“彭博担任纽约市长八年以来，很少亲自走访任何媒体或公司，访问华文媒体总部更是首次。这显示出彭博对华人及纽约华文传媒寄予厚望，希望得到华人和华文传媒的支持，实现连任的目标。彭博在接受专访中回答了有关纽约经济、唐人街发展以及华人非常关心的移民政策等一系列问题，表示他非常重视华人在纽约所作出的贡献，也愿意听取华人的意见，促进华人社会的发展。”① 从这个例子中，我们看到，在全球化的趋势下，华文传媒在复杂的政治、经济、文化、全球化传播等多种因素的综合作用下，其影响和话语权反而得到增强。因此，如果善于利用这些因素，华文传媒在特定的时空中也可以产生比主流传媒和西方传媒更大的舆论影响力，从而达到维护华人权益、间接塑造中国正面形象的目的。

四、塑造文化中国形象

我国在“十二五”规划中把文化产业列为支柱产业，把发展软实力、向世界传播中华文化、扩大中国话语权、塑造中国良好形象作为国家战略。在这种大力发展文化产业和软实力的背景下，作为软实力的重要组成部分，海外华文传媒的作用得到国家的高度重视。政府也通过各

① 《纽约市长彭博走访侨报和美国中文电视寻连任支持》，美国《侨报》，2009 年 7 月 9 日。

种手段推动和扶助它们的发展，希望借此推动中华文化在海外的传播，凝聚海外华人的力量，塑造良好的国家形象。

海外华文传媒虽然参差不齐，但是随着中国国际地位的提升、华人移民数量增多、中华文化在世界各地的迅速传播，它们在传播中华文化、维系族群认同和影响主流社会，以及维系海外华人对中华文化认同等方面凸显出国内媒体无法企及的优势。海外华文传媒背景不一，但在传承中华文化、维系华族认同和具有较强的传播力等方面却具有共同的特点，特别是在中国迅速发展的大趋势下，海外华文传媒日益呈现出网络化、联盟化、集团化的迹象，传播力得到显著提升，话语权不断增强，展现了包容、开放但严守民族尊严的中国形象。

海外华文传媒是联系海外华侨华人的重要桥梁和纽带，是增强华人族群认同的重要手段，也是促进中华文化在海外传播的重要渠道，是促进中华文化建设和凝聚海外侨胞的强大力量。海外华文媒体是世界上少数族群传媒的典型代表。站在少数族群媒体的角度，我们发现，其作为传承华族文化和推动华文教育的动力，为维护华族族群认同和文化认同作出了重要贡献。

老一代的海外侨胞，从中国移居到其他国家，即使经过长期的居住，生活已经逐渐本土化，但他们仍然怀念祖（籍）国，思念故乡，仍然喜欢阅读华文报纸。华文报纸也帮助他们了解居住国的华人社会和主流社会，从而成为他们不可或缺的了解外界信息的工具。与此同时，华文报纸也从事维护华人和中国形象的工作。故此，正是建立在对族群公共利益的维护和传播族群新闻的基础上，华文传媒经历多次沧桑后仍然能够生存下来，并继续肩负族群文化传承的使命，同时还增进了主流社会对华人和中国的了解。从这个角度来说，海外华文传媒的文化认同不仅促进了华侨华人族群的自我认同，而且有助于团结世界华人，打造一个良好的文化中国形象。

第四节　华文传媒增强中国文化软实力的策略

当前，全球华文传媒不断出现交汇融合的趋势，而它们的生存与发展离不开所在国主流媒体的支撑和协作。过去，许多历史事件反映了海外侨胞对中国确实能够给予诸多帮助。如新中国成立后，广大海外侨胞充分发挥自身优势，通过不同方式，向居住国政府和主流社会积极传递中国和平发展的政治理念，增进中国与居住国之间的政治互信，为促进中国同居住国建立和发展外交关系作出了重要贡献，也从中凸显了文化软实力在构建国际关系、塑造中国国际形象、推动民间外交和文化交流等方面的独特作用。

一、淡化意识形态差异

我们要以客观、理性的态度看待华侨华人的角色，以及他们在建设中国软实力过程中究竟能够起多大作用。海外华文传媒组织应该淡化意识形态色彩、缩小政治方面存在的分歧，求同存异，共同开拓市场，更注重传媒出品的客观性和专业性，更强调以诚实、公正、无偏见的原则采访报道人物事件、选材编排节目，以便在移民社区赢得更高的可信度。同时，应该尽快建立起一套与现代政治和现代文明相适应的新闻媒体管理制度和模式。

在近年来的新闻实践中，海外华文传媒确实增强了中国的软实力，在许多重大国际事务中维护了华人形象，如2008年的“3·14”事件针对西方媒体对中国涉藏政策的歪曲报道，众多华文传媒据理力争，并形成了一股强大的力量去抗衡西方媒体的不实报道。提出软实力概念的美国著名政治学家约瑟夫·奈，也因此对中国的软实力建设给予了很高的评价。他认为，近一两年来中国在经济、军事等硬实力方面不断发展和增强的同时，也注重发展软实力和对国家形象的打造，这对避免中国的成功引起其他国家的不安产生了很大的作用。约瑟夫·奈认为：“软实力对塑造一个国家的形象至关重要，一个国家的形象会通过各种事件体现，这些事件会成为世人审视这个国家的载体，如中国举办奥运会、亚运会和世博会等大型国际盛事，成为中国展示国家形象的极佳窗口。”① 事实上，在中国软实力的组成中，海外华文传媒的力量不可小觑，它们不仅对我国国家形象的塑造起着重要作用，还影响到我国的国际政治关系和经济活动。强大的软实力可以消除贸易障碍，减少阻碍经济活动的不必要干扰，从而为我国国际政治和经济活动创造一个良好的外部环境。

海外侨胞在构建和推动我国软实力的形成和发展过程中占有重要的地位，但也面临一些困难和挑战，其中一个重要因素就是海外侨胞之间存在许多差异和矛盾，如意识形态、认同差异等。因此我们在增强文化软实力、打造良好国家形象的同时，一方面要善用华文传媒的力量，另一方面要客观地面对海外华人存在的意识形态差异。在两岸三地的文化传播中，我们也应不以意识形态进行分类，而应淡化差异，对彼此之间的文化传播予以支持，不以区域或意识形态来决定对具有不同背景的媒体在从事文化传播时是否予以支持。

二、增强舆论影响力

衡量软实力强大与否的两个重要指标就是国家或文化的吸引力和影响力。面对海外传媒的变化趋势，海外华文传媒要不断自我调适，提高影响国际舆论的能力，增强文化吸引力和影响力。在上面的相关章节中我们已经论述了其作为少数族群传媒，拥有影响社会和政治的能力，在一个全球化传播的时代中，海外华文传媒作为面向华人的传播工具，更因此增强了影响力。同时，它承担了传播少数族群文化的职能，向主流社会展现多姿多彩的中华文化，以一种软性的表达方式传递历史悠久的文化内涵，吸引所在国主流社会去学习中华文化，并由此得到他们的

① 王希怡、蒋林：《约瑟夫·奈：中美彼此增加吸引力可减少误会》，《广州日报》，2010年12月30日。

尊重。

作为海外文化传播的主战场、主阵地，海外华文传媒能够承担这一历史任务，由外及里，帮助中国媒体把握信息传播的主动权，通过拥有世界1/5人口的汉字和中华文化，形成具有强大向心力的传媒业的“大中华圈”，建立起中国在国际传播中的优势，逐步改变信息传播的不平衡状态。而为数众多的海外华文传媒可以在此过程中发挥重要的作用。

我们认为，华文传媒要利用传播全球化、立体化和网络化的机遇，对一些有关华人的社会公共议题进行设置，要使一个相对敏感的种族问题能够上升到全球传播的层面上，引起全世界华人和当地社会的关注。在这方面，华文传媒也有过成功的例子。如2008年希拉里·克林顿参加民主党总统候选人竞选时，其竞选班子在加州拒绝《世界日报》的采访，受到《世界日报》的抗议，第二天她就特意抽出一天时间接受包括《世界日报》在内的亚裔传媒的采访，以挽回亚裔选民的支持。事实上，随着网络的快速发展，在美国的纽约华语电视和华文报纸，通过在网络上提供视频、文字和照片信息，不仅面向美国华人传播信息，而且也为中国人提供有关美国华人的信息，从而构筑了传播跨国化的信息传输网络，使美国政府正视华人的民意诉求。与此同时，面对中国迅速发展的经济实力和不断提升的国际地位，美国需要从各个渠道对中国加强了解，而华文传媒在这方面拥有诸多优势，可以成为联结中美关系的重要桥梁，在国际关系中发挥更大的作用，实现增强传播力、提升话语权的目的。

三、重视文化传播与现代国际公关的结合

要塑造华人的良好形象，帮助中国塑造文化中国的形象，海外华文传媒要注意对外传播与现代公共关系的结合，如借助“第三方”的传播力量，如国际主流媒体、各种非政府论坛、行业协会和其他社会团体、学术研究机构的专家学者、企业和专业公共关系公司等。要研究西方社会的舆论运作，细分对外传播的受众，注意做好“精英”（舆论领袖）和“草根”（一般公众）的工作，尤其要加强面向西方社会普通公

众的传播，对外要多介绍普通中国人的生活，以影响他们对有关中国问题的认知和态度。

因为文化差异，国际社会对海外华人和中国长期形成了两种不同的看法。我国学者陈奕平曾指出，这种现象的产生有以下几方面原因：西方国家部分人的冷战思维；对中国情况的不了解；中国转型期出现的问题及处理手法。第一种情况一时难以改变；第三种情况需要一个过程；第二种情况，需要相互的交流、沟通和理解。在促进中国与世界各国的交流和相互理解方面，海外侨胞可以发挥很大的作用。华文传媒在其中可以起到关键作用，一方面，他们具有深厚的中国情结；另一方面，他们具有语言优势，熟悉居住国社会，可以用当地语言进行文化传播。[①]

华文传媒要注重文化交流的实效，采用当地通行的文化互动模式，增强文化传播的效果，以实现中华文化融入当地文化，甚至影响其他文化的形成与建设的目的。比如，印度尼西亚华人曾把中华文化传播到印度尼西亚，使印度尼西亚文化增添了中华文化元素，扩大了中华文化的影响力。又如闽南方言在印度尼西亚语中被借用，出现了用印度尼西亚语演唱京剧的情形。

海外华文传媒长年在海外运作，熟悉当地语言和文化，比国内媒体更加了解某一国家的思想文化，我们完全可以借助这方面的优势，让其担任中华文化走出去的先锋。这不仅有助于促进当地主流社会对华人和中国的理解，也有助于加强华人对当地思想和文化习俗的尊重，实现相互尊重、多元并包、文化开放的文化传播目的。

传媒作为一种重要的公关工具，其作用和功能是其他交流手段与渠道无法取代的。具体到海外华文传媒，它们扎根于海外，熟晓当地的政治文化，更有能力和意识开展多种文化交流活动去影响当地主流社会对华人与中国的态度，培养他们对中华文化的亲善感。比如说，纽约每年一度的文化巡行，当地华人与华文传媒通力合作，设计了多种文化传播

---

① 陈奕平：《和谐与共赢：华侨华人与国家软实力关系的一些思考》，2012 年 3 月 10 日在“和谐与共赢：国家软实力及华侨华人的作用”国际研讨会开幕式上的主题发言。

形式与内容，既有反映中国传统文化的节目，又有融合西方文化的内容。一方面改变了主流社会和其他少数族群对华人社会的“文化孤岛”、“文化自我隔离主义”的印象，另一方面也有助于文化的自我生成与发展，实现中华文化与西方文化的相互融合。我们认为，在现代公关理念中，民间交往是淡化价值观差异的最好方式之一。海外华文传媒作为文化传播机构，举办文化活动得心应手，又熟谙当地主流社会对中华文化的了解心理，能够采取当地主流社会喜闻乐见的方式吸引民众参与，从而增强文化活动以至中华文化的吸引力，文化中国的形象自然就会形成。

作为影响社会的重要工具，华文传媒要利用各种条件与机会提高传媒影响力，促使主流社会正视华人的诉求，改变对中国的看法。如可以参加当地主流媒体的年会，听取他们对华人的看法，同时让主流媒体知道，华文传媒具有影响华人社会和主流社会的能力，与主流社会共建合作渠道。鉴于中国迅速发展，国际地位日益提升，主流媒体也想更进一步了解中国，也有报道更多关于中国信息的需求，如果华文媒体能够为其供稿，以民间外交的形式与主流社会建立合作关系，将有助于主流媒体对华人社会的客观公正报道。

华文传媒是海外华人华侨宝贵而独特的资源，在传播中华文化、开展民间外交、宣传介绍华人社会、支持和解释华人政策与行为、展示和塑造海外华人华侨形象等方面均可以发挥不可替代的作用。我们认为，华文传媒虽然主要面向华人传播，但是要注重报道内容的再编码和再传播过程，要注重信息的再增值，减少向主流社会传播华人信息时的障碍，在敏感时期，要及时把一些重要、敏感的内容翻译成英语向主流社会传播，避免主流媒体误读现象的发生。而最有效的办法就是创办英语电视频道或英文报纸，直接向主流社会传播华人新闻。这一点美国犹太人传媒就很值得借鉴，如创刊于 1897 年 4 月 22 日的《前进报》，其不仅发行希伯来文报纸还创办英文报纸，直接把犹太人的信息传播给主流社会，帮助主流社会了解犹太人和以色列的历史与文化，创造舆论氛围，直接和间接对美国政治产生影响。由于在犹太人社区拥有较高的威望，

该报直至今天仍然在发行，而且被视为犹太文化在美国存在与否的象征符号。

除此之外，华文传媒要充分利用其影响力多接近政治精英和主流社会，听取他们的意见，同时也反映华人的诉求，以增进彼此之间的了解，这也有助于改变他们对中国的看法。对西方一些顽固的反华政治人物，除了沟通、交流，有时还需进行针锋相对的抗争，以显示华人的力量；而另一部分人则是因为缺乏对中国的了解而产生偏见，对于这部分人，我们就要采用有效的公关手段，增进他们对华人、对中国的了解，以减少误会。

国际公关能够改善中国的国际形象，而文化传播作为一种软性传播力量，更适用于现代公关。作为在海外进行文化传播的重要力量，华文传媒在这一方面有广阔的空间，同时我们也要重视和借助这股文化力量，通过文化传播的软性诉说达致塑造华人和中国良好形象的目的。

第五章
海外文化侨务平台与中国文化软实力

在国家软实力系统中，文化软实力是人们谈得最多的话题。文化软实力，本身也是一个内部构造十分复杂的系统。因应国家的对外文化发展战略而开展海外文化侨务，已成为今天开拓海外侨务工作新局面的突出话题。“文化侨务”的概念虽然应用还不广泛，但实际上已是海外侨务工作的一种实践。

第一节　中国文化软实力建设的需求和海外文化侨务的重要性

文化，无论是作为一种人类创造的精神财富，还是作为一种不断传承的民族传统，都具有非同寻常的无形力量。但是，文化是社会的产物，社会经济实力是文化发展与传播的根基，文化的全面建设也必然有赖于经济的可持续发展。近些年来，中国文化之所以受到世界普遍关注，成为全球瞩目的一个焦点，最根本的原因是以经济高速发展为核心的“中国崛起”所带来的综合国力的提升；相对过去来说，中国也在国际舞台上获得了越来越多的话语权。此外，当今世界也“正在发生广泛而深刻的变化”，表现在由东西方对立的冷战状态、以革命和战争为主题转变为以和平发展为时代主题。

我们应该看到，在这个过程中，人类社会发展的动力结构已经发生了急剧的调整。文化的地位相对独立，功能日渐突出，知识经济已初露端倪。因《文明的冲突》一书闻名于世的哈佛大学教授塞缪尔·亨廷顿也曾强调硬实力决定软实力，硬实力是软实力的基础，物质上的成功会使文化和意识形态更加具有吸引力，而经济和军事上的失败则必然导致文化的自我怀疑和认同危机。约瑟夫·奈还认为，中国在经济上的巨大成就是软实力得以提升的重要根源，是中国文化特别是传统文化的吸引力越来越大的根本原因。中国似乎不需要付出太大努力来唤醒外部世界对中国文化的兴趣。一些国家在排队等待举办中国年，或获得在中国开设文化中心的许可；西方各大博物馆也纷纷举办中国艺术展。这种情况过去不可能发生，只有到了中国国力强大起来后才会变为现实。

从辩证唯物主义的角度来看，文化软实力也可以显示出对经济、科技、国防等国家硬实力的“倍增器”作用。随着世界多极化、经济全球化的深入发展和科学技术的日新月异，文化与经济、政治相互交融的程度越来越深，与科学技术的结合益显紧密，经济的文化含量日益提高，文化的经济功能也越来越强，文化已经成为国家核心竞争力的重要因素。谁占据了文化发展的制高点，谁拥有了强大的文化软实力，谁就能够在激烈的国际竞争中赢得较大的主动权。因此，一个迅速发展中的国家一定要把提高国家文化软实力置于优先发展、重点建设的地位，充分发挥其对国家硬实力发展的巨大统领、先导与促进作用。

一般认为，国家文化软实力就是以文化为基础的国家软实力，是指文化中那一部分对外、对内都能够产生某种性质的作用力的因素，即对内具有一定凝聚力和驱动力，对外具有一定影响力和感召力的因素的综合作用力。约瑟夫·奈也认为：“当一个国家的文化涵盖普世价值观，其政策亦推行他国认同的价值观和利益，那么由于建立了吸引力和责任感相连的关系，该国如愿以偿的可能性就得以增强。狭隘的价值观和民粹文化就没有那么容易产生软实力。”这话实际上说明了文化资源提升一国软实力的条件和方式。如果把文化理解为“人类一切精神活动及其结果的总和”的话，那么“文化软实力”这个概念既包括政治、外交、价值体系，又包括哲学、法律、语言、宗教、艺术等，所有这些东西所产生的综合影响力，就构成一个国家的“文化软实力”。既然是国家文化软实力，自然就有鲜明的国家属性。换言之，我们所寻求的不是抽象的软实力，而是一种体现中国特性与利益的国家文化软实力。

近些年来，中国在国力得到发展而走向世界需要文化支撑的关键时候，适时地提出了文化发展的重大战略。胡锦涛总书记在党的十七大报告中提出了“提高国家文化软实力”的号召。这是他继 2006 年 11 月 20 日在中国文联第八次全国代表大会、中国作协第七次全国代表大会提出“增强我国文化的国际竞争力，提升国家软实力，是摆在我们面前的一个重大现实课题”，以及 2007 年 1 月 23 日在中共中央政治局第三十八次集体学习时指出加强网络文化建设和管理“有利于增强我国的软实力”之后，在最高权力机构、最高政治场合向全国正式提出的一项政治任务，标志着中国对发展国家文化软实力的认识已产生了新的飞跃，达到了新的政治高度，并成为中国最高决策层的共识，是改革开放新时期不断进行理论创新、成功实践的结果。

实际上，在此之前，中国文化建设的思路已见端倪。2006 年 8 月 28 日，国家特批中国文化发展战略研究正式启动。9 月 13 日，新华社全文播发了《国家“十一五”时期文化发展规划纲要》，在中国历史上第一次把文化同政治、经济、社会并列，提出了四位一体的发展战略。该纲要的新亮点是把文化提高到软实力的高度来认识，而且在国家的五年计划和五年规划之外，专门制定一个文化发展五年规划，这在中国历史上是第一次，标志着文化产业已经进入国家的发展战略层面。

最近几年，中国侨务机构对开展海外文化侨务工作越来越重视，主要表现在以下几个方面：

（1）重视海外华人的寻根活动，对象主要是华裔青少年，目的是提高他们学习汉语和中华文化的兴趣。近几年这种活动很多，比较大型的如：2010 年 7 月，由中国国务院侨务办公室和中国海外交流协会举办的“中国寻根之旅”夏令营在北京举行，邀请 5 000 名华裔青少年参加。

（2）组派不同类型的中华文化专访团赴海外开展交流活动。多年来，中国国务院侨务办公室每年组派的高水准专访团有文艺团、厨师交流团、中医团等。最近几年，春节慰侨演出活动越来越引人注目，已成为与海外侨胞交流中华节日文化并推动中华文化走进主流社会的一个符号。

（3）着力整合海外华文教育资源，发展海外华文教育，并与推介文化中国、现代中国相结合，帮助海外华裔新生代了解中国历史文化和现代化建设成就。近年来，中国华文教育基金会组织了“长江文化行”、“巴蜀文化行”等十余个夏（冬）令营项目，吸引了26个国家的近2 000名华裔青少年参加。

（4）重视海外华文教师培训工作。例如，仅2009年，中国主要侨乡之一的广西共举办了12期海外华文教师培训班，培训教师360人，选派了40多名优秀教师赴东南亚国家援教；举办了9期海外华裔青少年夏（冬）令营活动。

可资开展海外文化侨务的平台很多，这里不可能一一赘述，下面仅就目前海外侨务工作开展得较有声色的几个主要平台的情况作一阐析。

第二节 海外文化侨务平台之一：华人节日

华人节日因其参与者众多（几乎为所有华人）、常态化（每年均有固定时间），而成为海外华人传承和弘扬传统中华文化的最重要平台之一。传统中华文化固定的表现形式，如春节、清明、端午、中秋、重阳等约定俗成的民间活动，本身就包含着中华文化的丰富内涵。当然，这些传统的中华文化形式都是以一个个“大包装”面目出现的，若进行细分，还可以看到一个个“分拆构件”。

春节是一个最全面、最能充分显现海外华人节日理念的节日，对包括中国在内的世界上大多数炎黄子孙而言，“过春节”在某种意义上已经具有种族与文化认同的象征意义。它不仅是家庭亲人欢聚的佳节，也透过华人社团的"新春团拜"等活动而成为一个传承中华文化、凝聚社群认同的舞台。在海外华人社区中，春节的这一功能突出地表现为全侨化（几乎所有华侨华人都参与庆祝）、家庭化（为一年中家庭成员的团聚期）、喜庆化（节日期间多有娱乐活动）、长假化（为所有华人节日中假期最长者）等特征。

一个民间节日能够传承下去，首要因素当是民众的愿望，其次是权力机构的意志。就前一方面来说，海外华人维护、传承春节这个中华民族最重要节日的愿望是毋庸置疑的。

今天，所有的海外华人社会，包括传统华人社会和新移民华人社会，都仍然保留着"传统中国节日"的概念。他们对每年接二连三的传统节日，都仍然根据自己的兴趣有选择地参与其中。各国的传统华人社团，特别是成立较早的社团，多半都有一个每年如何过节的常态化的日程表。他们常常通过其社团组织"传统中国节日"的庆祝活动。对于传统华人社会，关键是要在传统中华文化大潮滚滚而来的形势下，更好地维系和完善这套"机制"，同时，深入挖掘中华文化的精华，使之在华人中一代代传承下去。

在所有"传统中国节日"中，春节的庆祝方式最为隆重，参与人数最多，庆祝内容最为丰富，庆祝方式最为规范，影响也最广。在当地其他族群看来，春节是华人族群的标志性节日。因此，作为传承和弘扬中华文化的重要载体，春节比其他节日的功能和作用都大。它较为系统地体现了海外华人对传统中华文化的传承，较为突出地体现了和谐亲睦的家庭氛围、祥和吉庆的美好愿景、慎终追远的传统美德。这集中体现在春节的主题——团圆上。除夕夜家庭团圆作为华人长期奉行的一种习俗，已经上升为春节文化价值观的最重要组成部分，成为维系华人世界的重要纽带。此外，大部分华人族群都很重视春节食材的选取，最主要的标准便是食材的吉利寓意。例如，广府人对年节菜肴的取名可谓费尽心思，这反映了他们图吉利的民俗心理，寄托着他们对未来的良好愿望。

西班牙华侨华人新年舞龙队（图片来源：http：//photo. uschinapress. com）

世界上每个民族的节日特别是重大节日都有一个核心主题，它是这个节日的灵魂，也是这个节日存在的主要依据，更是其信奉者维护这个节日的动力源泉。有人认为，在一个全球化的时代，人们见面重逢的机会越来越多了，网上见面也越发盛行，因此，过去那种非得当面握手、拥抱才算见面的观念已经过时。这只是一种简单化的推理。任何时候，人类面对面交流的意义和作用都是其他形式的“见面”所不可取代的，对于以亲缘团聚为目的的春节来说，就更是如此，团圆的感觉是其他形式的“见面”所无法感受到的。

春节堪称最全面、最深刻地承载着传统中华文化的诸多元素。今天海外华人的春节活动内容是传统元素与现代元素不同程度的结合，既保留着传统元素，也渗进和糅合了现代元素，这种“与时俱进”也是春节保持旺盛生命力的重要因素。从新加坡、马来西亚两国的情况来看，传统元素主要保留在以家庭为主体的活动中，现代元素则主要保留在公共活动中，国家或社团组织的春节活动则有意掺和这两种元素。这是世界华人春节的重要变化之一。当然，华人居住在世界各地，风俗民情各不一样，华人从家乡带到当地的传统元素及其与当地元素的糅合方式各不一样，因此各地华人过春节乃至其他华人节日的方式肯定也各不一样。但是，主要的活动内容如过除夕、团圆、拜年、吃元宵等一般都保留下来，其中所蕴寓的意义也都没有流失。

对待传统元素与现代元素的弘扬，在认识上应有所区别。现代元素更多的是一种客观的社会存在，无须人们呕心沥血地加以弘扬，它便可以比较容易地走进现实。传统元素则不同，它更多地需要人们的发现、发掘和呵护，有时候即使呕心沥血了，还不易办到。目前华人社会应做的工作是如何更好地整理和挖掘这些元素，使之更具主题化、条理化。同时，将之与其他“传统中国节日”的整理和挖掘有机地结合起来，使所有“传统中国节日”各具鲜明的主题和特征，形成互相补充、互相映照的主题系列。通过年复一年“传统中国节日”的熏陶，这些传统元素便可逐渐融进一代代华人的意识中，从而一代代传承下去。

春节是华人新移民参与得最多的节日。客观地说，华人新移民去国离乡时间未久，他们的西化色彩相对较为浓重，很多人更愿意参与西化色彩较重的当地节日，对“中国传统节日”有所淡漠。虽然近些年来这种状况有所改变，“中国传统节日”逐渐得到他们的青睐，但是，由于大部分华人新移民尚处于事业拼搏的阶段，不得不将更多的时间用到事业上，也由于他们的社会组织状态较为松散（如没有固定的社团组织或没有用于节日庆祝等常规活动的集会场所），有的地方的华人新移民甚至没有联系网络，因此，一般来说，他们对包括春节在内的“中国传统节日”的热情比不上传统华人社会，或者心有余而力不足，无法举行多种形式的“中国传统节日”庆祝活动。目前如何在传统华人社会中将春节的载体作用更广泛、更密切地延伸到新移民群体中，逐渐增强他们内部、他们与传统华人社会之间的凝聚力，是一个值得考虑的问题。相信经过一个时期以后，在非常西化的华人新移民中产生对“中国传统节日”的回归和“钟摆效应”是完全可能的。

做好以“传统中国节日”系列为平台传承中华文化的工作，要充分重视存在于世界各地传统华人社会中的“传统中国节日”庆祝“机制”，扩大参与的群体和人数，逐渐实现两个延伸：一是向华人第三四

代延伸；二是向华人新移民延伸。将来，还要实现新的两个延伸：一是延伸到华人居住地主流社会的平民大众中去；二是延伸到当地政要、富商巨贾、学界名流中去。通过持久的努力，使越来越多的华侨华人和华裔，乃至当地普通民众和政、商、学界人士都愿意参与“传统中国节日”活动，喜欢“传统中国节日”所衍生的专题文化，并逐渐扩大到喜欢更高层面的精致、高雅的中华文化。将来“传统中国节日”能否实现后面两个延伸，很大程度上取决于“传统中国节日”能在多大程度上体现其融通性。首先，在拥有与“传统中国节日”相关联的其他民族节日的多族群共居社区，可以寻求“传统中国节日”跟其他民族节日的“融通”，实现不同民族间的节日“共庆”。其次，在那些没有与“传统中国节日”相关联的其他民族节日的多族群共居社区，华人也不应该长期满足于对“传统中国节日”的自我欣赏，应该通过不同方式，主动宣传“传统中国节日”所体现的核心主题——“和”的社会文化价值观，使这一核心主题既达至当地的达官贵人，又普及普罗大众。

今天，在个别地方，华人节日开始形成多民族共享的趋势。在马来西亚，华人是三大民族之一，华人的节日特别是像春节这样的重大节日不可能不对别的民族产生影响。值得称道的是，华人春节对其他民族的影响基本上是正面的、积极的、向上的。尤其值得欣慰的是，近几年来，华人春节逐渐为其他民族所认可和接受，其他民族甚至开始参与华人春节的庆祝活动，将春节视为自己民族的节日。我们应该顺应这一趋势，让更多的“传统中国节日”在更多国家和地区的更多族群中得到认可、接受、推广和共享。

华人春节之所以为其他民族所欢迎，根本原因在于华人春节所营造的欢乐、祥和的气氛，在于华人春节丰富多彩的民族节目中所呈现出来的以“和”为代表的核心价值观。当然，对于别的民族的广大成员来说，他们之所以乐于参与华人春节的活动，并不完全是基于某种抽象的精神需要，而主要是基于一些具体的富于亲和力和凝聚力的活动。实际上，他们对精神层面的需求，也是通过其对具体的富于亲和力、凝聚力的活动的参与来体验和领略的。不必先入为主地刻意渲染“传统中国节日”的抽象理念和价值，而应该实实在在地做好节日的每一项具体活动，让别人喜欢上以后，才好慢慢地谈论它的意义和理念。

要让华人居住国其他主流的或非主流的民众喜欢“传统中国节日”，就应该从他们喜闻乐见、兼具娱乐性的文化样式开始，而不要一开始就展现“高深”的、太哲学化或说教化的文化样式，更不能展现与其他民族的风俗习惯和欣赏习惯产生观念冲突的文化样式，以免引起其他民族的漠视甚至反感。例如，中国南方独有的舞狮习俗在海外传统华人社会中非常流行，多年来的实践证明，它也深受华人居住地民族的喜爱。

同时，相关研究机构要充分认识到开展“传统中国节日”研究的重要性。对“传统中国节日”的研究包括“传统中国节日”的起源与在海外传承研究，“传统中国节日”系列各个主题的分割组合研究，“传统中国节日”与华人居住地重要节日的融合与比较研究，“传统中国节日”所体现的中华文化核心价值观研究，如何实现“传统中国节日”在海外文化的普及和价值最大化研究，等等。以上系列化的研究可以为“传统中国节日”在海外的进一步推广提供理论支持。

一般来说，在包括中国大陆以及港澳台地区在内的世界各地华夏大家庭中，各地对中华文化、对体现其价值观的“传统中国节日”的理解各有差异，且各有特色。不必越俎代庖地去代替海外华人对中华文化、对“传统中国节日”做自以为是的“标准”演绎。有时候，演绎得越“标准”，就越适得其反。要相信海外华人的理解能力和智慧。由于历史、意识形态等方面的原因，海外华人对中华文化、对“传统中国节日”的哲学价值的理解可能跟中国民众不一样，有时甚至相去甚远。对此，我们应有足够的宽容和大度。当然，中国民众的见解和观点也可以作为百家之一，跟海外同胞一起互相争鸣，求同存异。海外华人可以用他们自己熟悉的语言和思维方式阐释中华文化、“传统中国节日”的思想精华，如以人为本、修身做人等。春节作为一种民间文化，在传承过程中发生内容和形式上的变异是十分正常的。从某种意义上看，文明

和文化的生成是人、社会与环境之间反应与互动的结果。人和社会都是历史和文化的产物，都会以既有的文化属性对环境作出反应。但是，当这种反应是无效或低效的时候，文化自身就不得不更新。

与此同时，要做好“传统中国节日”的“普及”工作。由于各种各样的原因，“传统中国节日”虽在海外华人社会中流传已久，但一直没有得到真正的正面推介，在很多地方还只是囿于狭窄的华人社区，华人居住地的部分民族甚至对其存在着误解。诚然，不同的人对“传统中国节日”的成分有不同的理解，但是，其正面、积极的核心价值观永远是占据主要位置的，关键是要做好“传统中国节日”所体现和代表的核心价值观的推介工作，用当地民族听得懂的、生动活泼的语言解释以“和”为核心的传统中华文化。宣传传统中华文化的方式可以多种多样，例如，华人社会可以在每个“传统中国节日”来临之际，用派传单等方式，向其他民族推介“传统中国节日”。现在，在海外已有数以千计的华文学校，还有数百所孔子学院，它们也可以进行“传统中国节日”的宣传和推介，甚至可以考虑将“传统中国节日”列入必修或选修课程。

目前，国内的演出团体经常到海外华人社会中进行各种各样的演出，有的演出已经创造出品牌。目前的演出水平不能说不高，但就演出接触面和受众来说，基本上限于新移民华人群体和一部分传统华人团体。对于基本上以“小传统”（地方特色）的中华文化为喜好的传统华人来说，其认同度就可能打一定的折扣。以后，我们应该考虑让传统华人社会所喜闻乐见的、属于其祖籍国的地方文艺样式渗入其中，也应该鼓励地方文艺样式在传统华人社会中创出品牌。例如，粤、闽传统华人大多喜欢欣赏家乡剧种，就应该加强粤、闽地方剧目与其海外华人居住地之间的交流。一些国家（如新加坡和马来西亚）既然已经形成国家主导的或国家主要华人民间社团组织的重要节日（如春节）庆祝“机制”，中国的相关团体就可以利用这些“机制”与当地华人团体联合举办一些庆祝活动。

第三节　海外文化侨务平台之二：海外华人餐饮业

就目前来说，中餐馆是指主要为华侨华人经营，其主厨者亦为华侨华人，而其菜色风味为中国传统菜系之一种，或一种为主、多种混合，或以中式菜色风味为主、兼营当地菜色风味的餐馆。凡是有海水的地方都有华人，凡是有华人的地方都会有中餐馆。中国人走到哪里，中餐馆就开到哪里。过去中国人的海外事业是用菜刀打拼出来的。就世界范围来说："目前超过半数的海外华人依然在从事餐饮业及相关行业。在英国、德国、荷兰等国，这个比例甚至高达80%以上。"[①]但就数量来说，中餐馆最多的地区仍属东南亚，1990年代初达到6.5万家。其次是美国、英国、加拿大和日本。近二十年来，在一些华人新移民人数增长较快的国家，中餐业发展迅猛。[②] 翻阅历史，世界性品牌的中国货可能不多，但若要列举的话，首屈一指的要算中餐。之所以有此一说，是因为中餐中蕴藏着丰富多彩的中华饮食文化，而中华饮食文化更深邃的底色，则是博大精深的中华文化。对于华人餐饮业，除了经济层面的研究外，更深的层面是对其文化内涵的发掘。过去中餐业者只是在经营的同时不自觉地带去和传播了中华文化；而在今天，中餐业者要求发展的话，则要自觉地发掘其中的中华文化内涵。下面以美国华人餐饮业为例做简要分析。

一、美国华人餐饮业发展的艰难历程

中国菜色是随着1840年代华人到美国"淘金"而开始登陆大洋彼岸的。第一家中餐馆开设于1850年。若由此计算，美国华人餐饮业的历史至今已经延续了160多年。但由于早期美国华人活动范围狭小，经

① 夏海淑、王晓楠：《食品风波后的海外中餐业》，《环球》2007年第24期。

② 中国创业家协会：《全球华人餐馆为何能久盛不衰》，http：//eat. VeryEast. cn，2007年4月18日。

济地位低下，加上政府实行种族歧视政策，华人餐饮业只能维持在小范围经营、以小社区同胞为基本顾客、营业额低的低水准。最早一波“淘金潮”过后，华人劳工在美国从事矿业、铁路、农业、渔业及制造业，19世纪末才进入洗衣、帮佣、清洁等服务业。随后餐饮业才大规模发展起来，逐渐迈入华侨华人所经营行业的前列。自此以后，餐饮业不但是美国华人取得成功的最为浓墨重彩的一页，也是不少乍到美国的华人新移民的第一个落脚点。餐饮业遂逐渐发展成为华人的三大支柱行业之一（另两大支柱行业是洗衣业和制衣业）。同时，华人餐饮业发展的历程也折射出美国华人社会、文化及生活形态变迁的历程。

华人人数的不断增加与其地位的不断改善，是美国中餐业发展必不可少的重要前提。第二次世界大战是美国华人命运的转折点。战争期间，中美同为盟国，当地华人被歧视的情形大大减少。1943年，美国废除了1882年以来颁布的一系列排华法案，并每年给予世界各地具有华人血统的人105个移民配额。战后，美国政府逐步放宽了对亚洲移民的限制。到1965年，美国完全废除了对亚洲移民的歧视性条款，华人与其他民族一样获得了平等进入美国的权利。战后最初30多年间，华人移民大多来自中国台湾和香港地区，其中来自中国台湾的移民占绝大多数，且其身份多由留美学生转为移民，祖籍多在大陆而本人出生于台湾。从1960年代中期到1980年代中期，有将近15万名台湾留学生赴美攻读研究生学位，大约97%的学生将F－1身份转变为移民身份，毕业后仍留在美国。1978年，中国实行改革开放政策。之后，从中国大陆移往美国的华人新移民开始迅猛增长，势头很快超过中国台湾的移民。华人移民中，家庭团聚类移民尤为值得注意。他们无论是以职业优先权方式入美，还是以留学生身份赴美而学成后留居美国，不久之后，多会依据家庭团聚优先权接自己的配偶、子女、父母乃至兄弟姐妹来美定居，从而形成长流不枯、枝杈众多的移民网链。家庭团聚类移民多来自粤、闽两省农村地区，出国前家境贫穷，没有受过多少教育，不懂英语，也没有什么可在美国安身立命的熟练技术。他们到美国后，即使在唐人街的劳务市场也缺乏竞争力，更不可能进入美国劳务市场，于是，餐饮业是他们的最主要出路。另一部分人虽也受过一定程度的教育，具有某种职业技能，但因不懂英语，缺乏有关美国劳务市场的资讯，因而他们的知识和技能在美国难以找到用武之地，最后也只得屈身于唐人街中谋生，从事餐饮业等低薪体力劳动。总的来说，在华人移民增多的情况下，中餐馆便如雨后春笋般发展起来，不少华人餐饮业者也趁机将中餐馆开进非华人社区。当然，在所有华人移民中，也有一些人经过自身艰苦奋斗最终跻身美国的中产阶层，成为美国华人社会的精英。但他们毕竟人数很少，他们的出现对中餐业的发展没有产生根本性的影响。

餐饮业投资少，对华人来说专业性不强，容易开业起家，因而成为美国传统华人甚至今天许多新移民的首选行业。其发展规模经历了从小到大、其形式经历了由简单到复杂、其顾客经历了由单一民族的华人到居住地多个民族的巨大变化。"二战"以来，美国华人餐饮业获得迅速发展。1940 年代末，美国大陆大约有 4 300 家中餐馆。10 年后，增至 4 500家。1959 年，仅纽约市就有大约 750 家中餐馆。根据 2006 年 6 月《中餐通讯》发布的资讯，全美有 4 万多家中餐馆——超过麦当劳、温蒂屋、汉堡王三家总数，比 1950 年代翻了 10 倍多，比 1960 年代翻了 5 倍多。[①] 2006 年美国《侨报》报道："史料记载，1946 年美国各地中餐馆为 1 101 家，1971 年增至 9 355 家，目前全美约有 3.5 万家。"[②] 又有报道云，美国全国的中餐厅从 2002 年的 36 000 家发展到 2009 年超过 5 万家，年平均增长率为 19%。[③] 2005 年 10 月，著名华裔电视烹饪秀主持人甄文达在亚洲食品展上演讲时说，全美中餐馆数量达 41 350 家，每年创造 175 亿美元营业额，每天替美国家庭提供 250 万份营养餐。据美国中餐协会的统计，2006 年中餐馆已逾 5 万家，华人从业者有 30 多万人。一项调查显示，有 90% 的美国人喜欢吃中国菜。中餐业已走出

---

① 刘海铭：《美国食品与餐馆业中的中国移民》，《海外纵横》2007 年第 6 期。

② 中国创业家协会：《全球华人餐馆为何能久盛不衰》，http://eat.VeryEast.cn，2007 年 4 月 18 日。

③ 《美国纽约州欢迎中国餐饮企业》，中国吃网，http://www.6eat.com，2009 年 3 月 27 日。

了唐人街，遍布美国50个州的大小城镇，比全美19 500家连锁速食店麦当劳多两倍以上。① 上述材料虽有差异，需互相参证，但都可说明，中餐业发展一直呈增长趋势，是美国华人社会经济的重要基础。

全美中餐厅最集中的城市为洛杉矶、纽约和三藩市。今天，美国华人餐饮业形式多种多样，主要包括茶楼和咖啡馆、外卖店、中高档餐馆和连锁经营店，华人餐饮业已成为美国饮食文化中不可缺少的一部分。“100多年来，蕴藏着中国独特而又丰富饮食文化的华人餐饮不仅成为美国华人生存和生活的一部分，而且也成为海外华人的命脉。”②

上面所说，也大体上反映了中餐业在世界各地华人老居住区（主要是唐人街）的发展情况：其一，发展的历史可谓源远流长；其二，至今仍然处于低回旋发展的状态，主要表现在：经营小规模化，餐馆水准低档化，食客层次低；其三，比较容易保留和传播其文化特色，因为民以食为天，华人要食，当地居民也要食，且中餐美名在外，长此以往，其文化特色便得以保存下来，因而表现出其软实力。按理说，一个低回旋发展的行业很难表现其软实力，但中餐业却与众不同。究其原因，应该与中餐一贯的举世公认的美誉有关。这种美誉也一直支撑着中餐业的发展。而中餐的美誉也是在发展过程中一步步建立起来的。

仍以美国为例，中餐发展最早的重要标志是进入非华人视线，随后进入非华人社区。先是在19世纪末，美国通过排华法案后，位于华埠的中餐馆便成为其他族裔人士常光顾的地方，当时一批犹太裔新移民就常到华埠中餐馆来。众所周知，19世纪末，清朝大臣李鸿章曾在纽约以中餐招待其友人，中餐由此开始受到主流社会重视。李鸿章还因将某道菜称为“杂碎”而使中餐名声大噪。

中餐的地位得到稳固后，一直受到众多西方政治人物的追捧。1972年，尼克松访华，传媒报道中也包含不少有关总统和随行人员享用和赞

① 《美国华人两大支柱产业：中餐业做大，制衣业式微》，中国新闻网，http://www.huanqiu.com，2008年1月16日。

② 赵巧萍：《美国华人餐饮业今昔谈》，《工会理论与实践·中国工运学院学报》2003年第5期。

美中餐的内容。于是，好奇的美国人中掀起了一阵中国风，中餐也从过去只限于广东菜逐步扩展至湘菜、川菜等各色菜式。据说美国前总统布什很喜欢享用中餐，他最喜欢的是北京烤鸭。

美国是个移民国家，来自世界各地的移民为美国饮食文化的多样性作出了各自的贡献。1840 年代后来美的华人和先到的欧洲移民都继承了自己的传统。“菜如其人”，传统的美国菜就如传统的美国人，特点是“粗犷实在”：原材料新鲜，不加添加剂、调味料，食物原汁原味；在烹调过程中，无论烤、煎、炸，均干脆利落，绝无繁杂工序，无中国菜的“细火慢炖”之说（少部分地方菜肴除外），也不讲究花哨装饰；餐桌上的盘中可食之物，均应一律“进口”，不留片物。中国人则相反，菜色品种之多、之繁、之细、之刁，就是美食专家也难以尽述。尤其值得注意的是，最先到美国来的中国人，基本上都是广东人。广东饮食文化源远流长，人所共知。特别是广府人，更是视“食”为人生的“第一要务”，至今仍有“食在广东”、“食在广州”之说。中国菜的花色品种还讲究“色、香、美”，其理论之繁杂，令听者发懵。当然，在来美之初，他们可能没有太多讲求美食的机会和条件，但当后来有了一定积蓄后（特别是在华人社会中成为中产阶级以后），便自然开始讲究“民以食为天”，在异国他乡推广家乡的饮食文化。

过去百十年来，唐人街为所在国华人服务的性质没有变化，其中最重要的基础服务便是餐饮业。“唐人街依然是他们的文化基地。到唐人街的华人杂货店购物，或是全家到常光顾的中餐馆享受一次家庭聚餐是许多家庭周末消遣的例行活动。中餐馆的存在，使唐人街成为吸引华人光顾的磁石。”[①]但同时不应忘记，唐人街中餐馆的增长也与当地美国人对中餐的青睐分不开。据报道，1940 年代末，有 7% 的美国人经常光顾中餐馆。1950 年代末，经常光顾中餐馆的美国人增加到 20%。[②] 最近几十年经常光顾中餐馆的美国人的比例虽然不详，但肯定不低，甚至有增

① 刘海铭：《美国食品与餐馆业中的中国移民》，《海外纵横》2007 年第 6 期。
② 刘海铭：《美国食品与餐馆业中的中国移民》，《海外纵横》2007 年第 6 期。

无减。可以说，中餐业的发展是居住地华人与当地美国人还有其他少数族裔居民共同支撑的结果。当然，直到目前，中餐馆的主要光顾对象仍然是华人。

美国费城唐人街（图片来源：http：//www. hwjyw. com）

综上所述，中餐业在美国的地位并不全然因为它长期低回旋的发展水准而下降，相反，它的地位经久不衰。这主要缘于它作为一流美食的独特魅力。当然，政商界名流的推波助澜也起了一定的作用。

中餐业的美誉本身无疑是一种软实力。它也长期支撑着中餐业的规模发展。但是，从长远来看，中餐业不能仅仅依靠它的历史美誉生存下去，而应该在维持大众化水准的同时，依靠档次的提升来支撑其发展。在目前的形势下，中餐业的发展应主要解决怎样提升档次的问题，以及在提升档次的同时怎样维持必不可少的低档次中餐业的协调发展的问题。

二、中外餐饮业的“联姻”与中华餐饮文化软实力的提升

档次提升的结果是会增强软实力，还是会削弱软实力？若是能够增

强软实力的话，那么，会增强什么性质的软实力？下面我们就以美国为例进行分析。美国的情况固然属于个案，但也可以看出一些具有共性规律的东西。

（一）市场多元化、细分化和专业化的发展趋势

展望今后国际华人餐饮业的发展路向，华人餐饮业的市场主体仍应是大众化消费，但个性化趋势会进一步增强，形成市场多元化、细分化和专业化的发展局面。随着餐饮需求不断提高，华人餐饮业的经营结构会逐步调整。一部分条件成熟的餐饮企业会向高档化发展，品牌竞争和品质型经营的局面会逐渐形成。而中小型餐饮企业会在竞争中或者继续生存下去，或者消失。生存下来的中小型餐饮企业的经营重心仍然以面向家庭、个人和工薪阶层为主，以满足日益增长的大众化市场需求。在这个大众化市场中，将不断呈现越来越多元化、个性化的特点，但选择性和理性化消费的特点将不会消失。外卖、速食、小吃、家常菜和半成品加工，以及超市食品市场仍会越来越大，各大品牌将更加异彩纷呈。

（二）中国菜走出去与当地菜“联姻”

中国是华人餐饮业的故乡。中国本身的餐饮业也在迅速发展，且随着中国国力的强大和中华文化的弘扬而愈益“做大做强”，向外扩展的势头也日渐显现。这一现象已日渐引起国际关注。如果有一天出现“做大做强”起来后的华人餐饮业开展中外合资、兼并重组、海外融资和股票上市，并不是不可想象的事情。其中一个最引人注目的现象便是连锁经营越来越普遍。例如，美国中餐界知名企业——熊猫集团，已在美国各地成功开设800家中式速食连锁店，成为美国中餐业的重要代表。由于供应方式、就餐环境都与西方速食相仿，再加上八菜、三汤、二主食，品种较西式速食丰富，口味独特，价格低廉，因此深受当地主妇、工薪阶层的欢迎。

中国企业在“走出去”的过程中，普遍都把纽约作为开拓美国市场的首选之地。纽约是个地地道道的移民城市，因其城市规模大且富人多而有“大苹果”的绰号。纽约城市居民一半以上为外来人员，其中华人有50多万，是美国华人聚居最多的城市。2007年的统计显示，纽

美国熊猫餐饮集团（图片来源：http：//www. gdchain. com. cn）

约有 37 354 家餐厅，雇员人数达到 67 万，约占纽约总雇员人数的 8%，年销售额为 281 亿美元。[①] 这说明，餐饮业在纽约经济中占有举足轻重的地位，而华人餐饮业在纽约的发展条件也是得天独厚。中餐业在纽约的发展非常迅猛，且已从传统华人社区进入主流消费市场。虽然金融风暴给消费市场带来了一定的冲击，但商业地产的大幅贬值也为餐饮企业降低了进入市场的成本，创造了难得的机遇。

在中国餐饮业“走出去”的过程中，与当地华人餐饮业“联姻”，共同研发、争取共赢的势头估计会逐渐形成。换个角度说，华人餐饮业迟早也将面临来自祖籍国的餐饮业的冲击和考验，迟早也要考虑应否与祖籍国的餐饮业“结盟”的问题。这对双方来说都是好事。就中国菜来说，在重视其营养价值和食物安全的前提下开展研发改良，并结合当地饮食文化的特点创出新的品牌，进军国外餐饮市场，是中美饮食文化对接的新思路、新浪潮。中国有八大菜系，此外还有星罗棋布的街坊菜、民俗菜、山野菜，难以枚举。值得研发改良的亮点比比皆是，就看

① 《美国纽约州欢迎中国餐饮企业》，中国吃网，http：//www. 6eat. com，2009 年 3 月 27 日。

内行人、有心人如何发挥其创意和天赋了。目前，“全聚德”、“小肥羊”、“俏江南”等中国餐饮企业已经走出国门。熊猫中式速食店经过十几年的努力，已经使中国速食在全美餐饮连锁业中占有重要地位。这里所列的只是几个大型的品牌菜，更多的中小型品牌菜乃至无甚名气的菜色要如何走向国外市场，创出名牌，确实需要业者绞尽脑汁、别出心裁。只有新品牌的中国新菜系，才是进军国外餐饮业的新火种。

在这个过程中，中式菜色与当地风格的菜色的交融势头会更加明显，对既适合华人口味又适合当地美国人乃至其他族裔口味的菜色品种开发创新的力度正在加大，众口可调将成为趋势。例如，纽约一流的中餐馆，早先多以粤式（或港式）海鲜楼为主，如今川菜和江浙菜也日渐流行。纽约中餐馆的口味分两类：一类是正宗的中国餐馆，他们做的菜与中国饭店无异，适合于华侨华人思乡解馋；另一类是美式中餐馆，虽然装潢与其他中餐馆无异，但顾客以美国人为主。其菜式均为美国人设计，特别是外卖中餐，基本上都是迎合西方人的口味。如果来源于另一个国家（如中国）的食物，能够在当地成为人们换换口味的有趣享受的基础上，进一步发展成为当地主流饮食业的支柱，同时也成为华人主流饮食业的支柱；如果有朝一日从一家中餐馆端出来的菜，客人说不上是中国菜还是当地菜，或者说它既是中国菜又是当地菜，那应该是值得庆幸的事。当然这样说并非意味着中式餐饮只有与当地餐饮融为一体，才是中餐的唯一出路。除了这一模式外，还有各种各样的发展模式，绝不可囿于某种僵化的模式。

（三）管理与品质

在面对餐饮业由传统向现代的发展步伐加快、品牌文化含量日趋提升的今天，华人餐饮业要长久立于不败之地，中国餐饮业要进军美国站稳脚跟，关键是靠科技创新。在这方面，美国餐饮业的发展经验可作“他山之石”。美国餐饮企业十分注重科技研发。他们舍得投入重金，聘请专家学者，一是对牛、羊、猪、鸡、鸭、水产品、农产品等各式各样的原材料进行品种改良，提高养殖与种植的技术，提升产量与品质；二是引进世界各国畅销的食品，迎合美国当地口味，适度地、巧妙地加以改变，同时注入品牌文化，再配上时尚包装，便可形成物美价廉、品种与口味兼具特色的菜品。譬如，美国人对中国菜的主要爱好是三大口味：甜、酸、辣。细数中国菜，苏锡菜、上海菜的特点是以甜汁拌炒；川菜麻辣，举世皆知。这样的话，是否可以取苏锡、上海菜之甜美，拌以川菜之麻辣（舍弃一部分麻，代之以柠檬鲜酸），创出一道新的美国大众爱吃的中国菜？对其他国家其他民族的菜色，也可如法炮制。

在现代管理中，品牌餐饮业的最大成功之处是商业行为统一化和制度化。肯德基和麦当劳在国际市场上的成功表明，统一化和制度化是最大的功臣。品牌的第一要素是品质，因此，品质是企业的生命，当然也是餐饮业的生命。品质又跟经营管理紧紧地捆绑在一起。管理首先要靠专业化、标准化。在这方面，美国大餐饮业者的做法也非常值得借鉴。他们采用科学的方法，把产品品质与管理方式格式化，推销手段则务求精准化，从而形成区域性连锁、全国性连锁甚至全球性连锁的加盟式超级企业。另外，每个加盟店都有一套内容详尽的管理手册，全店每位员工都有明确的分工与职责。厨师也必须遵照手册规则烹制食品，除了讲究品质美味，他还要懂得控制成本、创造利润，增强企业的生命力。据说在美国，各地的烹饪专科学校、两年制社区学院及四年制大学中设有烹饪厨艺系的有 1 000 多所，培育出众多出类拔萃的餐饮厨艺人才。美国可说是世界上烹饪厨艺教育最高、最普及的国家。近年来，美国高级厨师给全世界数十种民族美食注入新概念，将各民族固有的饮食文化优点与美国的日常生活现实相结合，因地制宜地创造出许多无国界的融合菜品，让世界各国的菜肴和谐地调配在一起，把烹饪艺术推向一个新的境界。因此，要提升“中国菜”品牌应该关注管理与品质，学习如何提高教育培训水准和人员素质，刷新现代经营管理理念，推行新的行销举措，不断推进标准化、专业化、规模化和科学化。

近年来，华人餐饮业的用人问题也成为人们谈论的热门话题。历史上，华人餐饮业实行“唯华是用”是可以理解的，但是发展到今天，再“唯华是用”的话，就越来越不符合历史潮流了。直到目前，一般的中餐馆比较喜欢雇用华人或者拉美裔人（多为墨西哥人），主要原因是他们愿意接受比较低的工资待遇，跟厨房人员和店主沟通也比较方便。但这是不够的，因为还无法真正打通华人与美国主流人群之间的心墙。不过，据说有的餐馆已经开始雇用美国当地员工，这应该是不错的做法。十多年来，由美国人管理的亚洲餐饮连锁业相当多，这些企业成功的主因是其除了财力雄厚、实行企业化经营管理之外，还以美国式的服务取悦美国老顾客。另外，还要尽可能做到标准化服务，完整的训练是成功的一半，管理一定要重视训练程式和务实，纸上谈兵无济于事，实际的训练操作，对食物造型、口味准确性的实际验证是最重要的。不管是华人或是非华人，录用之后，均应经过专门培训才可上岗。顾客服务也必须从基层训练开始，以期让顾客获得最高的满意度。

上面的分析表明，中国餐饮业在进入国外的过程中，可与当地华人餐饮业“联姻”，共同研发，求取共赢。这样既可保持纯中国风味特色的菜色，也可产生与当地风味“合流”的菜色，研发出各式各样新菜色。同时，中国餐饮业要在重视品质、专业化、加强管理等方面下足工夫，才可能站稳脚跟，获得长线发展的机会。

（四）品牌与文化含量

应该说，过去唐人街的中餐业从层次来说基本上是属于实用型的，其文化含量不高，或者说，其文化含量没有得到发掘，因为消费者大多属于劳工阶层。劳工阶层的最主要特点是从事体力劳动，且工作时间长，劳动强度大，没有时间和兴趣进行文化消费或精神文化的体验。此外，他们文化程度普遍不高。换句话说，他们没有将饮食“艺术化”、“文化化”的自觉和本领。

过去人们往往高估了非华人族裔对中餐消费的文化自觉和文化意识。其实，他们对中餐文化的认知也是不高的。有调查显示，有 90% 的美国人喜欢吃中餐。但有趣的是，在一个很长的历史时期里，美国人虽然经常光顾中餐馆，但并不关心吃到的是否为地道的中餐。“进小型中餐馆的，是期望能够供应又快又低廉的美式中餐，比如杂碎、炒面或蛋花汤；进稍大一点中餐馆的，则是期望能供应有特色的、更贵的菜

品，诸如蝴蝶虾或糖醋鱼。”①由此可知，美国人光顾中餐馆虽属“慕名而来”，但“慕名”的起因是分层次、分阶段的。起初美国人应该是“慕”中餐“美味”、“物美价廉”之名。这种感觉同一般华人劳工阶层的感觉并无二致。至于他们什么时候才可能懂得“慕”中餐文化内涵之名，应该是在中餐本身的文化内涵构建起来之后，即在中餐有了更多更好“文化化”的内涵发掘之后。而这个过程的完成，应该是在中餐消费阶层中的精英人士（他们多半不是专职的劳工阶层人士）的比例大大提高以后。这个工作一般应由既懂中华文化，又懂美国甚至西方文化的人士来做。而能够懂得两种以上文化的人士，一般来说应是华人中的知识精英。由此看来，现在和将来能够进行中餐文化消费的，首先仍应是华人知识精英，然后才是其他民族的知识精英。美国的情况就是如此。

在中餐“文化化”发掘过程中，有两点值得特别重视：一是重视餐饮的健康美食和绿色餐饮趋向；二是重视中餐与传统中华文化的结合（准确地说，应是传统中华文化之“魂”对中餐之“体”的回附）。前者在当今国外社会包括华人社会，已经蔚为时尚。实际上，餐饮的健康美食和绿色餐饮趋向，也是中餐与传统中华文化实现良好结合的周边条件。中餐本身是充满传统中华文化元素的，可惜在它传入美国的过程中，乃至后来的历史演变中，含附于其中的传统中华文化元素越来越“碎片化”，乃至逐渐被丢弃了。今天，复原中餐本身的中华文化元素，提升它的文化品位，不仅是中餐业发展的需要，更是海外传承传统中华文化、增强民族凝聚力和软实力的伟大工程的重要组成部分。在这方面，有许多重大的课题在等待着中餐业者与文化学者。例如，海外华人社会对几大传统节日——春节、清明、端午、中秋、重阳历来非常重视。每到这些节日，相应的餐饮业就十分红火。如何将这几大传统节日与餐饮业结合起来，推广传统中华文化，便存在着许多思考和实践的空间。华人餐饮业应充分发掘其文化内涵，与在海外传承中华文化的历史

① 刘海铭：《美国食品与餐馆业中的中国移民》，《海外纵横》2007年第6期。

使命相结合。从根本上说，这才是中餐业做大做强，其软实力得以提升的根本出路。当然，在中餐的中华文化得到适当的发掘后，如何将之与当地餐饮文化结合，更是一个庞大而持久的研究课题。

第四节　海外文化侨务平台之三：海外宗教文化交流

一、开展海外宗教文化交流的必要性与现实性

在中华文化的众多构成元素中，宗教是一个极具渗透力的传统元素。在以中华文化作为基石提升国家软实力的目标中，宗教应该是一个重要的杠杆。

佛教传入中国近两千年，成功地融入到中华文明的血脉中，并成为其中不可或缺的组成部分，形成了风格独特、影响久远和深广的中国化佛教，与儒学、道教一起，构成中华传统文化的三大主干，并以博大精深的理论体系和慈悲济世的宽广情怀，为中华文化中的和谐理念提供了信仰支撑和心灵关照，使中华文化的和谐特征更加凸显，更加深入人心。

改革开放以来，中国佛教界、道教界等宗教界别积极参与对外文化交流活动，促进理解，增进友情，消除误会，融化隔阂，把中国佛教文化的智慧介绍到其他国家，让更多的国家、更多的民族、更多的文明认识、认同、理解、欣赏包括中国佛教文化在内的中华文化。到目前为止，中国各宗教界别的对外文化交流活动基本上是在本界别中自主进行。如果进一步拓展思路，将宗教文化交流活动与其他领域的文化交流活动相结合，应是一个新的思路。循此探索，或能取得创新性的成果。

在对外交流活动中，广大海外侨胞历来是开展对外交流的重要平台。海外华侨华人信仰佛教、道教和以佛、道为基础的各式民间宗教，与中国多数民众的宗教信仰相同。

(1) 宗教是海外华人文化与中国内地文化的一个“共生圈”，从中

可以为两者找到最大程度的文化叠合面、最广泛的共同思想语言，也就是说，能找到一个文化上的最大公约数。从纵向的角度来说，宗教在海内外中国人与华人群体中有千年以上的“生长期”和“繁衍期”，已经根深蒂固、盘根错节地渗透到华人社会和文化生活的方方面面。因此，通过宗教文化交流的形式，更容易与海外华人产生情感碰撞和心理共鸣，找到共同的价值观。

（2）与海外华人的宗教文化交流，可以在更开阔的空间和平台上展开。我们应该让华侨华人做好居住国与祖（籍）国长期友好的纽带和桥梁，让中华文化特别是“和”的文化通过他们的努力在当地深入人心，生根开花结果。海外华人的这一角色，不是通过某一种形式、某一个个人或团体可以完成的，必须要发挥多种形式、多个方面的合力作用。宗教文化交流被看作重要的、常态化的途径之一。妈祖文化便是一个突出例子。独具特色的、已有 1 000 多年历史的妈祖文化是一个不可多得的品牌。联合国教科文组织已把“妈祖信俗”正式列入“非物质文化遗产”名录。世界各地遍布 6 000 多座妈祖灵庙，2 亿多名妈祖信众。湄洲岛是妈祖祖庙所在地、中华妈祖文化交流协会驻地和世界人类非物质文化遗产妈祖信俗的申报地，每年前来观光朝圣的海内外游客达 120 多万人次，其中台胞有 15 万多人次。今天，妈祖文化在海峡两岸的交流中已经发挥了独特的作用。例如，在 2009 年第十一届中国湄洲妈祖文化旅游节上，连战、吴伯雄、宋楚瑜等多位台湾知名人士发来题词祝贺，海峡两岸 450 多个妈祖宫庙和 20 多个国家的 60 多个妈祖宫庙、华侨社团等也纷纷送来祝贺。① 作为一个在海峡两岸和海外华侨华人中共用度极高的品牌，妈祖文化完全可以扩大、强化到广大华侨华人中去，从而搭建一个更广泛、更牢固的文化平台，在更加广阔的层面和空间上展开。如果将来能在海外华侨华人方面做更多更具匠心的设计，想必会取得更好的效果。

---

① 《第十一届中国湄洲妈祖文化旅游节开幕　庆祝妈祖信俗申遗成功》，新华网，2009 年 11 月 1 日。

二、与佛教、道教、民间宗教及其信众的对接性交流

宗教文化交流的一个基本前提是，应该让现存于中国大地上的主流宗教来跟海外华侨华人信仰的同一种宗教进行对接性交流。具体来说，生长于中国古老大地上、被中华文化滋养出来的宗教，就是佛教、道教和“非佛非道”、“亦佛亦道”的各种民间宗教（严格来说，有的应归属于民间习俗）。所有这些，都是华人当年从其家乡带到居住国的。当然，华人带出去的宗教习俗在祖籍国本来就已经存在这样那样的差异，在带到居住国后，又发生这样那样的变异。因此，现在不同国家不同地区的华人所信仰奉行的宗教习俗，肯定存在各种各样的差异。但不管是哪个国家哪个地区的华人宗教习俗，只要是源于中国的，是当年华人从其家乡带到居住国的，它跟现在其祖籍国的宗教就仍属同一种宗教、同一种习俗。不管是哪个国家哪个地区的华侨华人，只要他们信仰的是佛教、道教，或是传统中国民间宗教，其基本神祇、教规、仪轨等都不会有多大变化。一些枝节性的、细微的差异不会影响宗教文化方面的交流。

传统中华文化是“和”的文化，和平、和谐、和睦的特质深深地渗透于传统中华文化的精魂之中。这一特质在佛教和道教乃至各种民间宗教中也得到深刻反映。虽然华人内部的宗教习俗可能不同，华人的宗教习俗与当地居民的宗教信仰也可能截然不同，但华人信众多能秉承中华文化“和”的传统，与各种不同的宗教和平、和谐、和睦相处，包括与自己同胞的不同宗教和平共处。这与世界上某些宗教或流派内部常常发生内讧互斗的情况大相径庭。

因此，如果从宗教角度与海外华人开展文化交流，应该将着眼点放在传统中华宗教，即佛教、道教和相关的民间宗教的交流方面。虽然海外华侨华人中也有其他宗教（如天主教、基督教、伊斯兰教）的信众，但也应与他们开展宗教文化交流。佛教和道教蕴涵着更多的中华文化因子，更应该发掘其中有益的文化成分。

这样一来，与海外华人开展宗教文化交流，便必然涉及不同的华人

群体。具体来说，海外信仰佛教、道教与其他民间宗教的华人群体主要是集中于传统华人社会，以及再移民的传统华人社会（如居住在美国、来自东南亚印支国家的华人），而新移民群体则以信仰基督教为多，也有信仰天主教的，少数民族华人移民群体则以信仰伊斯兰教居多。传统华人社会中沉淀和积聚的中华文化元素，在一个很长的时期内还将远高于其他华人群体。

三、世界上两大片传统华人社会的主要宗教差别与特征

就国际范围而言，比较大而集中的传统华人社会主要包括两大片：一片是东南亚传统华人社会，另一片是北美传统华人社会。但若再仔细比较的话，就可以发现这两大片传统华人社会在宗教上存在着很大差别，这种差别决定了开展海外宗教文化交流的方式区别。

（一）在神祇崇拜上的基本异同

世界各地的传统华人多是从中国的广东和福建两省移民出去的。在他们移民的历史过程中，同时也将家乡的神祇带到了当地，作为他们在居住国创业、发展中的重要精神寄托。所以，明了这两个省传统移民的“移神”特别是其神祇选择情况，就可以明了海外传统华人社会中宗教信仰的基本特点。

广东和福建两省的地方宗教信仰存在着高度“自创”性和混杂化的特色。就东南亚地区而言，所有的华族神祇基本上都是经过华人自己选择、在居住国“用得上”即有供奉价值的。在这方面，广东和福建的传统移民都有很大的共通性，但福建传统华人比广东传统华人表现得更加明显。福建华人从家乡带到居住国的神祇特别多。除了带去为各尊汉民族所共同供奉的少数显神外，福建华人带到居住国的，更多的是在福建家乡产生的地方神祇（也可称“土产神”）。值得注意的是，这些地方神也并非是以“原产地福建”的名义统一“创立”。各个地方神还有五花八门的源头，可能是一个小山村，一块小盆地，或一个小姓氏族群等，不一而足。但是，一旦这些神被“创立”出来后，就会通过大大小小的宗教信仰圈得到不同程度的传播，其信众多寡不一，其分布地

域广狭不一，其被接受程度深浅不一。但无论如何，它们都被赋予十分具体、非常实用的“保护”功能。在这个问题上，还有两点值得高度注意：其一，所有的地方神的实用性都是高度具体化的。它们不会像某些大众化的显神那样，在护佑众生方面表现为泛漫无边，甚至是虚无缥缈的空泛性，而是有一个具体的护佑目标。其二，几乎所有的福建传统信众都是多神崇拜者，又是单神主拜者。多神崇拜的意思是，每个福建传统信众所信仰的神祇肯定不止一个，除了妈祖、观音、关公等一批人皆信仰的显神外，在大批“土产”的地方神中还选择若干个信仰对象；单神主拜的意思是，在他所崇拜的一批神祇中，一般来说必有一个是他“铁杆”信仰的神，而其他的都被归在“辅信神”的行列。这样一来，每一个信众各自所信仰的一批“辅信神”中，必有互相重叠的神祇。有趣的是，尽管每个信众所信仰的神祇庞杂而交叠，但信众彼此之间却保持和谐的“互相承认”心态，互相尊重，彼此间不指责、贬低对方的信仰，比如，不说哪尊神更灵，哪个地方的庙宇更加保佑哪一类人，等等。这种和谐心态跟西方历史上某些宗教或派别互相不承认、互相对峙的情况形成鲜明对照。

在注意到福建传统华人非常实用和功利的地方神崇拜现象的同时，也应该认识到他们是如何处理地方神与显神（多为所有汉民族都信仰的神）的关系。在这个问题上，熟悉不同显神的基本信众就非常重要。例如，要弄清楚主要宗教派别及其作为信仰基础的显神：道教的显神、佛教的显神、由人而神的显神。实际上，所谓显与不显全凭历史长河中华人自己的精神价值认定。无论是过去、现在还是将来，显神一直享受着独观独庙专祀或作为庙观主祀神的殊荣，是华人心目中的全方位、全天候的保护神，也可以说是一座庙观的无形资产。

在谈到华人的宗教组织的时候，不应忘记一种特殊组织——坟山组织。坟山组织既是丧葬机构——处理本社群先人的营葬和祭祀，同时也具有界定社群成员身份，承担团结、凝聚与整合本社群的重要功能。坟山崇拜是中国传统社会“祖先崇拜”的重要组成部分，因而很容易产生宗教信仰的功能。因为在坟山组织的运作中传承自祖籍国的“祖先崇拜”，也发展出“社群共祖”的“虚拟先人”新形态。“虚拟”的“社群共祖”使原本需要宗族组织维系的“祖先崇拜”产生出更灵活的施展空间，它可以与其他社群结成关系，如祖籍地缘、姓氏血缘、业缘等结合，从而扩展了“祖先崇拜”的整合空间，使之不仅具有整合血缘性宗族的功能，也涉及虚拟血缘的姓氏宗亲组织、地缘性的宗乡会馆、业缘性的行业公会等社群组织的凝聚和认同。“祖先崇拜”在新马华人坟山组织中的运作状况显示，传承于“祖先崇拜”的“社群共祖”，其整合范围已从血缘性的先人向虚拟血缘或泛血缘的方向扩大，并具有“社群化”的特征，因此能够承担起整合移民与建构华人社团的重任。

庙宇组织是东南亚华人社会另一类重要的组织形态。东南亚华人的历史经验显示，从中国南来拓荒的闽、粤移民，几乎都与“移神”相伴随。而当闽、粤移民在东南亚建构华人社会之时，也可见到一个与“人”的世界紧密相连的“神”的世界。

在宗教文化交流中，有一个现象必须关注，那就是妇女是极为重要且应该单列对待的一群，因此，不可忽略华族神信仰系列中的女性神。尤其是像观音、妈祖等女性神在华人神祇大观园中扮演着众星拱月的角色，她们是慈悲博爱、救苦救难、众生平等等人类共同价值观的象征，是海内外中华民族聚合力的重要源泉。

对海外华人主要宗教派别（主要是佛教和道教）的深度了解，不是通过“恶补”就可以完成的，甚至不是通过书本就可以轻而易举地做到，而需要通过多次宗教文化交流的过程，才可能逐步加深了解。在交流中，可以通过与熟悉的宗教组织的往来，结识新的组织；通过与此国宗教组织的往来，将接触面扩大到彼国的其他同类组织，等等。总之，随着交往的增加，接触面会越来越大，接触程度会越来越深。

上面已经谈到，在五花八门的地方神中，彼此间都被芸芸信众维系着一种十分和谐的“神际关系”。这种情况同样适用于如何看待显神与地方神之间的“神际关系”。总之，不管是怎样的神祇，都是广义上的“中华神”大家族中的成员。各种各样的神祇拥有不同的信众，且不同的信众一般不只信仰一尊神祇。即使已经融入当地社会，大部分华人仍然信仰他们的祖先当年下南洋时带到当地的"中华神"。

如果从宗教海外传播的角度来看，两大海外传统华人居住地——北美和东南亚就显得大异其趣。过去，北美传统华人几乎清一色来自广东，他们在移民之初虽然也建立过一些小寺庙，以之作为乡民的聚居场所。但这种情况很快就陆续被世俗化的社会组织——血缘性社团、地缘性社团和后来的业缘性社团取代，以致多年后，人们几乎看不到宗教性社团的影子。而东南亚的情况恰好相反。东南亚地区以福建人居多，历史上福建华人大规模移民的时候，也就是大规模"移神"的时候。东南亚地区虽然也有不少传统广东人，但这里的广东人跟北美地区的传统广东人在宗教上存在着很大的区别：他们更加信仰神。部分原因也许是受当地传统福建人的影响。因此，在开展对海外传统华人的宗教文化交流的时候，东南亚地区应是重点。

东南亚是中国的近邻，在中国实现中华民族伟大复兴所必需的长期稳定的周边环境中，占有十分重要的地位。要搞好与东南亚各国的关系，除了长期执行"友邻、睦邻、富邻"的外交方针外，还要积极挖掘各方面的资源，着力营造和巩固一个长期稳定的南边环境。东南亚是世界上华人最多的地区，且中国向东南亚地区移民的历史最早，华人移民与当地民族的历史渊源最深。更重要的是，中华文化对东南亚很多国家的影响很深，而这种影响自古以来都是通过华人移民传播进去的。即使在将来，中华文化对东南亚的影响仍然要通过居住在当地的华人。目前积极推动中国与东南亚国家友好关系发展的华人群体基本上还是1949 年以前移居当地的华人及其后裔。

相对于其他地区的华人社会来说，东南亚传统华人社会具有自己的特点。第一，在政治上，东南亚华人经历过长期的殖民主义时期，深受西方列强的压迫，懂得民族独立和国家主权的重要性，因而，更容易理解和同情同样在近代深受西方列强压迫统治的祖籍国的命运，也会为新中国的成就感到自豪。第二，东南亚国家与欧美国家的民主政治有巨大区别，这些国家的华人对西方民主的接受和认同程度，与居住在欧美国家的华人的接受和认同程度存在着很大差别。他们更容易认同祖籍国的

政治发展模式。第三，东南亚是世界上华人富豪最多的地区。改革开放以来中国内地吸收的外资主要来自东南亚地区。东南亚华资对中国的投资，实际上也对其他各阶层华人对中国的向心力起了重要的引领作用。第四，东南亚国家在历史上不同程度地受到中华文化的影响。中华文化不仅为很多国家的民众所接受，也在一定程度上为这些国家的统治阶层所接受。在中华文化传入和影响东南亚国家的过程中，华侨华人起了极大的不可替代的作用。他们不仅将中国先进的物质文化带到当地，同时也将中国先进的制度文化和精神文化带到当地，深深地扎根于当地民众和上层统治者之中。

（二）宗教组织的基本特征

华人宗教组织是当地华人宗教信仰的载体，是其内部和对外交流的平台。华人的宗教组织有很多，有的以庙宇寺观为基础，有的以地区为基础，有的以神祇特别是显神为基础，不一而足。我们必须看到，今天华人的宗教组织不是纯粹的神缘组织，甚至不是以神缘为基础的组织。这些组织在很大程度上也是作为华人各种各样网络的组成部分而存在，并且渗透着其他类别的组织的元素。比如，一个宗教组织在进行拜神等“专业”活动的时候，也可以同时进行商业信息交流、慈善公益活动、文化娱乐活动和联谊活动。即使这些组织的经常性活动可能是纯粹宗教性的，但在进行这些活动的背后，也许与非宗教性的世俗活动有千丝万缕的联系。这些情况，在东南亚华人的宗教组织中已经不是个别案例，而是常态。我们只有认识到这一点，才能在对传统华人（主要是东南亚地区）进行宗教文化传播的过程中保持理性和平和务实的心态。

随着中国和谐社会的构建，社会民生和福利制度的完善，慈善事业的地位和作用会越来越重要，慈善活动会越来越频繁。各种各样的慈善交流，可以通过宗教机构进行。但在进行宗教文化交流活动时，我们不应忘记其基本宗旨——弘扬优秀的传统中华文化，而应该将具体的宗教文化交流与弘扬传统中华文化有机地结合起来。

第五节　文化传播、文化产品与海外文化侨务

一、文化出口

目前，“和平崛起”和“建设和谐世界”已成为中国的重要理念，贯穿于中国的外交政策中。要在外交实践中贯彻这样的和平理念，“文化外交”是最重要的环节。所谓“文化外交”，就是要通过文化联系的方式，与各国社会的各阶层进行长期接触，逐步建立起相互信任的关系。中国在这方面的外交努力已经取得很大成功。“有朋自远方来，不亦乐乎？”在北京奥运会开幕式上，张艺谋从《论语》里选出这句话，并在展现活字印刷术的表演时摆出一个巨大的“和”字。敏感的外媒和聪明的学者随即认为，中国就是从奥运会开幕式上摆放“和”字开始，温雅而主动地迈出了“文化中国”国家公关的第一步。

虽然中国近年来才从战略上重视软实力问题，但是这不等于说中国没有软实力的“资源储备”，实际上中国的“资源储备”是十分富足的，某些方面在世界上还可能是独一无二的，这就是中国的文化。事实上，中国在国际上的软实力扩展也曾有过辉煌的时候，如人们耳熟能详的郑和下西洋，那时候中国软实力的扩展带来了中国文化的播迁。今天，中国提出软实力问题，确切来说，是希望重铸历史上曾经有过的“和”文化传播的辉煌。近年来中国做得最多的是文化合作方面的事情。中国已同很多国家合作举办文化活动，开辟了不同文化之间平等对话的新渠道。但到目前为止，中国的对外文化合作主要还是通过官方的、政府的渠道，虽也有民间渠道，但相对来说还远没有达到应达到的水准，特别是在利用海外数千万华侨华人这个宽广舞台开展文化传播方面，还大有文章可做。

开展文化传播，有人称之为扭转中国的“文化赤字”局面，准确地说，应是扭转中国的“文化产品赤字”局面。“文化产品”是一个新

概念，文化产品出口应是今天进行文化传播的有效形式。“文化出超”，就是通过文化产品出口获“利”。中国以前也有文化传播，但多是空洞抽象的“太空”文化操作，没有更多地具化为“产品”形式。改革开放30多年来，中国大量进口外国的文化产品，从而导致中国在文化上的“赤字”日渐加深。这种局面在一定历史条件下可以理解，但不应该长期继续下去。到了今天，由于中国国力增强，软实力提升，解决长期的“文化赤字”问题就应该适时提上议事日程。

文化力是软实力的重要构成之一，极具渗透力。中国本是文化资源大国，但实际上，中国长期以来只是维持文化资源“储蓄”大国的地位，没有向文化资源的“生产”大国和“出口”大国转型。在文化产业和文化产品生产方面，中国还不是强国；在文化产品贸易上，中国还存在严重的“入超”。

中国的“文化赤字”不是一个新问题，它从1840年鸦片战争起就开始了。而在今天，“文化赤字”问题的提出，又有了新的背景。2009年下半年，中国一些媒体曾讨论过中国在对外文化交流和文化传播中的严重“入超”现象，于是，才有了“文化赤字”问题的讨论。今日的中国，在工业文明进程中已经表现出相当大的进步，已经成了制造业大国。在器物文明层面，中国已经是输出国了。但在创新能力、精神文化层面，中国是明显的“入超”国。

对“文化赤字”，我们应该有三方面的宽容：一是在价值观的判断上，要正确看待文化进出口“平衡”问题。文化进出口毕竟不等同于贸易。贸易可以量化为贸易额，表现为货币形式，但文化进出口是不可以简单地量化为货币的，因为文化进出口产品是很难进行比价计算的。文化产品的价值主要表现为使用价值。例如，中国进口的某件文化产品尽管耗资昂贵，但对国家的思想与精神建设有重大好处，这就是它的价值。又如，某件文化产品尽管为国家创不了多少外汇，但对提升中国的国家软实力很有影响，这就是它的价值。通常意义上，一个国家在国际上的核心竞争力，就表现为核心价值观竞争力。只出口电视机是不够的，要“出口”能够出口的价值观。二是在看问题时应该坚持辩证的观点，不宜作“要么至好要么至劣”、“要么至善要么至恶”、“要么至尊要么至贱”等极端化的判断。世界上没有绝对的白璧无瑕，一件文化产品，只要它瑕不掩瑜，就基本上是一件好的产品。应该相信人们对文化产品价值的判断能力。三是在进出口心态上，不要总喜欢“出超”而容不得“入超”。在一定的历史条件下，出现一定的“入超”是正常的，只要这种“入超”是可控的，不致造成对国家文化大厦安全的全面冲击。在改革开放前的特殊状态下，虽然没有文化“入超”，也没有“文化”出超，但中国的文化发展却停滞不前甚至倒退了。改革开放后一段时期内出现“文化赤字”，有其历史必然性，在特定意义上还具有一种后发优势。只有到了一定的历史阶段，中国才可能从容地谈文化“平衡”乃至文化“入超”的可能性。应历史地看问题，不能因为今天需要文化“平衡”了，就认为特定历史环境下的文化“入超”一无是处。

既然中国存在着国家文化软实力，那么外国也必然存在相应的文化软实力，中国的文化软实力也就必然在与外国文化软实力的交流中产生碰撞。这种碰撞常常是在彼此文化的“进出口”上表现出来的。碰撞虽是正常现象，但也是需要认真对待的。如何正确处理好中国文化软实力和外国文化软实力的关系是一个重要话题。面对经济全球化、资讯网络化条件下各国文化软实力竞争日益激烈，且我国文化软实力建设尚处于起步阶段等现实，中国要坚持高度的文化自觉，既要全面认识中华传统文化，取其精华，去其糟粕，使之与当代社会相适应，与现代文明相协调，保持民族性，体现时代性，也要加强对外交流，吸收各国优秀文明成果，从而使中国的国家文化软实力在同各国特别是发达国家文化软实力的频繁密切联系中，以我为主，扬长补短，着力推进文化创新、文化体制创新、文化产业创新，扎扎实实地推动文化的大发展与大繁荣，并在尽可能短的时间内，解决中国文化产品进出口份额差距过分悬殊等突出问题，增强中华文化的国际影响力、竞争力。不能把文化仅仅作为一种实现经济与外交目的的次等手段来对待，也不能把提升国家的文化软实力简单地理解为对文化的宣传、包装与推广策略，而应当把它作为一种文化的自我建构战略。

文化碰撞与文化相互借鉴吸收是对立统一的。每个国家和民族的文化都有自己的优势，不同文化之间的相互学习和借鉴是文化发展的必要条件。这也同样适用于我们自己生产的文化产品与海外华侨华人社会中形成和生产的文化产品。人们常说中华文化胸襟博大、海纳百川，因兼收并蓄而丰富多彩，因博采众长而永葆活力。中华文化这一特质也同样适用于海外华人文化。在日益开放的当今时代，中国本土文化的繁荣发展离不开同世界各种文明的对话，当然也离不开与近缘的海外华人文化的对话。为此，我们在积极适应世界文化交流、交融、交锋更加频繁的新趋势，着眼于中华文化的长远发展的同时，不要忘记以更自信的心态、更开阔的视野，吸纳海外华人文化的优长，兼集其精义。我们要将中国本土文化放在包括海外华人文化在内的世界文化的大视野下平等看待，既不能妄自尊大，也不能妄自菲薄，不盲目模仿、照抄照搬，应以我为主，为我所用，择善而从，既大胆吸收借鉴一切有利于我国文化建设的有益经验和优秀成果，又始终坚持自己的理念、信念和原则，使中华文化不仅植根于民族优秀传统文化的沃土，而且符合世界发展进步的潮流。

文化的力量无疑是巨大的，相对于经济的、军事的硬实力，文化软实力更属于那种“非强迫性、非强制性”的力量，它更多的是通过自觉、自愿的方式，而不是通过强迫、强制的方式让人们接受。但在说到文化的巨大力量时，千万不要把它的作用扩大化、绝对化。文化的正面作用是有条件、有代价的，并不是所有的文化都能够逐一地成为推动历史前进的积极因素。文化要成为撬动世界历史的杠杆，影响社会前进的步伐，只有形成一种普遍认同的群体力量才有可能。一种文化如果没有形成普遍吸引力，充其量只会成为一种文化现象，却不能推动社会前进。

二、文化产品输出与文化符号：“他山之石”的启示

文化的定义非常繁杂，研究者多从不同角度切入，在眼花缭乱的子

系统中进行为我所需的选择与组合，于是难免出现众说纷纭、莫衷一是、各说各话的状况。既然对“文化”难以准确定义，那么，文化产品的类别也就难以厘清。过去，人们对于艺术作品的题材划分可谓五花八门。在空间范围上，有农村与都市作品之分；在时间范围上，有历史与现实之分；在类型范围上，有悲剧与喜剧之分；在价值范畴上，有重大与非重大之分，等等。而何谓“重大”，何谓“非重大”，基本是以作品中所表现的人物身份来确定的。这种以单一的身份取向来界定艺术作品重大与否的做法，明显带有“官本位”色彩。

基于这里探索的是关于文化软实力与海外文化侨务的问题，故根据华侨华人社会的特点，将文化分为传统文化、高雅文化和流行文化三大类，并提出一些值得研究的重要问题。

（一）传统文化

历史学家汤因比曾指出：当初当西方人向非西方世界的人们推销他们的价值观念时，他们是真诚地对全世界开了一个玩笑，买卖双方都以为是货真价实的，结果却不然。盲目地接受西方价值观使非西方世界陷入普遍的“灾难”中，非西方世界的知识分子中出现了一种普遍的“精神分裂”现象。实际上，非西方世界中越来越多的知识分子意识到，完全接受西方的文化模式，或者说采取“全盘西化”的方式，是不可能真正解决本国的现代化问题的。一个民族要想强盛，就不能老是跟在别人后面亦步亦趋。正确的出路在于，发掘本国传统文化中的宝贵资源，作为现代化进程的精神根基，并广泛吸收西方文化的精华，作为本国现代化进程的重要推进力量。在中国，这种实践不始于今。1898年，就有中国学者张之洞提出了“中学为体，西学为用”的口号。从历史的长线来看，由于这个口号是在清末中国变革运动尚处于“中途”状态下提出来的，还未涉及其紧迫而核心的问题——制度改造，因此这个口号遭到冷遇，后来甚至遭到批判。但在今天看来，这个口号在处理外来文化与中华传统文化的关系问题上，仍有其积极意义。

对于中国来说，传统文化对于增强国家软实力具有格外重要的意义。中国的现代文化在国际社会中还相对落后，以至于媒体发出“文化

‘逆差’触目惊心”的感叹，只是到了近几年，情况才稍微有所改变。在这种变化中，人们也很容易看到，中华文化的散播实际上主要是传统中华文化而非现代文化的散播，尽管它可能是现代形式包装下的传统文化。中国的传统文化独具特色，而且内含普世价值。中国的现代文化需要与传统文化结合，才能够增强吸引力。实际上，中国的传统文化一点也不落于人后，在当今世界上仍然具有巨大的吸引力。约瑟夫·奈也认为，中国的传统文化特别是儒家文化，在世界上一直具有相当的影响。中华文化在很多方面都具有吸引力。中国的传统艺术和文化，如中国人对人与自然关系的理解，中国的书法、绘画，中国功夫，甚至中国的饮食和传统服饰等，在美国都很受欢迎。

文化遗产保护问题也是值得重点关注的一个方面。现在在中国国内，人们都在注重保护物质文化遗产，同时也注重保护非物质文化遗产。这两种文化遗产蕴涵着太多的中国传统文化精粹，因此，国人的保护意识越来越高，自然是一大好事。实际上，对这两种遗产的保护在海外华人社会中显得更为迫切。相对于物质文化遗产来说，对非物质文化遗产的保护更令人担忧。例如，华人当年从家乡带去的地方戏曲、中医、中药、武术、厨艺等，随着一代代华人传人的故去，也将在异国他乡消失。不管是哪一种文化遗产的消失，可能国内大部分人都并不关心，但是，如果从中华文化在海外传承的角度来看，就不是无关宏旨的事了。这些遗产都是传统文化的活化载体，保留了最鲜活的中华文化在海外传承和发展的历史痕迹，应该得到很好的保护。

（二）高雅文化

人们对“精英文化”存在两种不同的理解：其一是社会精英的文化，其二是高雅文化。实际上，这两种文化存在着重叠性，在此不作深究，姑且笼统地看作是高雅文化。以其对国内民众的影响来说，它可以提高一国民众的民族自豪感，有助于民众爱国情操的升华。另外，它也有助于增强人们向往真善美的动力，提升人们的精神境界，巩固和强化社会的进步力量，减少威胁社会和谐的因素。所有这些，都是由高雅文化本身的进步性或其追求真善美的属性所决定的。高雅文化的主要特点就在于美，它赋予创作者优秀的创造才能，赋予欣赏者以情感征服为目标的审美能力，赋予所有高雅文化的“受洗者”崇高的人格情操。因此，一个拥有丰富的高雅文化资源的民族，势必具备深厚的文化底蕴，是一个伟大的、值得尊敬的民族。正是高雅文化的这种含义，使它成为一种重要的软实力资源。

客观地说，有时候高雅文化对大众的吸引力并不见得能够超过流行文化的吸引力，但应该看到：第一，高雅文化并不排斥流行文化，相反，前者还是后者的升华，而后者也蕴涵着、发散着前者的元素。很多情况下，两者之间并非是泾渭分明的。所谓高雅与流行，有时可能只是一个标签而已。第二，大众并不是一味以追赏流行文化为荣，他们内心也潜藏着追赏高雅文化的意愿，并以此作为自我情操展现的依归。因此，高雅文化大可不必因为“曲高和寡”甚至“门前冷落鞍马稀”而自愧。实际上，高雅文化的存在本身就是创造力的体现，是对人类力量的肯定，从而可以产生激励效应。有时候，它的力量是呈几何级数增长的。

（三）流行文化

约瑟夫·奈指出，资讯与娱乐之间的界线从来没有像这些知识分子设想的那么明显，在大众媒体的世界，这些界线就变得更加模糊了。流行娱乐往往包含着具有重要政治效应的价值的潜意识形象和资讯。综合起来看，流行文化可在两种意义上提升一国的软实力：其一，并不包含价值观内容的流行文化，它本身就可能受到国外普通民众的喜爱和欢迎，从而提升一国在这些民众中间的吸引力和亲和力，并为该国的文化产业拓展和维护发展空间。显而易见，这不是一种价值观抑或意识形态的功能。其二，包含价值观和意识形态内容的流行文化的输出可能会潜移默化地影响甚至改变国外普通民众的观念和态度，使他们能够理解、接受甚至支持一个拥有不同价值观和意识形态的国家的政策和行为。除了政治含义外，流行文化还包含着以个人为主体的人生观和价值观内涵，而且其本质更多的也还是后者。但是，即便是没有宣扬政治观念的流行文化，也会对民众个体的人生观和价值观产生影响，具体表现为对大量民众个体的生活方式、生活态度的影响。

中国文化产业的发展水准与中国经济总量已居世界第二的位次大不相称，其实也与中国文化的博大精深、源远流长不相称。但中国人往往只以博大精深、源远流长为荣，却没有以文化产业发展滞后为耻。中国不能老是只拿老祖宗留下的遗产自慰，还应有自己的现当代的文化精品。中国近些年来制造的现当代文化精品并不在少数，包括很多用中国古典文化演绎出来的文化精品，只是没有让外部世界更多的人知道而已。西方很多人的思维现在还停留在老黄历上：没错，中华文化是博大精深、源远流长，但那是“唐朝”时候的东西，“唐朝”是什么概念？是文艺复兴之前几百年的事。相反，美国、日本等国家的文化绝对没有中国那么博大精深、源远流长，但它们在国际上的知晓度却很高。在美国和日本，仅影视娱乐业已位居产业总量的第一、二位，超过了航空航天业和汽车制造业，附加值高，又环保且具有可持续发展性，已经成了其国力竞争的重要组成部分。美国不仅在硬实力上无人能与之比肩，在软实力生产上也遥遥领先。支撑美国强国地位的四根支柱是：美元、导弹、网络和好莱坞，分别代表着美国经济上作为世界火车头的地位，军事上作为唯一全球性军事强国的地位，科技上作为创新源头的地位，文化上作为最大、最有影响的文化产品生产国的地位。美国的上述地位可能因为这几年的经济危机而受损，但“百足之虫，死而不僵”，美国的地位没有发生根本性动摇。在文化上，美国上百部好莱坞大片、奥斯卡颁奖盛典，不管人们是否都喜欢，却深具全球影响力。美国正在用文化娱乐产品“淹没”整个世界。又如流行文化制造与出口的“优等生”——韩国。韩国懂得从发展国家软实力的高度，重视发展文化产业，将之当成一个替代性和战略性产业。1998 年，韩国政府提出了“文化立国”的口号，决定把文化产业当作 21 世纪一个战略性产业，加大支持力度。结果，不到 10 年，韩国文化娱乐产业的规模扩大了 5 倍。到 2000 年前后，韩国的影视剧竟席卷亚洲许多国家。值得注意的是，美国和韩国所生产的文化出口产品，基本上属于流行文化产品。两国堪称制造流行文化和通过传播流行文化塑造、改善形象的高手。1980

年代以来，韩国通过举办奥运会、世博会、亚洲足球赛等国际活动，改变了自己国家的形象。1988 年汉城（今首尔）奥运会的举办，标志着韩国经济腾飞、政治民主时代的到来。随着奥运会主题曲《手拉手》在世界上广为流传，韩国文化在亚洲乃至世界的影响力骤增。奥运会的“文化立国”方针带来了韩国文化创意产业的迅猛发展，向世界展现了“勤勉、诚实、团结，具有成熟市民意识”的韩国国民形象。另外，韩国也不忌讳自己是在生产流行文化，一直在流行文化领域通过市场化的手段打造自己的电影明星（大众偶像）。这种文化的推广和精神渗透既宣扬了其价值观，也促进了本国对外贸易的发展。应当承认超越意识形态的文化艺术形态的现实性和合理性，只有国际化、现代化、人性化的文化产品才可以走向国际。

在探索关于流行文化的作用时，有两种对立的观点：第一是流行文化的力量不可低估论。有一位美国历史学家总结道，不管军事力量和政治许诺为美国在冷战期间赢得在欧洲的成功奠定了多么重要的基础，但真正赢得欧洲大部分年轻人的心的仍然是西方民主。第二是流行文化的作用从属于政治力量的控制，亦即影响有限论。约瑟夫·奈将美国流行音乐、麦当劳、好莱坞电影等流行文化归入软实力范畴。但当人们听着美国音乐、看着好莱坞电影、吃着麦当劳时，并不妨碍他们高呼“反美”口号进行示威游行。伊拉克战争中，在全世界各地甚至包括美国在欧洲的“铁杆”盟国和深受美国文化熏陶的许多青年中爆发的大规模反战或反美运动就是一个例子。可见，美国流行文化这一所谓的“软实力”至少在像伊拉克战争这样的重大国际问题上没有帮助美国实现其政策目标。对此，约瑟夫·奈的解释是：流行文化不在（美国）政府直接控制下，所以并不总是产生（美国）政府想要的结果。但问题不在于政府能否控制这些力量，即使像经济制裁和武力威吓这种美国政府能够直接控制的行为，也不见得一定能达到目的。真正的原因是，像文化这样的软实力或许能让一部分民众感兴趣，但对国际政治中的国家行为没有很大的影响。说到底，国际政治的主体迄今为止还是主权国家，国家利益才是主权国家制定外交政策时所考虑的最重要的因素。

不管是传统文化，还是高雅文化，抑或是流行文化，都是在有意或无意地、自觉或不自觉地塑造一个国家的形象。这里所说的国家形象，很难如小孩子判断事物之是非那样，用“好”或“坏”来形容。国家形象如同个人形象，是复杂的多面体，在一个现代化的社会里更是如此。因此，与其简单地将国家形象理解为好或坏，倒不如将之切割为多个文化符号。文化符号有其稳定性，是多层次、长期性的国家行为的沉淀与敛集。各个文化符号之间不是孤立、割裂的，而是相互联系的。多个文化符号的有机集合，会构成或表现出全面准确的国家形象。

在过去的岁月里，中国已经形成了很多个体现国家形象的文化符号。当然，对于这类文化符号众口不一，言人人殊。例如，2006 年 5 月，美国《新闻周刊》评选出进入 21 世纪以来世界最具文化影响力的一些国家文化及其形象符号，其中代表中国的文化形象主要有汉语、北京故宫、长城、苏州园林、孔子、道教、孙子兵法、兵马俑、丝绸、瓷器、京剧、少林寺、功夫、西游记、针灸、中国烹饪等。从这个符号清单也可以看出，外国人对中国文化形象的了解，更多的还是中国传统文化。

有关中国的形象符号当然远不止这些，更不只是停留在古代。有人认为，中国文化形象的符号，必须能体现中国文化内敛性、包容性、和谐性、民间性的精髓。在太空文明时代，中国文化应以汉字为载体向世界传播自己的普世价值。可以开列的“中国文化形象符号”不下百种，如中国书法、篆刻印章、中国结、京剧脸谱、皮影戏、武术、秦砖汉瓦、兵马俑、桃花扇、景泰蓝、玉雕、中国漆器、红灯笼、木版浮水印、甲骨文、钟鼎文、汉代竹简、茶、中药、文房四宝、四大发明、竖排线装书、剪纸、风筝、笛子等。这个单子还可以开下去，开得很长很长，甚至还可以包括一些不全是正面乃至属负面的文化符号。

这些形象符号只要是正面的或基本上属于正面的，就不要丢弃，相反还要做大做强，做出影响，做出品牌，使之凝成永恒（如孔子等）。对于那些负面的形象符号，我们应该通过大量正面形象的长期影响予以消除。现在更应该做的是将中国传统文化与中国现代文化结合起来。

三、对海外华人的文化产品输出：以电影电视为例

文化产业传播的是精神产品，一个国家如不能形成强大的文化竞争力，就很难使自己摆脱被动地位。加快文化产业的发展，提升国家软实力，加速文化“走出去”，应当成为当务之急。

谈到文化输出时，经常会碰到两个问题：一个是被输出的文化产品的定性——“内”与“外”的问题，另一个是文化产品的品质或水准——“高”（高雅）与“俗”（低俗）的问题。

（一）“内”与“外”的问题

人们往往会先入为主地问道：哪些文化产品该输出，哪些不该输出？也就是说，该不该输出，要执行一个标准，就是内外有别。但是，什么属“内”，什么属“外”，却往往没有一个严格的标准。

实际上，太刻板地执行所谓内外有别，既不科学，也不明智。很多文化产品是难以划分内外的。即使可以勉强划分，但在一个越来越开放、越来越全球化的世界上，不仅文化产品的最终成果在全球范围内具有越来越高的共赏度，就是文化产品的生产过程也越来越跨国化，越来越没有内外之别（如电影电视的外景拍摄、演员聘用、后期合成等）。退一步来说，就是一些按照传统操作办法极具“内部性”的文化产品，除了涉及国家机密的以外，也可以变为“外部化”，让外国观众接受中华文化、中国核心价值观、中国人的审美爱好和情趣。在确定文化产品的定性时，并非绝对地不谈“内”、“外”之别，而是要严格标准，不要随意泛化“内部标准”的定义。

（二）“高”与“俗”的问题

中国艺术研究院院长助理、艺术发展战略中心主任贾磊磊认为，在中国，构成国家文化软实力的主要资源来自于以下五个方面：其一，在政治文化领域体现国家根本利益的社会主义核心价值体系，这是由我们国家的性质所决定的。其中包括以爱国主义为核心的民族精神和以改革创新为核心的时代精神，这是形成全民族奋发向上的精神力量和团结和睦的精神纽带，是国家文化软实力的关键组成部分。其二，在传统文化

领域代表中国文化核心价值观的思想体系，其中包括“和谐”、“仁爱”、“自然”这些集中体现着个人、家庭、国家乃至人类社会终极理想的文化价值观，它们既是建构社会主义核心价值体系的重要文化资源，也是推进中华文化不断发展、扩大中国文化国际影响的精神力量。其三，在公共文化领域引领行业发展，体现国家指导方针的一系列政策、法规、品质体系与评价标准。如百花齐放、百家争鸣这样的纲领性文艺政策，它不仅是体现国家主流意识形态的宏观指导方针，也是符合艺术普遍规律的具体创作原则，对于推动文化艺术的发展、促进艺术创作的繁荣具有重大的推进作用。其四，在主流文化领域体现主流意识形态，表现国家、民族形象的艺术作品。比如表现中国重大革命历史题材与重大现实题材的电影、电视剧、舞台艺术及美术、音乐作品。其五，在流行文化领域具有普遍社会反响和市场效应的娱乐性、大众性文化产品。①

贾磊磊所说的五个方面，其中第一到第三方面是说核心价值体系、国家方针政策法规、品质与评价标准等问题。但他所说的第四、第五两个方面已经具化为特定的文艺作品。这些作品中体现的爱国主义精神信仰与民族情感是感化、陶冶、激励受众的一种重要的文化力量。它们包括那些具有深刻的现实意义与个性化审美价值的艺术作品，也能够体现当代国家的文化影响力。值得注意的是，有些在文化消费领域具有娱乐因素的大众文化产品（以第四方面的例子居多），尽管并没有直接表现国家的重大历史事件，也没有直接表现领袖人物的丰功伟绩，但这些作品中所具有的劝人向善、向上、向美的精神力量，无论对于扩大文化产品的市场占有率还是加强文化的心理吸引力都是极为重要的资源。

约瑟夫·奈在谈到中国软实力研究的时候，举了中国电影《英雄》创造了前所未有的三周美国票房纪录的例子，试图以此说明，一部真正由中国生产的电影第一次打入美国，打入国际市场，获得了最高票房，中国正在以电影的形式向世界输出它的软实力，向美国施加它的软实力

---

① 贾磊磊:《国家文化软实力的主要构成》,《光明日报》, 2007 年 12 月 7 日。

的影响。又如释行鸿在欧洲传授少林功夫的成功经历。释行鸿本名王德庆，生于浙江天台山，嵩山少林第 32 代弟子，9 岁入少林寺习武，17 岁赴意大利传授中国功夫。任少林武僧队队长，受邀遍访东南亚、中西欧等，引起巨大轰动。1999 年，只身前往匈牙利，创办“匈牙利禅武联盟总会”。至今该联盟已有美国、德国、法国、奥地利、罗马尼亚、西班牙、加拿大等 9 个会员国，洋弟子15 000多人。2003 年，被匈牙利警察总局聘为总教头，训练特种部队及全国警界精英，并开始致力于中匈两国在反恐等方面的合作。面对中西方文化的差异，释行鸿采取了先用武力“征服”，然后再用“禅宗”思想感化的办法。他告诉外国徒弟，仅仅练武只能成为一介武夫，永远不会有大成，只有修身养性，领会到中华武术思想的真谛、精髓，领会到中国的哲理、文化，才能提升到更高的境界。释行鸿说，在匈牙利人眼里，练中国功夫有英雄感。通过练功，很多人喜欢上了中华文化，一些从不喝茶的外国人，也爱上了中国的茶道。由于中国功夫的影响，欧洲好多学生开始学中文了。匈牙利能融入主流社会的华人屈指可数，而释行鸿做到了。他的禅武之道被匈牙利人写成了一本畅销书《英雄和纯洁》，匈牙利政府还给他特批了 100 多亩山地作习武疗养之用。① 再如，北京元纯传媒有限公司制作的高清纪录片《发现 · 中国》曾在美国五洲电视台播出，每周 5 集，每年 260 集，覆盖全美 1.2 亿观众，在美国产生了强烈反响。《发现 · 中国》概览了中华文化、自然及非物质文化遗产，深入挖掘隐藏在文化现象或自然景观背后鲜为人知的故事，客观、平和、写实、大气、恢弘，成功实践了中国节目成系列地落地海外主流媒体的市场化运作模式。

也有观点认为，在文化领域并不是所有的文化活动与艺术作品都能够提升到国家文化软实力的层面上来考虑和讨论。例如，茶楼酒肆里的戏曲清唱，街头巷尾中的秧歌表演，尽管也不乏特定的文化意义，但是并不能够提高到国家文化软实力的层面上来考虑。诚然，这类作品不能

---

① 《释行鸿：从少林武僧到匈牙利警察总教头》，http：//www. sina. com. cn，2005 年 12 月 5 日。

与那些耗资巨大的重大历史题材的电影相提并论。茶楼酒肆里的戏曲清唱，街头巷尾中的秧歌表演等，虽然有低级趣味的成分，也可能掺杂着消极因素，但很多作品中的正面因素还是占主流的，如隐喻着劝人向善、向上的精神力量等。在我国，哪些作品代表先进文化的前进方向，哪些作品比较好地表现重大历史事件，哪些作品的创作主旨更关注社会焦点，哪些作品具有更广泛的社会影响力和市场占有率等，无疑是文化艺术领域构成国家文化软实力的重点所在。但是在实施这些原则的同时，在文化产品的出口上，在对海外华人社会的文化产品输入中，应该更注重作品的艺术性、欣赏性、娱乐性。

谈到艺术作品为什么要“去说教化”，不是一个理论问题，而是一个实践问题，特别是对海外华人输出的时候，以简单抽象的理论概括是很难说服人的。

当然，这里说文化产品的输出要感同身受地为受众考虑，丝毫不意味着降低产品本身的品质和水准，两者并不矛盾。或许我们过去对“高”、“俗”之别有太多的认识误区。例如，把“高雅”看成是阳春白雪。如果阳春白雪只是个人的爱好，本亦无可厚非，但若将个人的爱好强加于广大的受众，则难免有“文化绑架”之嫌。又如，不少人把“俗”理解为“庸俗”，而又把“通俗”与“庸俗”画等号，等等，都是不可取的。

总之，应将电影电视创作的主要精力和创作激情放在描写正面积极的、充满人情味的、高尚优美的中国人和事，展现优雅人生，体现传统美德。即使是描写落后事物、揭示社会阴暗和丑陋的内容，也要分清主流与支流，充分表现中国人的人性美和美好心灵。要让华侨华人从中认识和感受到一个充满活力和希望、以人为本、科学发展、和谐进步的祖（籍）国。这与电影电视的艺术性、欣赏性、娱乐性并不矛盾。

在目前的中国，要提高文化产品的出口量，政府的参与还是必不可少的。首先，政府要建构公共文化的国家服务平台；其次，政府要建构大众文化的商业平台。后一方面对于中国目前的文化输出来说尤为重要。也就是说，政府要善于利用市场这只无形的巨手，来推进文化软实力的提升。在市场化的场景中，通过商业方式传播的文化软实力，有时比那种单纯地通过政府行为来推广的文化活动更具影响力。这就需要国家从国外大众最需要的文化层面——流行文化的层面加强文化产品的生产，推进文化产品的出口，不应让流行文化自我贬低，自我放逐。流行文化可以表现低格调的内容，但也可以表现高格调的内容，一切在于人为。特别是在对海外华侨华人同胞输出中华传统文化时，要格外注意他们对文化样式的接受和认可。“阳春白雪”的高格调作品虽然不乏观众，但大多数华侨华人还是愿意接受“下里巴人”的作品，是故，完全可以在“下里巴人”的作品里融入一些属于“阳春白雪”的成分。当然，这需要文化产品制作者的匠思和智慧。可见，大众流行文化在增强中国的国际影响力、提升文化软实力方面，确实是一种可以进行利用和开发的不可替代的文化资源。同时，为了扩大中国现当代文化的影响力，还应该古今并举、雅俗并举，多领域推进，借助现代化的文化艺术形式和现代文化传播手段，创造出更多富于时代气息、体现中国特色的文化标志、文化符号和文化品牌，使中国现当代文化尽快走出国门，影响世界。

文化、价值观、制度和政策等的宣传与推介都必须要找到相应的媒介形式才能够真正实现——不论这种媒介是书刊报纸、网络影像还是舞台表演。文化软实力也必须借助于特定的媒体形式才能够进行有效的传播，单纯的文化理念并不能够直接地转变成文化软实力。具体来说，媒介形式要落实到文化的物质载体上。说到物质载体，最重要的是现代社会的文化产业。文化与文化产业之间存在互利共生的关系，因此，文化软实力的强大与发达的文化产业是密不可分的。文化产业既是一种硬实力资源，作为经济体系的一部分存在，同时又是一国文化软实力的物质基础。文化产业受益于潜在的文化软实力，也实现着潜在的文化软实力，甚至创造性地提升一国的文化软实力。反过来，文化软实力离不开文化产业的物质支撑。美国文化的全球传播离不开其发达的文化产业，向他国输出滚滚“韩流”的韩国同样如此。韩国的影视产品受到很多国家的民众的欢迎，因此，韩国政府便将发展文化产业当作一种国策，希望将其打造成本国的支柱产业。客观地说，中国目前还处于起步阶段，但正在迎头赶上，相信在不久的将来，中国的文化产业将令人刮目相看。那时，我们将会更清楚地看到文化与文化产业之间“鱼水不分”的关系；文化产业之外的其他机构，也可以构成一国的文化载体，为一国软实力作出重要的贡献。

文化“走出去”，要双管齐下，既支持国有企业，也支持民营企业。对完全以市场为导向，通过国际化的商业运作使中国文化“走出去”，找到成功的赢利模式的民营企业，政府应从财政税收等方面予以支持。政府的公开支持是必不可少的。政府的有力扶持可进一步提升该文化产品的权威性，为中国文化走进更多国家的主流媒体增进优势。对于主要以海外华人为市场的中国文化产品，我们也应该参照进入外国市场的文化产品给予必要的支持；应该扶持一批专门企业，从事与海外华人文化市场相关的贸易。可以借鉴西方发达国家鼓励和孵化文化产业的经验和成功案例，从国家战略的高度，建立健全资金支持机制和人才培养机制，构建适合中国国情的海外华人文化产业体系。在当前及今后一个时期，我们尤其要重点发展传媒影视、文化资讯、文化旅游、艺术教育、体育健身、出版音像、美术、广告、咨询、会展等文化产业；还要大力实施资源整合战略，建立大型文化产业集团，其中包括一些经营华人文化产业的企业集团，加快培育中国文化产业的世界级品牌。侨务部门应该与它们相互配合，积极合作，相得益彰。另外，要更好地推进与海外华人社会的文化交流，除了有一批专门的企业家外，还需要努力造就一批华侨华人文化方面的名家大师、专业领军人物。要最大限度地动员社会各方面力量支持、参与。每一个企业既是一国的硬实力资源的“分支机构”，同时也是其软实力的“物质分承载体”，是一个准文化传播机构。总之，必须准确把握海外华人社会文化生活的新特点和新期待，适应其精神文化的新需求，使输出的精神文化产品为他们所喜闻乐见，更具吸引力和感染力。

四、海外华人文化组织与中华文化的传播

（一）海外华人文化组织的类型

海外华人文化组织种类很多，但无论哪一类组织，都试图通过文化的凝聚力，将热爱中华文化、热心于文化交流的人凝聚在一起。

（1）专类型文化组织。这是指以某一门类文化艺术作为自身活动中心内容的文化社团，笼统而言可分为文艺与文学书画两大类。文艺类属于表演性或娱乐性文化，又可细分为两种：一种是传统类文化社团，如戏剧社、舞蹈团、武术馆等，又如舞狮、舞龙和武术会等。作为中国传统文化的精粹，它们伴随着海外华人漂洋过海而在华人居住地广为流传，在华族民间文化活动中占有重要的位置，虽年深日久，但仍然保留当初深厚的文化内涵、鲜明的民族色彩和强身健体等多重功能。不过，有的传统社团以研习地方戏剧和民间音乐为主旨，活动范围窄，参加者也多是一些年老华人，且很多文艺形式被年轻人视为过时，因之面临“接棒无人，难以为继”的境地，组织发展缓慢。另一种是现代类文化社团。这类社团所传扬的艺术形式较为广泛，既有富于中国特色的民间歌舞，也有西洋舞蹈、合唱团、管弦乐队等。其节目选择和编排虽突出中华特色，但更为注重广泛吸收母体文化和居住国各民族的文化精华。其表演形式、创作手法不断翻新，节目内容也往往就地取材，讲求艺术形式的多样性和广泛性，力求贴近华人生活，走出唐人街，面向广阔的舞台和广大观众，从而在一定程度上担负起促进文化双向交流的桥梁作用。今天，越来越多的海外华人文化团体活跃于世界各地，向世界各国人民介绍了中华文化。至于文学书画属非娱乐性文化，实际上涵盖众多的艺术品种，一般来说以单一品种立会的情况较多，如文学创作协会、诗词协会、中国画协会之类，为少数同好者的结集，当然也有包罗万象的。

（2）综合性文化组织。综合性文化组织主要是指近年来在海外涌现的中华文化中心、文化交流协会等华人社团，属新型华人团体。它们打破单一文化门类的限制，举办更为丰富多彩的活动，如开办书法、针

灸、武术学习班，举办文化讲座和中华文物、历史展等。由于集多种文化艺术形式于一体，故大大地有利于自身的生存发展。它们同时也加强对外联系，特别是与中国国内同行的联系，如接待中国文艺、体育代表团来访，组织文化观摩与交流活动等。1985 年，温哥华吴祖捷芭蕾舞团与中国中央芭蕾舞团合作，把中国的古典名著《红楼梦》搬上加拿大舞台，以芭蕾这种极具西方特色的艺术形式演绎中国传统文化，是华人文化组织传播中华文化的一次大胆而有益的尝试。在团体构成方面，它们不但打破华人社团传统的地域、宗亲和行业的组织原则，更突破种族与肤色界限，敞开门户，欢迎当地居民参与其活动。此外，一些综合性文化社团积极回应所在国多元文化政策，在弘扬中华文化的同时，又增加了团结侨社，关心华人社会公益事业及正当权益等新内容，体现出当代华人立足本地社会，谋求生存与发展的愿望和要求。

（3）附属于宗乡社团的文化组织。宗乡社团是以血缘和地缘关系为纽带，建立在华人的种族与文化共性基础上的同乡组织。宗乡社团的其中一个功能是传承中华文化（主要为宗乡文化），以其浓厚的亲情和地方特色见长。宗乡社团无不把弘扬中华文化作为其不可推卸的历史责任和时代使命，一般都有一个专司文化活动的功能负责人。每逢佳节、重大庆典或同宗同乡婚丧嫁娶活动，宗乡社团都会邀请本会馆的文化组织登台表演，多少年来，已蔚然成风。熟悉的乡音、久违的家乡风物，令同乡倍感亲切，密切了会馆成员之间的关系。有的社团虽然规模不大，但在活动场地、经费、道具器材和人员配置等方面都得到尽可能的照顾。一些大的社团积极扶植其内部的文化组织，加强内部凝聚力，扩大对外影响，为当地社会服务。一般来说，附属于宗乡社团的文化艺术组织在活动经费上有保障，有比较固定的观众和群众基础，其活动也比较常态化，大多不会为生存问题而焦虑。显然，它们的文化活动多半属于表演娱乐类的。

（4）文物历史机构。过去几十年来，海外华人热衷于寻根与认祖归宗，他们发掘、研究、整理华人社会的历史资料，建立起众多的侨史研究机构及博物馆，以珍贵的图片、照片和实物向人们展现海外华人在异乡艰难创业的历程。这一方面是为了追宗思源、缅怀先辈，另一方面也是为那些在西方物质文明冲击下日渐西化的华裔青少年树立榜样，帮助他们加深对本民族历史与文化的了解，增进与老一辈的沟通。如1963年成立的三藩市华侨侨美历史学会（后更名为三藩市华人历史学会），墨尔本澳洲华人历史博物馆等机构，本着“宣扬华人功绩、教育华人后代”的精神，举办展览、出版纪念文集和画册，有条件的还制作幻灯片和利用广播电视节目等进行宣传。美国纽约华埠历史研究社由于在研究美国华人历史方面取得突出成绩，受到社会各界好评，他们建立永久性华裔历史博物馆的计划获得了美国国家人文基金会和洛克菲勒基金会的资助。墨尔本澳洲华人历史博物馆、法国共忆协会主办的“法国华人一百年”展览等也都得到了当地政府和人民的赞助与支持。这类组织一方面希望将华人的历史事迹广为传扬，帮助年青一代饮水思源，了解先辈的艰辛，让居住国政府和人民以公正客观的态度看待华人及其为当地社会所作出的贡献；另一方面也回应居住国的多元文化政策，为促进华人文化社团与当地的文化交流与民族融合作出贡献。这类组织一般都需得到当地华人社会的积极支持，尤其是财政上的援助，有的还得到当地政府道义上和财政上的支持。在其幕后，离不开热心中华文化的有识之士的多方奔走和辛勤操劳。

（二）目前主要发展趋势：海外华人文化组织走向举隅

海外华人文化组织目前的主要走向包括以下几个方面：

（1）打民族文化牌。华人社团普遍把弘扬中华传统文化、培养民族意识、促进居住国与祖籍国在科技、文化、经济上的交流当作一项主要的任务。在新加坡，宗乡会馆一度因成员老龄化和年青一代对传统会馆缺乏兴趣而面临重重困境。全国宗乡联合总会自1986年成立以来，将工作重点转移到保持与发扬华人传统文化方面，开展了一系列生动活泼且富有教育意义的活动，以文化的感召力将年轻华裔吸引到会馆活动中来，使不少宗乡社团又在一定程度上重现生机，情况渐有改观。同时，它也为传统华人团体从文化建设入手，迎合时代脉搏，寻求更好的生存发展，开创出一条自新之路。在菲律宾，华裔青年联合会这一超越血缘、地缘和业缘限制的新型华人社团，也同样把文化功能摆到重要位置。它充分利用双语能力及双重文化背景的优势，在华人与居住国社会之间搭架起一座促进双向交流的桥梁。

多数海外华人文化组织在打民族文化牌时，选择的是那些可以获得较多群众接受的文化样式，当然也有的文化组织坚守属于“阳春白雪”的传统中华文化，尤为难能可贵。例如法国龙吟诗社。1990 年的一个春日，20 多个旅居法国的新老诗人在巴黎创办了一个诗社。诗社一问世，就受到国内外诗坛的关注和支持。诗坛名宿艾青不仅亲笔题写了“龙吟诗社”四个字，还以“遥祝巴黎诞生诗的星座”相祝贺。诗社成立之初，犹如青青小草，而今已发展成一块继承和传播华夏文化的绿洲。截至 2002 年，其共出版了近 150 期《诗页》、4 本《龙吟诗选》。该社作为法华社团的一员，积极参与华社的活动，成为欧洲知名的文化团体之一。①

（2）传统型文化组织寻求改变。传统型的华人文化组织宗旨较为单一，具有一定的局限性。随着时代的进步和海外华人社会的转变，它们中的一些团体为谋求更好的发展，也相应地调整了自身的宗旨与功能。

泰国佛王府萍乐音乐社是当地一群潮乐爱好者于 1930 年为“团结埠众，提倡正当娱乐，发扬家乡传统优美音乐”而发起组建的一个文化组织，曾一度在全埠掀起了学习潮乐的热潮。1950 年代，泰国政府开始限制外来移民，年轻华裔又对潮乐兴趣不足，再加上视听媒介的冲击，音乐社爱好者日渐稀少而趋向衰落。为了重振社务并更好地为广大侨社服务，在征得政府同意后，其更名为“萍乐互助社”，加强了赈济灾难、扶助贫困的社会功能。随后它又加入了泰国佛教众明慈善联谊会，并于 1973 年重新命名为“佛王萍乐互助明典善坛”，联合 37 个友坛，不分区域与种族。像萍乐音乐社这样调整功能与宗旨，在海外众多的华人文化社团中毕竟还是少数，更多的团体则是顺应时代潮流，从传

① 熊育群、陈铿：《汉诗：在塞纳河畔扎根》，金羊网・羊城晚报，2002 年 7 月 24 日。

承中华文化、寻求精神慰藉，走向为居住国社会服务，为促进民族间的沟通与融合服务。1922 年，精武总会陈公哲、姚蟾伯等到堤岸筹组分会，得到侨领叶伯行等人的支援组织筹备会，同年 6 月越南堤岸南体育会正式成立。堤岸南体育会也寻求改变，它附设有音乐、戏剧等队，与学校和社区的音乐、舞蹈、戏剧等组织一起开展活动，丰富社区的文娱生活。越南精武体育会初定名为越南精武体育学校，"二战"后改为现名。该会除教授武术外，还成立篮球、排球、乒乓球、网球、象棋、中乐、铜乐等队，供会员参加。有志提倡、推广体育运动的中法学校校友会于 1928 年成立。该会组建大球、小球各类球队和田径队。会所里有桌球房和健身室，设备齐全。南星体育会的足球队多次夺得奖杯，闻名印支体坛。堤岸有粤剧团和潮剧团两个专业戏班，常年在戏院公演。各帮人士都各自组织曲艺社、丝竹社，切磋技艺。广帮的粤曲、闽帮的南音、潮帮的潮曲、客帮的汉曲和海南帮的琼曲，处处可闻，使侨胞们虽然身处异国他乡也能听到乡音。

（3）在合作中走向强大。随着华人自身经济实力的增强以及现代交通和资讯媒体的迅猛发展，散居于各地的华人为了增强族群整体在世界上的竞争力，谋求共同的发展而纷纷行动起来，建立区域性、世界性的组织，这一点在海外华人文化组织中也有突出表现。

以文学创作领域为例，在东南亚及欧、美、澳等华人较多的国家与地区，均有华文作家协会；还建立起一些世界性的华文作家联谊组织，如海外华文女作家协会、世界华文诗人协会，以及 1992 年成立的世界华文作家协会等。这一个个区域性、世界性华人文化团体超越意识形态差异，以同宗同文的亲情和乡情为纽带，将散居于世界各地，在异质文化环境中为传播中华文化而孤军奋战的人们联合在一起，通过交流专业知识和心得联结友谊，并在相互切磋中为各自的工作汲取新的动力；在文化的凝聚力和向心力之下，推动海内外的炎黄子孙携手并肩，共创繁荣局面。如法国华人文化协会，1993 年初成立，宗旨是促进欧洲与中国之间的文化、教育、科技及经济方面的交流，成立以来曾多次组织文化交流活动和文艺演出：1994 年 1 月组织旅居巴黎的中国海峡两岸艺

术家联台演出，获得巴黎侨界的热烈称赞；1995 年 9 月 28 日在巴黎中国城举行庆祝孔子诞辰 2 546 周年纪念大会。

概括起来，今天海外华人文化组织的走向主要有以下几个特点：

（1）在内容上由单一化向多元化发展。过去老华侨还存在某种程度的落叶归根心态，不愿同化于当地，故建立了戏剧团、音乐社等文化组织，在远离家乡的异质环境中为传承中华文化开辟出一块园地。他们承传的文化往往具有浓厚的中国色彩，忽略对当地文化的包容与吸纳，具有一定的保守性。今天，绝大多数侨胞积极融入当地社会的现象同样反映在当代海外华人文化建设之中。他们在保留华族优良传统的同时，更加注重与当地文化乃至世界文化的交汇与融合。在文化创作中，各地华人都提出了把本地色彩融入到华人文化之中的口号，并涌现出一大批立足海外华人社会，具有鲜明时代精神及现实意义的题材。如表演娱乐类的文化组织，除原有的戏剧、音乐社之外，又出现了芭蕾舞团、管弦乐团等新生力量，以更为广泛的文化语言向人们展现中华文化。

（2）在形式上由内转向外。随着华人对居住国社会的进一步认识以及自身政治、文化素质的提高，他们逐渐认识到文化的差异性往往是造成种族隔阂的一个重要因素。于是，他们逐步走出唐人街，把在唐人街对家乡传统文化的纵向承传，拓展为向世界弘扬中华文化，加强与居住国乃至世界文化的横向交流。他们不但通过现代传媒向年青一代华人及当地群众介绍与推广中华文化，更积极投身于在各地举办的民间文化活动之中，其艺术视野及活动早已走出唐人街的狭小圈子。

（3）在宣传手段上不再自娱自乐，而是争取居住国政府和人民的支持，并积极吸收当地民众参与。华人文化社团还进一步提出以本民族优秀文化丰富接合居住国多元文化的目标，自觉发挥文化交流中的桥梁与纽带作用。

第六章
侨校与中国文化软实力的传播

随着中国综合国力增强、国际地位提高、文化影响力扩大、高等教育国际化发展，以及诸多相关华侨华人优惠政策的出台，越来越多的华裔子弟来华留学。华裔新生代是当前侨务工作与侨务理论研究的重要对象，这对今后推动海外侨务工作的开展，提升中国文化软实力具有一定的战略意义。与此同时，留学生（华裔学生）的跨文化适应问题也日益引起学术界关注。

第一节　中国实力日益增强与华裔学生来华留学热的兴起

20 世纪 90 年代以来，中国国内外环境发生了深刻变化。首先，中国综合国力快速提升，据中国社会科学院发布的《2006 年：全球政治与安全报告》可知，中国的综合国力在世界主要大国中排名第六位，并呈上升趋势；其次，中国国际地位显著提高，中国在处理全球与地区国际事务中发挥了积极作用，中国参与国际与地区政治、经济、军事、科技、文化等领域的交流与合作程度不断加深；最后，中外文化交流明显扩大，中华文化的国际影响力逐步增强。从 2004 年起至今，中国已在世界78个国家和地区设立了305所孔子学院（包括孔子课堂）[1]，并与法国、俄罗斯、希腊等国家先后互设了文化交流年。中国硬实力和软实力的提高增进了海外侨胞的民族自豪感和对祖（籍）国的文化认同。“祖国强大了，我们在国外觉得很有面子。在德国，很多老外都在学汉语，了解中国文化；作为中国人，自己的子女不会写中国字、说中国话，无论如何也说不过去。”一位在法兰克福做中德贸易的张女士说道，她的孩子现在在上海一所学校读小学。她认为，孩子回国读书能在两三种语言之间流利转换，从小培养对中国的感情，这种“中国背景”对他的成长很重要。[2] 很多华侨华人明显感受到作为炎黄子孙在居住国地位的变化。

中国海外第一所孔子学院在汉城（今首尔）挂牌

（图片来源：http：//news. xinhuanet. com/edu）

与此同时，中国经济的快速发展吸引了回国创业的“海归”人员人数大幅增加，他们的子女就学问题引起有关部门的高度重视。中国政府关于华侨华人来华留学优惠政策不断增多，教育国际化的迅猛发展也

---

① http：//www. kzxy. com. cn/Article/ArticleShow. asp？ArticleID = 14437。

② http：//www. 86cg. net/PDimmi/usa/qg/200604/29109_ 2. html。

吸引着越来越多的海外华裔子女来中国读书。2005 年，国家从战略全局的高度考虑，制定了台湾学生收费与大陆学生一样的国民待遇政策。2006 年，国家再次出台政策规定，港、澳学生以及华侨与内地学生一样享受国民待遇，实行同等收费标准。这些重大举措出台后得到广大港澳台侨同胞的热烈欢迎。与之俱来的是，回中国大陆就学的港澳台同胞及华侨华人子弟大幅增长。2006 年，华侨最高学府——暨南大学的外招生人数创历史新高，外招生总人数达 12 145 人，其中海外华侨华人学生逾千人。华裔新生代是侨务工作的重要对象，更是未来的重要侨务资源。他们来中国留学，其目的一方面与其他学生一样，是学习科学文化知识；另一方面，作为华族，他们又与祖（籍）国有着千丝万缕的感情，希望更多地感受祖（籍）国浓厚的民族文化。无疑，来华留学对其增强华族身份认同、中华文化认同将具有直接、深刻的影响。有哪些影响？如何影响？这也是目前侨务部门关于华裔新生代工作的一个重要内容。

当前，我国重视国家软实力的建构。侨务工作是软实力建设的重要一环。中华文化的传播需要走出去做工作，但做好这部分在中国大陆就学的华裔学生的工作，对今后传承与发扬海外的中华文化、提升中国国际形象、增强我国软实力具有战略意义。因为他们绝大多数在中国学成后回居住国，他们在中国受的教育学习和切身生活，将在其人生观、价值观和审美观等各方面留下深深的烙印。他们的影响力不仅仅只涉及个人，还将会发散至他们的家人、朋友，甚至更多的人。因此，深入研究华裔学生在中国大陆的学习、生活状况及其对中华文化适应以及认同变化的影响，从某种角度说，是海外侨务工作在国内的延伸。提高其对中华文化的认同感，不仅是当前侨务工作与侨务理论研究的重要内容，也对今后推动海外侨务工作的开展，提升中国软实力具有一定的战略意义。

留学生教育一直是个值得探讨的问题。而作为留学生中的特殊群体——华侨华人学生，更值得我们去关注。因为他们大多数人有一定的中华文化背景，部分是原先在国内读过幼儿园、小学甚至中学后出国

的。即使是在国外出生，父母甚至祖父母的中华文化熏陶也会对其产生一定影响。他们小时候出国学习生活，融入居住国文化习俗，可以说经历了一次文化生活的适应。但这并不能说他们再回到原先学习、生活过的地方就可以完全适应，有些学生可能仍然感觉难以适应中国大陆的学习与生活习惯，茫然不知所措，甚至申请转学、退学、休学等。学生的结构特征发生了变化，这不但要求我们调整相应的政策，更要求我们对此加以密切的跟踪研究。华裔学生回祖（籍）国就学，可以说是经历文化生活的二次适应。与他们受本土文化影响的“首次成长”相比，来中国留学的文化适应可以称为“二次成长”。但是华裔学生的文化适应变化与其他外国留学生有很大的不同之处，因为他们多数有一定的中华文化背景，有一定的华族身份认同。这些特点都值得我们去认真挖掘，以更好地制定相应的政策。

第二节　华裔学生来华留学文化适应的研究

与其他外籍留学生一样，华裔学生来华读书，客居他乡，进入一个新的环境，文化适应成为他们面临的第一个挑战。目前，随着教育国际化的快速发展，跨文化适应问题已引起高度关注，学术界对文化适应问题的论述也越来越多。

一、文化适应相关理论

文化适应是指处于不同本体文化的文化氛围中的主体逐步调整、接受、适应、融入该文化的渐进过程，是对“新文化的思想、信仰和感情系统及其交际系统的理解过程”[①]。道格拉斯·布朗（Douglas Brown）把文化适应分为四个阶段：兴奋阶段，即最初接触新文化时产生兴奋感

---

① Ellis, R., *Understanding Second Language Acquisition*, Oxford: Oxford University Press, 1985.

和幸福感；文化休克阶段，即发生文化冲突以及由此产生的对目的语文化的生疏感和抵抗情绪；文化初步适应阶段，也称文化紧张阶段；文化基本适应阶段。[①] 也有学者称之为蜜月期、危机期、适应期、双文化期。[②] 文化冲突和文化紧张是从接触一种新文化到适应这种文化过程中学习者必然经历的心理感受。布朗认为，相对于成年人而言，儿童能更早地完成文化适应的各个阶段，这是因为儿童对母语文化的意识程度较低，受母语文化的束缚较小，文化冲突和文化紧张的程度较轻，在社会文化方面的弹性相对较大。文化适应的进程既受客观环境的影响，也受行为者主观心理因素的限制。不同个体在文化适应的过程中阶段性差异明显，其结果也有很大不同。

相对于本土文化影响下的“首次成长”，这种进入另一种新文化（异域文化）时逐步适应的过程也被称为“二次成长”[③]。与本土文化适应不同，二次文化适应具有以下几个特点：①二次文化适应的目的更加明确。通常对将要接受的新文化与自己所熟知的文化之间可能有一定的差异有所了解（或心理准备）和期待。②接受主体的基础要比适应本土文化时高。主体一出生就已经生活在一个特定的文化背景中了，这种文化的影响是全方位、多角度的，并伴随着主体的成长、成熟而形成完整体系。而文化适应的主体通常生理、心理都很成熟，本土文化已经根深蒂固地植根于他的头脑中。③二次文化适应的接受是被动的。在“首次成长”中，主体对本土文化毫不察觉，文化的影响是潜移默化的，而二次文化适应时，第一反应就是抑制自己在本土文化中的做法，下意识地将两种文化加以比较，思考如何去应付。④二次文化适应过程中对异域文化的认同感普遍较低。由于主体头脑中本土文化已经根深蒂固并先

---

① Brown, H. D., Joyce Merill Valdes, *Learning A Second Culture*, *Culture Bound*, Cambridge: Cambridge University Press, 1986. 转引自吕玉兰：《来华欧美留学生的文化适应问题调查与研究》，《首都师范大学学报》（社会科学版）2000 年第 S3 期。

② Lysgaad, S., Adjustment in Foreign Society: Norwegian Fulbright Grantees Visiting the United States, *International Social Science Bulletin*, No. 7, 1955, pp. 45 – 51. 转引自任裕海：《论跨文化适应的可能性及其内在机制》，《安徽大学学报》（哲学社会科学版）2003 年第 1 期。

③ 董萃：《跨文化适应：异域文化中的“二次成长”》，《社会科学辑刊》2005 年第 3 期。

人为主地占据他的思想、影响他的行为，因此他会本能地按照自己所熟悉的一套模式和文化的规矩来处理问题。在异域文化中，即使人们对他的宽容度再高，他也会对该文化产生抵触情绪。有时甚至是期望值越高，认同感越低。[①]

认同是“一个认知过程，在这个过程中自我—他者的界线变得模糊起来，并在交界处产生完全的超越。‘自我’被归入‘他者’”。它是描述个人对社会影响反应的一个社会心理学概念。文化认同是指个人对某一民族文化的归属感。从适应到认同，这种渐增的相似性过程，被称为同化。社会学家英格尔将其定义为“当两个以上社会或小文化群体的成员相遇时可能发生的界线缩减的过程”。亚布拉姆森将它定义为“导致更大的社会同质性的过程”。[②] 对于一个族群来说，这一同质过程的终点是“族群和种族差别的消失，体现这一群体文化和社会特征的消失”[③]。

二、关于华裔文化适应的相关研究

华裔学生多数在居住国生活多年，其身份认同呈现极其复杂的情况。王赓武教授在20世纪80年代提出过东南亚华人多重身份认同的理论。他指出常见的多重身份认同有四种：国家认同、种族认同、阶级认同、文化认同。国家认同是指在政治上效忠居住国。种族认同是指对华人种族（或族群）的认同。阶级认同是指对华人的中产阶级经济规范的认同。文化认同有两类规范：“第一类是华人认为作为华人，对他们具有约束力的华人文化规范”，“包括学习华文，维持家庭关系（特别是通过遵从有关生育、婚、丧的规范来维持），以及对宗族、地域及其他加强华人社会团结的类似组织的支持。第二类是华人认为有用并有必

---

① 董萃：《跨文化适应：异域文化中的“二次成长”》，《社会科学辑刊》2005年第3期。

② ［美］马丁·N. 麦格著，祖力亚提·司马义译：《族群社会学》（第6版），北京：华夏出版社，2007年，第94页。

③ Alba, Nee, “Rething Assimilation Theory for A New Era of Immigration”, in Charles Philip Kasinitz, and Josh DeWind, *The Handbook of International Migration: The American Experience*, New York: Russell Sage Foundation, 1999, pp. 137 – 160.

要接受的那些现代文化规范”，“包括华人社会以外的教育标准和职业结构，还有非华语的外语技能，甚至还包括宗教皈依及所有各种反映多样化社会复杂性的社会习俗”。这些专业化的表述可以概括为：第一类可以看作中华传统文化规范，第二类则可看作现代中华文化规范。王赓武教授认为：“这四种认同的每一种，不论其为国家、文化、阶级还是种族，都有时被用来作为代表华人身份认同的一种新方式。不过一般说来，人们也都承认，绝大多数华人可能每一种认同特征都有一些，而这些概念没有一个足以表达实际上是多重认同这个混合体的全部意义。”① 绝大多数华人的身份认同实际上是多重认同的混合体。华人对自身认同的意识可以是重叠的，也可以因事态的变化而改变。华裔原有的文化认同与其种族认同和国家认同有着最为密切的关系。

有学者认为：“华裔留学生无论是在社会背景、价值观念、语言条件、行为规范等方面均与国内学生和非华裔留学生存在一定差异。”② 他们多数已从家庭、社区、华人社团、华文报刊、电视媒体等方面接受过中华文化较深的熏陶，很多人也不同程度地掌握了一些汉语。还有学者认为：“华裔学习汉语，经历了一个从被动地遵从父辈到个人主动地、自觉地、明确地对汉语——中华文化认同的过程。学习汉语的过程实际上就是对中华文化认同的过程。”③ 通过对印度尼西亚华裔的调查表明，华裔学生有比较强烈的华人认同意识。他们在宗教信仰、风俗习惯、人际交往方式等方面承传、保留了中华文化传统，而且比较强烈地认同这一文化传统，并通过认同华人文化来保持华人身份的认同。④ 厦门大学的李明欢等老师也对菲律宾华裔青少年汉语进修团的学生进行过问卷访

---

① 王赓武著：《中国与海外华人》，香港：香港商务印书馆，1994 年。转引自王爱平：《东南亚华裔学生的文化认同与汉语学习动机》，《华侨大学学报》（哲学社会科学版）2000 年第 3 期。

② 赵氚：《试论华裔留学生的特点、教育与管理》，《暨南学报》（哲学社会科学版）2001 年第 S1 期。

③ 王爱平：《东南亚华裔学生的文化认同与汉语学习动机》，《华侨大学学报》（哲学社会科学版）2000 年第 3 期。

④ 王爱平：《文化与认同：印尼华裔青少年调查研究》，《中国人民大学学报》2004 年第 6 期。

谈。他们在中华文化、身份认知、华文基础、教学及课程设置、管理模式等方面进行了统计分析研究，并对此项目提出了评估意见和建议。[①]

另外，还有部分关于外国留学生在中国学习的文化适应方面的论述，它们对华裔学生的文化适应问题研究也有一定的借鉴意义。主要有：袁慧的《从跨文化交际理论看如何提高留学生的适应能力》（《太原城市职业技术学院学报》2005 年第 1 期）、孟蕾的《跨文化视角下我国留学生适应辅助项目的发展》（《世界教育信息》2007 年第 6 期）、杨军红的《若干留学大国的留学生辅助项目研究》（《外国教育研究》2005 年第 5 期）、吕玉兰的《来华欧美留学生的文化适应问题调查与研究》（《首都师范大学学报》2000 年第 S3 期）等等。

以上论述从多方面研究了华裔学生的文化背景及文化适应特点，但多数局限于华裔学生中的部分群体或某些方面，重视个案分析。在一个学校里，来自各个国家、各个阶层的华裔学生都有，多样性特征非常明显。尽管很难统一，但仍需要我们对其有一个比较综合的把握。长期以来，我国高校的留学生管理工作多侧重于硬件建设，如为留学生尽可能地提供舒适的生活服务设施、改善教学设备等，但在软环境的建设上还有所欠缺。

文化适应是双向的，是两种或两种以上的文化在相互接触的过程中产生的种种反映。[②] 我们在教育华裔学生如何适应中国环境、文化的同时，也必须了解、适应华裔学生已有的文化特点，以制定更加适宜的制度措施，使华裔学生尽快适应在中国的学习生活，增进对中华文化的了解，学习后对祖（籍）国留下美好印象，以提升他们的华族身份认同与民族文化认同。

---

① 李明欢等：《菲律宾华裔青少年汉语进修团项目评估报告》，国务院侨办政研司编：《中国和平发展与海外华侨华人研讨会论文集》，2005 年。

② 曹云华著：《变异与保持——东南亚华人的文化适应》，北京：中国华侨出版社，2001 年，第 24 页。

第三节 多样性特征：对华裔学生文化适应的调查与分析

一、调查研究的动机与情况

暨南大学研究华裔学生问题有一定优势，因为学生人数比较多，国别来源广。由于华裔学生人数较多，住宿又比较分散，并且考虑到学生的一些实际问题，做问卷调查时不可能涵盖全校华裔学生，所以确定问卷调查人数约为 200 人。调查对象的选择属于随机抽样，但同时考虑了国籍、地区、性别、年级等参数比例，以期使之尽可能地客观、全面。

整个调查活动历时 2 个月，共发出问卷 180 份（不包括第二次访谈），收回 130 份，其中英文 28 份、中文 102 份。受访对象中，华侨 35 人，占 27%，华人 74 人，占 57%，未注明身份者 21 人，占 16%；男生 69 人，占 53%，女生 61 人，占 47%；生源地共有 24 个国家，主要包括：印度尼西亚（32 人）、马来西亚（11 人）、缅甸（14 人）、菲律宾（6 人）、泰国（15 人）、越南（5 人）、老挝（3 人）、新加坡（2 人）、日本（5 人）、韩国（3 人）、朝鲜（1 人）、蒙古（2 人）、美国（4 人）、加拿大（3 人）、苏里南（4 人）、哥斯达黎加（3 人）、巴拿马（1 人）、几内亚比绍（2 人）、毛里求斯（1 人）、英国（3 人）、瑞典（4 人）、比利时（2 人）、澳大利亚（2 人）、尼日利亚（2 人）。

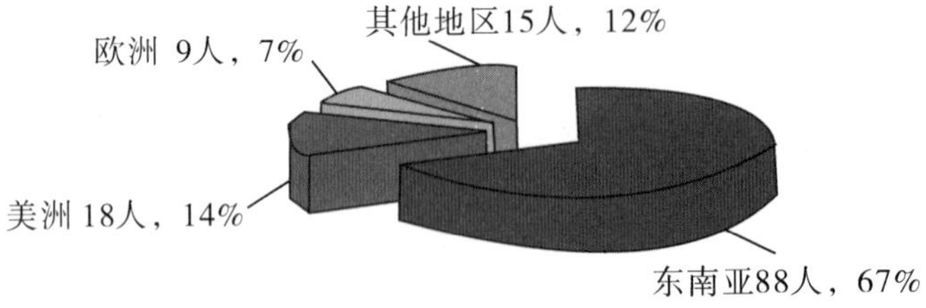

图 6－1 被调查华裔学生生源分布情况

在学生的学龄分布方面：预科学生 67 人，占 51.5%；一年级学生 20 人，占 15.4%；二年级学生 30 人，占 23.1%；三年级学生 8 人，占 6.2%；四年级学生 5 人，占 3.8%。

二、调查研究的主要内容

根据华裔学生文化适应的有关实际情况，结合相关的文献参考，确定调查内容，主要关注学生的来华学习动机情况、中华文化知识背景、学校食宿条件满意度、学习环境和学校教学制度、校园文化的参与度、人际关系与社交方面、留学前后感受比较等模块。调查问卷共设计了 33 个问题，问题的设计思路涵盖了一条时间线索，即作为主体的华裔学生适应新文化的整个过程。

三、对调查访谈内容的分析

模块一：来华学习动机情况

1. 您为什么选择来中国大陆学习？

A. 喜欢中华文化　　B. 学费便宜

C. 入学成绩要求低　　D. 为了今后更好的发展

2. 您是怎么选择来中国大陆学习的？

A. 父母选择的　　B. 自己选择的

C. 朋友推荐的　　D. 通过广告宣传得知

3. 您对中国的了解主要是通过何种方式获得的？

A. 课堂学习　　B. 父母朋友告知

C. 自学　　D. 各种媒体宣传

在问及为什么来华读书时，85% 的学生回答是为了今后更好的发展，只有 10% 是喜欢中华文化。有 55% 左右的学生是自己选择来华读书，30% 左右是父母选择，15% 是朋友推荐或通过广告宣传得知。可见，华裔学生来华读书比较务实，有较明确的目的，并且多数学生是根据自己意愿选择而来的。

模块二：中华文化知识背景

4. 来中国之前，您了解中国吗？

A. 非常了解　　B. 一般了解

C. 不太了解　　D. 非常不了解

5. 您对中文的掌握程度如何？

A. 非常熟练　　B. 一般

C. 一点点　　D. 完全不懂

6. 您认为中文对您（华裔）重要吗？

A. 非常重要　　B. 一般

C. 不重要　　D. 不知道

7. 您了解以下一些知识吗？请在以下括号中填上相应选项前的字母：

非常了解（　　　　）比较了解（　　　　）

不太了解（　　　　）完全不了解（　　　　）

A. 商鞅变法　　B. 贞观之治

C. 鸦片战争　　D. 辛亥革命

E. 五四运动　　F. 卢沟桥事变

G. 抗日战争　　H. 解放战争

I. 大跃进　　J. 改革开放

K. 京剧　　L. 针灸

M. 北京烤鸭　　N. 中华武术

O. 中国古代四大发明　　P. 儒家思想

Q. 民主集中制　　R. 人民代表大会制度

S. 上层建筑　　T. 公有制

8. 您对中华文化中哪些部分最感兴趣？

A. 历史文化　　B. 思想政治文化

C. 饮食文化　　D. 民间艺术文化

E. 其他方面______

此模块选取了中国文化各方面的一些重要名词作为参数进行调查。结果表明，华裔学生对这些知识的了解水平差异较大，马来西亚、新加坡及部分欧美学生了解相对较多，而印度尼西亚等国的华裔了解偏少。很明显，这与华文教育、中华文化在当地的传播程度有密切关系。马来西亚一直重视华文教育，华文水平很高。新加坡也实行双语制，在华族当中华文水平也较高。欧美国家多数是新移民或第二代，其父母中文水平一般也较高，所以中文底子还可以。而印度尼西亚由于实行禁止华文政策数十年，尽管目前有所放开，但仍然青黄不接，所以多数学生对华文知之甚少。多数学生对饮食文化、民间艺术文化以及历史文化了解较多，兴趣较大，而对思想政治文化了解最少，兴趣也最低（见图6－2）。另外，语言的掌握程度与文化的了解存在一定联系。中文水平越低者了解越少。不过，多数学生对中文的重要性有一定认识，认为语言对自己的身份认同很重要。

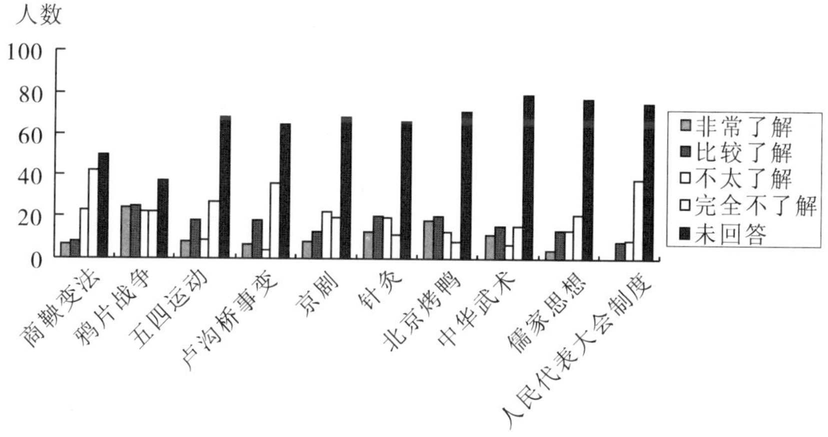

图6－2　华裔学生对中华文化名词的了解情况

模块三：学校食宿条件满意度

9. 初来中国大陆，您在生活、学习上适应吗？

A. 很适应　　B. 比较适应

C. 不适应　　D. 非常不适应

10. 您大概用多久适应这里的生活和学习？

A. 1 个月　　B. 3 个月

C. 6 个月　　D. 1 年

E. 一直没有适应

11. 您对学校食堂的饭菜和管理满意吗？

A. 非常满意　　B. 满意

C. 不满意　　D. 非常不满意

12. 您经常就餐的场所是：

A. 食堂　　B. 校外小吃店

C. 叫外卖　　D. 自己做

13. 您向学校提过意见吗？

A. 经常　　B. 偶尔

C. 1 次　　D. 从来没有

14. 您是住在：

A. 校内宿舍　　B. 校外租房

C. 亲戚朋友家　　D. 校内校外都有房间

15. 您认为学校安排的宿舍如何？

A. 很好　　B. 一般

C. 不好　　D. 很差

16. 您对学校管理制度有何看法？

总体而言，学生对学校食宿条件的满意与不满意态度比例差不多。不满意方面主要是学校食堂卫生以及宿舍管理制度方面存在不完善之处（见图 6－3）。在地域分布上不均，东南亚地区学生的不满意度比其他地区学生的不满意度要高很多。据部分长期从事华裔学生教学的老师反映，这可能与东南亚学生对中国的已有“刻板印象”有关，他们多数对来华学习条件的期望值比较高。

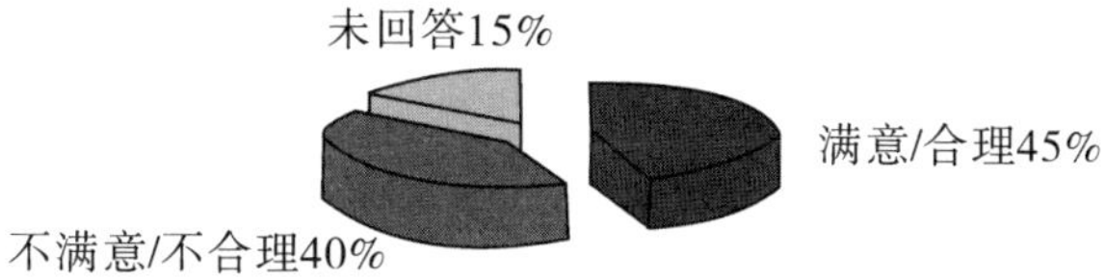

图 6－3　食宿条件满意度情况

模块四：学习环境和学校教学制度

17. 您对所学专业的课程设置有何看法？

A. 合理　　　　B. 比较合理

C. 不合理　　　D. 非常不合理

18. 您对学校教师的教学方法有何看法？

A. 合理　　　　B. 比较合理

C. 不合理　　　D. 非常不合理

建议：________________

19. 您喜欢下面哪种课堂教学模式？

A. 老师一直讲、学生不讲　　B. 老师多讲、学生少讲

C. 老师少讲、学生多讲　　D. 老师讲一半、学生讲一半

20. 您对学校的学习环境有何看法？

A. 非常好　　　B. 好

C. 不好　　　　D. 非常不好

关于课程设置和教学方法方面的调查结果反映较好，68% 的学生认为合理或比较合理，只有 12% 的学生认为不合理或很不合理，20% 的学生没有回答（见图 6－4）。其中预科生和一年级学生的满意度达 90% 以上。

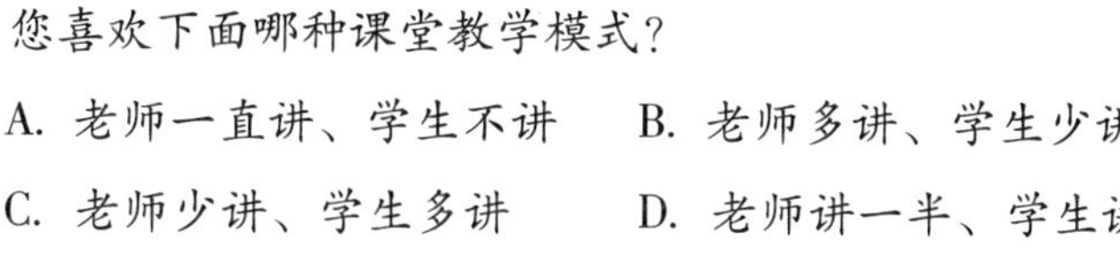

图 6－4　课程设置与教学方法满意度情况

模块五：校园文化的参与度

21. 您对学校开展的各项文化活动（例如：土风舞、北极光、辩论赛等）印象如何？

A. 非常喜欢　　B. 一般

C. 不喜欢　　D. 无所谓

22. 您对学校现在的文化活动（例如：北极光、辩论赛等）在数量上有什么看法？

A. 很不够，应该再增加一些　　B. 不够，还可以增加一些

C. 刚好，就这样　　D. 有点多了，应该减少一些

E. 太多了，应该大量减少　　F. 无所谓，不关心

23. 您参加过学校开展的校园文化活动或文化社团吗？

A. 经常　　B. 偶尔

C. 从来没有　　D. 不感兴趣

24. 您觉得能在校园文化活动中有很大收获吗？

A. 很多　　B. 一般

C. 很少　　D. 完全没有

25. 您对学校目前开展的“中华文化之旅”活动印象如何？

A. 很满意　　B. 不满意

C. 不感兴趣　　D. 很想参加

26. 您最想参与哪方面的文化社团？

A. 中国文化方面　　B. 外国文化方面

C. 本国文化方面　　D. 其他方面

华裔新生对校园文化的期望较高。部分学生虽然从没有参加校园文化活动，但流露出强烈的参与愿望。不过，在分析大二以上学生的问卷后发现，多数学生对校园文化活动感到失望。约 50% 的学生表示不感兴趣或没有收获，40% 左右的学生表示自己偶尔参加或收获一般，只有 10% 的学生认为有收获，经常参加。90% 左右的学生希望能够参加中国文化社团或外国文化社团，希望学校加大宣传力度，增设一些文化宣传栏。

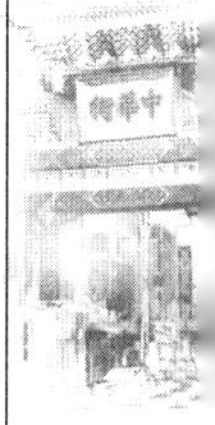

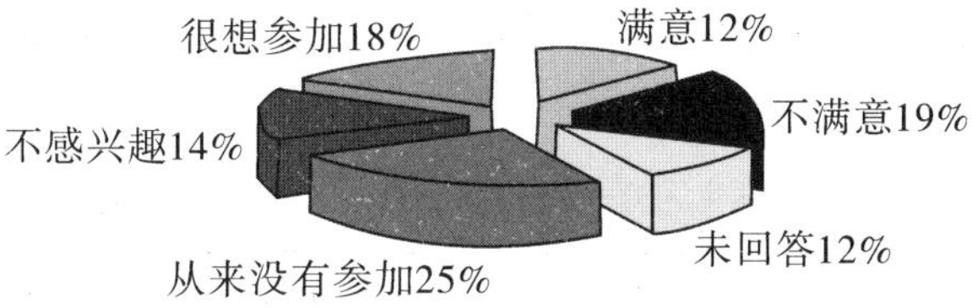

图6－5　华裔学生对校园文化的参与满意度

模块六：人际关系与社交方面

27. 您与班上同学相处如何？

A. 很好　　B. 一般

C. 不好　　D. 很差

28. 您喜欢与老师交流吗？

A. 非常喜欢　　B. 一般

C. 不喜欢　　D. 从来没有

29. 课余时间，您更多地会和什么人在一起？（可多选）

A. 以前就已经认识的好朋友

B. 来到中国后认识的内招新朋友

C. 来到中国后认识的外招新朋友

D. 师兄、师姐

E. 比较喜欢自己一个人

F. 其他______________

华裔学生来华读书，人生地不熟，部分学生在语言上还存在障碍，所以社交活动圈相对较小，一般限于老师、同学、老乡之间。从问卷分析情况来看，师生之间、同学之间特别是来自同一国家同学之间的交流比较多。其中新生与老师、同学的交流次数又普遍比老生要多。另外，华裔学生很想与中国内地学生交流，但由于缺乏沟通渠道，相互间有时会形成排斥心理。部分华裔学生认为，内地学生学习太刻苦，不太喜欢参与集体活动，奉献精神较差，多关注个人事务。而内地学生又认为外招学生（包括部分华裔学生）有一定的优越感，有些学生甚至不愿意与他们交往；而有些学生举止比较夸张，甚至让人难以接受。

华裔学生人际关系与社交情况（人数/比例）

	经常	偶尔	未回答
人际关系与社交	44（33.8%）	76（58.5%）	10（7.7%）

模块七：留学前后感受比较

30. 您回居住国会向亲戚朋友介绍中国的情况吗？

A. 经常　　B. 偶尔

C. 从来没有

31. 您会介绍居住国朋友来中国大陆留学吗？

A. 肯定会　　B. 也许会

C. 不会　　D. 没考虑过

32. 您来中国留学后感觉与来之前相比怎样？

A. 感觉更好　　B. 差不多

C. 感觉更差　　D. 没比较过

33. 您来中国读书后，留给您最深刻的印象是什么？

从调查情况可以看出，来华学习对提升华裔学生的中文水平、中华文化了解程度有重大意义。多数学生表示毕业后会向朋友、同学介绍中国，并且如果今后母校举办活动，一般都愿意参加，甚至提供一定的帮助。

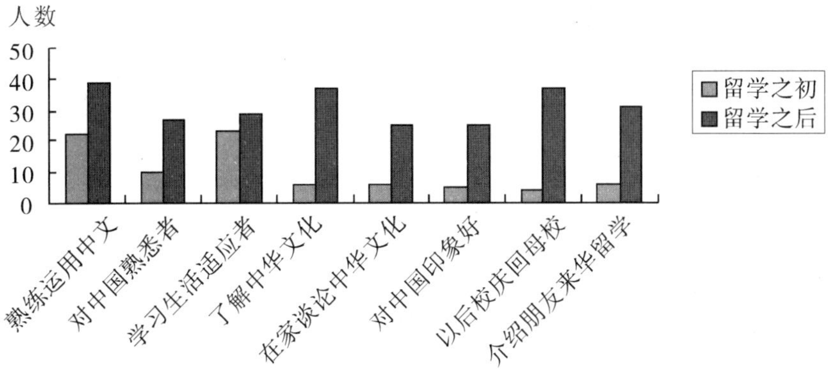

图 6-6　华裔学生留学前后文化适应情况比较

四、华裔学生文化适应的特点

（一）中华文化背景层次的多样性

华裔学生来源的多样性导致群体的文化背景多样性，文化适应的起点不一。有些学生甚至是在中国读过小学、中学后出去的，所以他们很容易适应环境。而有些学生对中国了解甚少，又不懂中文，与其他外国留学生差不多。

（二）文化适应过程表现的多样性

这首先与群体本身中华文化背景的多样性有关，同时又与个体的母文化特征有关。文化适应理论观点认为，母语文化和目的语文化（对于第二语言学习者来说）之间文化差异的大小同文化适应问题有紧密联系。差异越大，文化适应的过程越典型。[①] 在调查中发现，来自泰国、新加坡、印度尼西亚等地的学生适应较快，一般 1～3 个月可以适应，而马来西亚和缅甸的学生相对较慢，多数学生要 6～12 个月才能适应。在这些国家学生的问卷中，回答适应时间 1 个月者 19 人，3 个月者 17 人，6 个月者 5 人，1 年者 11 人，一直没适应者 4 人。但总体而言，较其他外籍学生时间短。

① 吕玉兰：《来华欧美留学生的文化适应问题调查与研究》，《首都师范大学学报》（社会科学版）2000 年第 S3 期。

（三）对不同方面适应的多样性

学生的适应问题涉及生活、学习、社交等多方面。有些学生容易适应生活环境，但不适应学习环境；有些学生很容易适应学习环境，却对生活环境不满意。即使来自同一个国家或地区的学生，在适应过程中的反应也呈现出多样性。对学校饮食不适应的学生80%左右选择去校外餐馆，10%左右自己做，10%在食堂吃。70%左右的学生对住宿管理不满意，但只有10%左右选择去校外住。90%左右的学生从来没有向学校提过意见或建议。这一方面说明学校与华裔学生的沟通渠道较少，另一方面也说明华裔学生在文化休克阶段对问题多采取避让、容忍和自我保护的态度。针对这种现象，希望学校加以关注。

（四）文化适应结果的多样性

30%左右的学生来中国读书后感觉比之前更好，60%左右感觉差不多，10%左右感觉更差。新生的感觉一般比较好，这可能与其处于蜜月兴奋期的状态有关。老生的感觉较差些。缅甸、泰国以及东南亚以外地区的学生感觉较好，马来西亚学生感觉较差。感觉好的学生基本上都会向家人介绍中国的情况，推荐朋友来中国读书。

（五）华裔学生对中华文化有一定的认同感、责任感

80%左右的学生认为中文对华裔非常重要，20%左右的学生认为一般重要。这说明华裔学生尽管远离中国，但大多数人有较强的华族身份认同感，对汉语以及中华文化仍有本能的认同倾向。多数学生对中华文化比较关注，很多人想参加"中华文化之旅"活动。另外，有些学生还对中华文化的发展表示担忧。一位学生这样写道，"中华文化受到日韩美欧文化的影响，许多东西已不复存在，让人痛心"，体现出其基于民族身份认同而产生的责任感。

第四节　环境与认同：对华裔学生文化适应的路径分析

同化理论认为，同化可以分为四个相互关联但又不同的层次和维

度：文化、结构、生物、心理。对华裔学生而言，一般只需关注前面两个维度。文化同化的过程也被称为文化适应，意味着一个族群会有其他族群的文化特征，如语言、宗教、饮食等。一般都是被支配（弱势、少数）群体学习支配群体的文化特征，当然在相反的方向上也有些交流。结构同化指的是不同族群之间社会交往程度的加深。其主要发生在两个不同层次上：初级的（非正式的）和次级的（正式的）。初级关系指在相对较小而且亲密的群体内发生的关系，特别是家庭和朋友圈子。这些群体成员之间有着情感纽带，因而关系是亲密的、持久的。相反，次级关系发生在大的、非个人性的机构，如学校、工作场所或政府内。这些群体是有目标的，要满足某些实际的、具体的社会需要，成员之间的关系因而是正式的而非情感的。[①] 次级结构中成员的正式和非情感关系也可能会因为经常的交往而转变为初级的非正式和情感关系。在社会生活中，与支配群体成员的交往越密切，结构同化的程度就越高。在关于同化阶段理论方面，戈登认为，文化适应虽然是对下一阶段的预备，却并不确保进入下一阶段。该群体可能在行为和价值观上变得与支配群体非常相像，但在结构上仍然相隔离。一旦结构同化开始发生，不论是与文化同化同时发生还是在其之后，所有其他类型的同化都会自然地随之发生。[②]

文化适应的完成有赖于内因和外因的共同作用。其动力一方面来自自身的努力，另一方面来自社会环境。也就是说华裔学生来中国学习后对中华文化的认同与其个人原有的文化基础有关，但在更大程度上与其接触的学校环境和社会环境影响有密切联系，即结构同化层次。这也是华裔学生来中国留学与不来中国留学对中华文化认同的区别所在。

华裔学生在中国学习，与同学、老师、朋友以及社会等建立的关系网络主要包括班集体关系网络、校园社区组织网络、学生会组织网络以

① ［美］马丁·N. 麦格著，祖力亚提·司马义译：《族群社会学》（第6版），北京：华夏出版社，2007年，第95页。

② ［美］马丁·N. 麦格著，祖力亚提·司马义译：《族群社会学》（第6版），北京：华夏出版社，2007年，第99页。

及其他关系网络，这些是影响其文化适应与认同的最重要的结构性因素。

一、班集体关系网络

这是华裔学生来中国面临的第一个结构同化上的初级层次网络，也是与其学习、生活关系最密切、影响最持久的网络。具有高度凝聚力和集体荣誉感的大学班集体往往可以给人留下终生的美好回忆，而同学之间的真挚情谊往往使大家成为一辈子最真诚的朋友。一般而言，班集体成员之间交流越密切、活动越多，成员的认同感越强。80%以上的受访学生表示对班集体建设很关心，希望能与班上学生加强相互学习与交流。但多数学生承认与外招生交往较多，中国内地学生尽管比较友好，但社交活动参与较少，与外招生交流不多，很多人只专注于自己的事情。

二、校园社区组织网络

这是华裔学生课余活动参与的主要空间，同样也是他们可以根据自己兴趣爱好参与的初级结构。目前很多学校管理采取社区组织活动形式。如暨南大学有吉他协会、艺戏剧坊、书画协会、创意与实践协会、国际舞蹈协会、电影协会、折纸协会、法律援助中心、青年会计学社、音乐爱好者协会、定向越野旅游协会、自行车协会、乒乓球协会、羽毛球协会、毽球协会、排球协会、网球协会、京昆协会、模拟联合国协会、攀岩协会、记忆协会、职业发展与创业协会、市场营销青年学会、电脑协会、日语俱乐部、天元棋社、暨南剧社、公共关系协会、爱牙协会、集邮协会、暨大动漫社、街舞协会、英语口语俱乐部、猎狐无线电协会、心理协会、Fashion Design Association、X-Game、TG-SKATE滑轮等组织。学生社区每年都要举办几次大型的社区文化节，同时吸引众多兴趣爱好者参与各种协会。90%左右的华裔学生流露出对中华文化的喜好倾向，希望能够参与自己感兴趣的文化社团。可以说，社区活动组织为华裔学生尽快适应、融入校园生活，了解中华文化和其他多元文化搭建了一个非常广阔的平台。很多华裔学生通过社区活动结识外系朋友，扩大了人际交往网络。但是，由于有中华传统文化特色的组织偏少，同时缺乏较高水平老师的指导，部分学生对文化活动存在一定的失望。

三、学生会组织网络

这是一个覆盖整个学校，并且与外界交流比较广泛的网络系统。多数华裔学生至少参加了一个学生会组织，尤其是国别分会（如暨南大学学生会马来西亚分会等），或者经常被邀请参加一些活动。由于国别分会是由来自同一国家的学生组成，因此比较容易融入。此网络对于华裔学生扩大对外交往，更深入地接触外界社会环境有一定帮助，但由于成员文化的相近性，又在某种程度上制约了他们对多元文化的认识，以至于很多人只是笼统地认为“中华文化优秀”，具体而言就不知所云。

以上三个网络基本上涵盖了华裔学生学习生活 80% 以上的时间和空间。当然还有少数学生参加了一些社会组织。环境对认同的影响是潜移默化的。观念是在大家彼此的日常生活学习交往中逐步地建构的。通过调查发现，多数华裔学生在留学之后，中文水平有明显提高，对中国了解增多。多数华裔学生感觉老师和同学都很关心他们，认为中国人很珍重友情，如果今后举行同学聚会或校庆等活动，会尽量参加，对中国的总体印象比来之前有所改善，对中华文化的评价比较高，90% 以上的学生认为中华文化比较优秀（抽样对象多为大三、大四华裔学生）。多数学生希望加强中国历史文化方面的教育。另外调查还发现，一般参与社团或其他集体活动较多的学生，其对中华文化的认同感较强。也就是同化理论中讲到的，在社会生活中，和支配群体成员的交往与同化存在正向关系，交往越密切，结构同化的程度就越高。因此，要提升华裔学生对中华文化的认同可以从其多重社交网络入手，采取灵活多样的形式，推动与吸引华裔学生与中国学生的接触与交流，提高其初级结构和次级结构的参与度，交往越密切，同化程度自然越高。

第五节　侨校推动华裔学生中华文化认同的对策思考

华裔学生的中华文化适应与认同问题有其特殊性，但同时也有一定的规律性。结合其文化适应特征，在做好个别特殊对象工作的同时，我们也得出一些可采取的普遍性对策建议。

（1）学校最好在华裔学生入校时对其文化背景进行摸底调查。文化背景的不一使华裔学生的文化适应呈现出多样性特征。这是问题的特点，也是问题的难点。学校可以首先对其进行初步筛选，然后分层次灵活辅助，这样更有利于华裔学生尽快适应学习、生活。对于对中华文化了解较少的某些国家的学生还可集中强化培训，如进行简单的口语训练等。

（2）要根据文化适应的阶段性特征采取相应的措施。第一阶段是蜜月兴奋期，应充分把握学生的猎奇心理、旁观心态以及生活中的不适应感，进行适当的入学教育和中华文化概况以及国情教育，使之对中国有一个相对客观完整的认识。第二阶段是文化休克期，学生的情绪不够稳定，多数学生思乡、沮丧、无学习兴趣，甚至表现为易怒、烦躁、自我封闭等。这一阶段非常关键，它影响到文化适应的主体是走向融合还是隔离的状态。因此，必须高度重视。学校可以采取一些主动的措施，推动师生之间、同学之间的交流。在教学方法上，应灵活多样。同时也应该让学生自己认识到这种现象的普遍性和客观性，不至于自暴自弃。第三阶段和第四阶段，学生的状态逐步走向相对稳定，但同时也是比较漫长的。我们要在教学、管理等方面提升华裔学生对中华文化的内涵、价值观念的认识。

（3）加强华裔学生身份认同、中华文化意识的培养。这是与其他外籍学生的最大区别所在。学校可以在学生入校初期采取适当措施（如开设专门针对华裔学生的短期培训班），增强华裔学生的身份认同感，进而逐渐过渡到基于自身的身份认同而产生的一种文化认同。华裔学生

虽来自不同的社会，有着不同的生活方式，但是几乎都有着共同的家庭特征：家庭成员间的关系非常密切，他们一般都把家庭利益放在个人利益之上。这种家庭背景下长大的华裔学生对汉语及中华文化的接受程度、认可程度都远远高于非华裔学生。“是华人就应该学习汉语”使华裔学生基于种族认同和对中华文化的认同产生汉语学习动机，这一动机对于东南亚华裔留学生这个群体是相同的，也是与其他留学生学习群体的不同之处。[①] 另外，激发华裔学生的身份认同，有助于增强他们传承中华文化的责任感、使命感。但在此事上，不宜过分突出文化同化以及政治认同等事宜，否则，容易带来负面效应。

（4）完善、改进教学模式、方法，优化课程结构，激发华裔学生的学习兴趣。课堂是学生了解、掌握中华文化知识最重要的场所。课堂的学习效果与教师的教学模式、方法等息息相关。华裔学生对授课方式、教学内容等方面还是有很多看法的，并且相当一部分还是应该引起学校重视。教师要不断提升自己的教学艺术水平，讲究课堂效果。同时，文化适应的过程是双向互动的。教师不仅要在课堂上为学习者提供中国主流文化的范例，也要主动了解学习者的母文化，提供多国文化范例，甚至请他们提供案例，以激发其学习兴趣，使其增强对中国文化的认同感。多数学生提出对中国历史文化感兴趣，因此，学校应该进一步调整相关文化课程结构，优化教学内容。

（5）帮助华裔学生拓展文化适应路径，进一步发挥华裔学生社团的作用，让高年级学生做新生的“文化适应导师”。学生社团是学生的自我管理组织，也是心灵交流的重要平台。它具有较强的自我学习、自我教育、自我成长的功能。很多在课堂等其他场合不能学到的东西，却可以在社团中获取。华裔学生社团具有一定的传统性、排他性，在某种程度上是华裔学生在外学习、生活的第二个大家庭，具有较强的亲和力与凝聚力。很多学生有困难可能不找老师、同学，而寻求社团解决。因

---

① 黄海蓉：《东南亚华裔青少年群体特征与短期汉语教学特点》，《广西教育学院学报》2006 年第 4 期。

此，学校应该正确引导华裔学生社团，通过召开文化适应经验交流会，选择高年级学生做新生的“文化适应导师”等措施增加华裔新生的对外交流，扩大他们的交际圈，在初级结构层面上促进他们适应新文化环境。在一些生活、学习问题上，学校还应该增加交流平台，提高华裔学生解决问题的参与度，及时了解信息反馈。

（6）增加具有中华文化传统特色的社团和活动，推动、吸引更多的华裔学生参与。从调查结果看，华裔学生对校园文化活动的参与度不高。目前很多高校重视多元文化的推动，往往在校园文化建设中渗入了很多外国文化的元素，而忽略了中华文化的本色。很多国内学生对国外文化了解很深，而对本国文化却知其然而不知其所以然。这在一定程度上是一种民族文化教育的失败。所以，国内高校应该重视本土文化的教育。如暨南大学这样多元文化气氛浓厚的高校，更应该加强传统特色文化的教育，否则学生很容易被其他国家文化影响，华裔学生来华学习中华文化的目的也可能难以实现。鉴于此，学校可以采取增设“传统文化社团”，举办“中华文化节”、“中华文化游艺节”等手段，以保持校园文化中中华文化的主体地位。

（7）加快开发、完善学校留学生辅助项目的建设。留学生辅助项目是为帮助留学生适应新的学习和生活环境而开展的系统性活动。目前美、加、澳等一些留学大国在这方面开展较早，并取得了较好效果。其内容主要包括：①提供衣食住行方面的信息，帮助留学生处理日常的个人事务；②加强语言培训，为那些不能用当地语言顺利交流的学生提供语言辅导；③创造机会，帮助留学生尽快融入当地社会；④指导留学生进行学业准备；⑤帮助留学生了解所在国的法律规定和规则；⑥注重对学生心理适应过程的干预，设立专职咨询教师或者辅导专员。[①] 这些经验都值得我们去学习借鉴，并结合本校实际和华裔学生的多样性群体特征，制定具体的措施。

---

① 孟蕾：《跨文化视角下我国留学生适应辅助项目的发展》，《世界教育信息》2007 年第 6 期；杨军红：《若干留学大国的留学生辅助项目研究》，《外国教育研究》2005 年第 5 期。

地区国别篇

第七章
美国侨胞与中国软实力

美国华侨华人在自身发展和促进当地社会经济文化发展的同时，也在文化、经济、社会乃至政治等各个领域直接或间接参与协调中美关系，加深中美之间的了解，促进中美合作及两岸关系的改善，并传播中华文化。所有这一切都或多或少地提升了中国形象，增强了中国软实力。

第一节　美国华侨华人概览

美国是一个移民国家，华侨华人也是美国移民大家庭的成员之一。华人移民美国可以追溯到18世纪80年代，但华人大量进入美国发生在19世纪40年代加州“淘金热”出现以后。在20世纪，进入美国的中国移民逐渐增加，自20世纪中期开始更明显增长。据美国人口普查局的统计，来自中国的移民从20世纪最初10年的2.06万人增加到80年代的34.7万人。①

随着华人移民的大量增加，美国华侨华人人口也迅速增加，从

① U. S. Bureau of the Census, “20th Century Statistics”, *Statistical Abstract of the United States*: 1999, table 1416, p. 872.

1860年的3.5万人增加到1950年的15万人。[①] 美国人口普查结果显示，1980—2000年，华裔人口增加了192.27万人，达到270万人，其中230万人为单华裔，另有40万人为华裔与其他族裔的混血人口。[②] 美亚裔权益团体联盟于2011年10月26日发布的一份最新报告显示，美国华人人口已突破400万，是最大的亚裔族群。这份报告以2010年美国人口普查和2007—2009年的社区调查数据为基础，是迄今为止关于华人和亚裔发展状况的最全面报告之一。人口普查发现，美国华人人口达到402.5万，约占亚裔总人口（1 732万）的23.2%。[③]

美国华侨华人不但人口增长快，其社会经济地位乃至政治影响力也在上升。

第一，美国华侨华人社团增长迅速。华侨华人社团是华侨华人社会的核心和缩影，其发展壮大是华侨华人力量增长的表现。据台湾地区"侨务委员会"2007年侨务统计年报，20世纪70年代中期，美国侨团有约900个，到2007年底增至2 740个，分为综合团体、社会团体、区域团体、宗族团体、职业团体、工商业团体、体育文化团体、康乐团体等。

第二，美国华侨华人社会经济状况的巨大改变。早年的华侨华人大多为低技术劳工，从事餐饮等职业。而今的华侨华人，除了低技术劳工，也大量涌现专业人士，其中不乏科技和文化精英。据美国人口普查局统计显示，约有48%的华人受过高等教育，这一比例几乎高出全美相应人口的一倍；华人移民就业者中，约四成从事专业技术及管理业，高出全美相应就业者4～15个百分点；而华人的家庭收入中间线约高出

① U. S. Census Bureau, "The Nation's Asian and Pacific Islander Population: 1994", *Statistics Brief*, November 1995, p. 4; Jessica S. Barnes, Claudette E. Bennett, "The Asian Population: 2000", table 4, U. S. Census Bureau, February 2002, p. 9; Douglas L. Anderton, Richard E. Barrett, Donald J. Bogue, *The Population of the United States*, New York: Free Press, 1997, p. 11.

② Jessica S. Barnes, Claudette E. Bennett, "The Asian Population: 2000", U. S. Census Bureau, February 2002, pp. 7-8.

③《研究指美国华人突破400万 全美238万华人会讲中文》，中国新闻网，2011年10月27日。

全美相应人口 1 万 ~2 万美元。①

就华人企业而言，美国华商接近 25 万家，接近美国华人人口的 10% 。②美国华商与东南亚华商相比历史短，实力小，但新一代美国华裔受教育程度高、分布广，美国又是国际商务中心，科技发达，资讯灵通，处于世界经济制高点。所以，美国华商在世界华人经济体中占据一定地位。这里特别值得一提的是美国华人科技人才对美国乃至世界的影响力。以世界著名高科技中心硅谷为例，其 2/3 的科技人员是华人和印度人，一半公司是由华人和印度人创办或担任首席执行官。其中，由华人创办或担任首席执行官的公司就有 3 000 多家，并在不同时期涌现出一批华人科技精英，如硅谷地区华人高科技创业先驱李信麟，Electronic Speech Systems Technology 公司的董事长兼首席执行官陈兆良，全球最大门户网站雅虎的创始人杨致远，全球最大中间软件公司 BEA 共同创始人兼 CEO、总裁庄思浩（Alfred Chuang）等。③

第三，美国华人政治影响力的增加。随着华人人口的增加，经济力量的提升，以及华人参政意识的增强，美国华人的政治影响力也在提升。这具体体现在华人参加选举登记和投票人数的增加、民选及获得任命官员人数上的增加、华裔捐款的影响、华裔组织的增加、参加政党活动及华裔精英和当选官员的参政动员等方面。④

美国华侨华人社会经济地位的上升和政治影响力的增强，在美国社会树立了很好的形象，也为美国华侨华人参与构建和发展中国软实力奠定了很好的基础。

① U. S. Census Bureau，"Profile of Selected Economic Characteristics：2000"，Summary File 3. 转引自［美］尹晓煌：《"当事者明"：浅谈美国华人移民对中美关系之参与及影响》，见国务院侨务办公室政研司编：《北美华侨华人新视角——华侨华人研究上海论坛文集》，北京：中国华侨出版社，2008 年，第 131 ~132 页。

② 姚定康：《今日美国华商》，陕西侨联网，2007 年 3 月 6 日。

③ 参见杨刚、王志章：《美国硅谷华人群体与中国国家软实力构建研究》，《中国软科学》2010 年第 2 期。

④ 参见陈奕平：《当代美国亚裔参政问题分析》，《世界历史》2005 年第 4 期。

第二节　美国侨胞与中国软实力的提升

美国华侨华人一直是中美友好关系的重要推动者，既是美国多元文化建设的重要参与者，也是中华文化的传承者，他们是中美两国共同的软实力资源。美国华侨华人在中国软实力建构中的作用主要体现在以下方面：

一、美国华侨华人与中美关系

美国华侨华人在积极融入主流社会，维护自身利益的同时，也十分关心和积极介入中美关系，为中美两国政府和民众的相互了解及中美关系的平稳发展作出了积极贡献。比如，诺贝尔物理学奖得主杨振宁，在20世纪70年代作为非正式的民间信使，穿梭于华盛顿和北京之间，传递信息，促进两国领导人之间的联系。又如，美国共和党少数民族委员会主席陈香梅于1980年曾作为里根总统的特使穿梭于中美之间，也曾在1989年至1990年中美关系最艰难的时期作为美国出口委员会副主席率团来华，促进中美关系的发展。此后，杨振宁、李政道、余江月桂、田长霖等人也经常奔走于中美两国，发挥“民间大使”的作用，积极协调中美关系。①

陈香梅与尼克松、基辛格

（图片来源：http：//www. chineseradio. cn）

美国华侨华人之所以关心、介入中美关系，大致有两方面的原因：一是由于其身份，自

① 参见［美］孔秉德、尹晓煌主编，余宁平译：《美籍华人与中美关系》，北京：新华出版社，2004年。

然而然关注居住国和祖（籍）国之间的关系；二是由于中美关系的发展关乎华侨华人的切身利益，中美关系的波动势必影响华侨华人的利益。同时，华侨华人“大都深谙美国社会与历史和文化，加之其知识丰富与英语娴熟，不仅有助美国华人更好地洞察错综复杂的中美关系之实质，也极大地增进了美国公众对若干与中国有关论题之理解”①。

就华侨华人在中美关系中的具体作用，这里仅以百人会为例进行分析。百人会（Committee of 100）成立于 1989 年，是一个由美国华裔精英组成的非营利性组织，其成员来自学术、商业、法律、政府部门、科学和艺术等领域。由于其精英角色和华裔身份，美国百人会及其成员不但在美国华人社会的发展中发挥了独到的作用，也一直为促进中美的相互理解和中美关系的平稳发展而积极努力。

美国百人会在中美关系中的作用体现在以下三个方面：

美国百人会会徽

（图片来源：http：//www. committee 100. org）

（1）百人会经常举办有关中美关系的专家、官员研讨会，以此促进中美的相互理解，推动中美关系的健康发展。中美关系问题是百人会历次年会的讨论重点。1991 年在旧金山举行第二次年会时，百人会就讨论了中美之间的若干重大关系问题，探讨了华人在美国所面临的新挑战。1998 年，在克林顿总统访问中国前夕，百人会给白宫写了一封信。在信中，他们表达了“一个中国”对所有华人的重要性，提出美中应“求同存异”。克林顿对他们的主张非常欣赏，在访问中国的时候，还专门引用了“求同存异”这个词。2009 年 12 月 8 日至 9 日，百人会在华盛顿召开主题为“承前启

① ［美］尹晓煌：《“当事者明”：浅谈美国华人移民对中美关系之参与及影响》，见国务院侨务办公室政研司编：《北美华侨华人新视角——华侨华人研究上海论坛文集》，北京：中国华侨出版社，2008 年，第 132 页。

后”的第十八届年会，中国驻美大使周文重在会上致辞说，从中美建交到如今关系全面稳定健康发展，华裔社会的贡献不可忽视，他希望以百人会为代表的华裔组织能继续发挥这一有利作用。此次年会包括五次研讨会，主题分别为：“金融危机之后：世界如何改变”、“记者感想：美国如何解读中国”、“建立中美战略互信”、“创新与科技：改变我们生活的工具”以及“国际事务中的艺术与文化”。其间还颁发了“百人会中美关系杰出贡献奖”，获奖者为全国人大外事委员会主任委员李肇星、前财政部长项怀诚、休斯敦火箭队球星姚明、联想集团董事局主席柳传志。①

（2）通过访问中国，拜会中国领导人，为中美关系的健康发展建言献策。2001 年，傅履仁和沈坚白率领 36 名会员访问北京、上海以及香港特别行政区。2005 年，沈坚白率百人会代表团一行 17 人先后访问台北和北京，在北京拜会中国领导人。每次来华，百人会都会带来关于中美关系的意见书。

（3）通过推动华人参与世博会等活动，增强中美两国人民之间的友谊。2010 年 1 月 15 日，百人会在纽约正式开启 2010 年上海世博会美国华人“百姓墙”网站。作为上海世博会美国馆的战略合作伙伴，百人会号召美国华人递交他们的照片，用于建造美国华裔“百姓墙”，昭示“美国华裔，同一家人”的理念。据悉，这一项目也是美国馆资金筹措的重要措施之一。此外，“百姓墙”还会在博物馆及其他公共活动中使用。在“百姓墙”网站上，美国华人可以免费递交个人头像，并填写个人相关信息。在百人会的带动下，全美各行各业的华人机构已经行动起来，积极推动华人参与这项活动。在当天下午举行的记者会上，美国中华公所主席于金山当场在新开启的“百姓墙”网站上注册。来自台湾的于金山在“百姓墙”上点击“于”姓，并填写了个人信息。当填写祖籍一栏时，于金山自豪地说：“我是中国黑龙江人。”曾在纽

---

① 褚毓哲：《求同存异：美籍华人精英组织百人会》，中国社会科学报，2009 年 12 月 16 日。

约州负责社会福利事务的高级官员王碚对记者说："我们希望更多华人参与在祖籍国举行的这次盛会，以体现我们中华民族这个大家庭团结一心的庞大力量。"① 自上海世博会开展以来，作为上海世博会最大的展馆之一，美国馆展示了美国的文化、价值理念和商业，并达到了增强中美两国人民之间友谊的目的。

二、美国华侨华人与两岸关系的改善

作为华夏子孙，美国华侨华人也关心两岸关系，积极促成两岸关系的改善。以下再以百人会为例进行说明。

百人会与两岸之间的互动十分频繁、顺畅，百人会曾多次组团访问中国大陆，并曾与包括前总理李鹏、朱镕基等在内的最高领导人会晤，而每年的年会也都邀请中国驻美大使参加。百人会与中国台湾方面，特别是泛蓝阵营的接触很密切，连战、宋楚瑜等也曾接见过百人会的代表团。而 1992 年两岸历史性的新加坡汪辜会谈，就是由汪道涵委托，通过百人会成员向台湾地区领导人转达意向之后促成的。②

2010 年 1 月 26 日，马英九与百人会全美总会长程守宗等八位代表座谈。会上，马英九指出"两岸经济合作架构协议"（ECFA）的签订会使两岸乃至全球受益。他还表示，两岸和平发展的希望跟百人会的宗旨是不谋而合的，百人会以前与大陆联系比较多，现在两岸关系和缓，百人会和台湾的联系也较多，他希望百人会在两岸交流中扮演协助的角色，帮助两岸走向互信互重，两岸合作在海地救灾就是很好的例子。百人会代表何大一表示，百人会拥有各方面的人才，尤其是科技方面，可作为台湾的资源。台湾各部会若有需要，百人会可以提供资源帮助。③

---

① 《美国百人会正式开启上海世博会华人"百姓墙"网站》，新华网，2010 年 1 月 16 日。

② 百人会网，http：//www. committee100. org/media/media_ members_ inaction. htm。

③ 《马英九 26 日中午与美国华裔精英组织"百人会"全美总会长程守宗座谈》，新华网·发展论坛，http：//forum. home. news. cn/thread/73488447/1. html。

三、美国华侨华人与中华文化的传承

中华文化博大精深，源远流长，一直以来在世界各地具有较大的影响。有调研显示，外国人最想感受的中国国家形象要素中，文化位列第一，占调查总人数的 77.8%，明显高于社会、政治、经济等其他要素。[①] 而中华文化的传播及其在世界上的影响离不开包括美国华侨华人在内的海外侨胞世世代代的努力和贡献。

（一）多元文化背景下美国华侨华人的中华文化认同

美国华侨华人虽然身处以西方文化为主的社会中，但在文化多元化的美国，华侨华人仍然不同程度地保留着对中华文化的认同。就如有学者所指出的，“事实证明，经过了一个世纪有余的发展，华人文化从未被美国主流社会文化完全‘洋化’，这是因为美国华人在文化认同的过程中扮演了极具主动性的角色，采取了‘选择性同化（selective assimilation）’的文化适应策略”[②]。而唐人街无疑是华侨华人保留中华文化并逐渐选择性同化的重要阵地。

随着选择性同化的推进，越来越多的海外侨胞走出唐人街，逐渐融入美国主流文化氛围，“由单一文化认同动态地向多元文化认同转变，在现实语境中主动地接受了主流文化的影响”。但美国华侨华人并未因为接受了主流文化的影响而抛弃族裔认同和对中华文化的认同，“这是因为传统文化的心理层面，即由于血缘和历史等原因长期积淀而成的民族习俗、心理意识及思维模式等，具有极强的稳定性和延展性”。[③] 据美国学者周敏的研究，不少迁出唐人街、融入主流社会的华人也大量回归华人社区，组织新的族裔组织团体，使用华文媒体，了解本族裔的有关信息。她认为：“那些已经迁出华埠，操着流利英文并已融入美国主

① 涂光晋、宫贺：《北京奥运与国家形象传播中的议程建构》，《中国广播电视学刊》2008 年第 7 期。

② 杜宪兵：《“恋旧”与“洋化”：纽约唐人街美国华人的民俗生活与文化认同》，《民俗研究》2009 年第 1 期。

③ 杜宪兵：《“恋旧”与“洋化”：纽约唐人街美国华人的民俗生活与文化认同》，《民俗研究》2009 年第 1 期。

流社会的移民也逐渐大量回流移民社区，相当活跃地在社区中组织新的族裔组织团体。他们在利用主流社会的传媒时，也大量地使用华文媒体，订阅华文报纸、杂志，了解本族裔的有关信息。即使是那些移民的第二代，他们已经取得大学学位且已经在主流社会找到高薪职业，也会回到华人社区或'聚居区族裔经济'开办自己的专业服务公司，在华文媒体上刊登公司的广告。"①

（二）美国华侨华人与中国传统习俗和节庆文化

美国华侨华人传承和发扬中华文化表现在以下几个层次：一是表层的器物文化，如茶具、灯笼、对联等；二是行为文化、习俗文化，如春节、元宵节、清明节、端午节、中秋节等各种节庆，华人婚礼等；三是华侨华人身上展现的中华传统文化价值观。

就器物文化和行为文化、习俗文化来说，早期移民美国的华人基本是复制国内的生活习俗、节日礼俗和宗教信仰，传承、扩展着中国传统文化的核心要素。正如民俗学家钟敬文所言："民俗是一种民间传承文化，它的主体部分形成于过去，属于民族的传统文化。但它的根脉一直延伸到当今社会生活的各个领域，伴随着一个国家或民族民众的生活继续向前发展和变化。"②

以节庆为例，广大海外侨胞虽然生活在异国他乡，但他们世代保留着过中国传统节日如春节、元宵节、清明节、端午节、中秋节等的生活习惯。在中华民族众多传统节日中，春节是各种节日之首，是被国人最珍而重之的节日。在全球化的今天，由海外侨胞带动的过春节风潮正在美国和其他国家蔓延，由此推动外国人了解中国文化，并逐渐认同中国文化价值。在美国，近年来每逢春节，上至总统、下到华人聚居区的地方行政长官，都会向华人社区致以新年祝福。同时，美国民众对中国文化的兴趣也日渐浓厚。纽约最高的帝国大厦自 2001 年起每年都在中国春节前夕连续三个晚上亮起象征中国新春喜庆吉祥的红黄两色夜景。洛

① 周敏著：《美国华人社会的变迁》，上海：上海三联书店，2006 年，第 171 页。
② 钟敬文著：《民俗学概论》，上海：上海文艺出版社，1998 年，第 5 页。

杉矶中国城有百余年历史的春节“金龙大游行”年年吸引数万名观众，其中近一半来自非华人族群，一些政府官员近年来也常出现在游行花车上。纽约州从2003年起率先将中国春节定为法定的纪念日，加利福尼亚州和其他华裔众多的地区也相继效仿，华人社区甚至出现了争取使农历新年早日成为美国全国性法定假日的呼声。①

又以体育为例，美国华人一直以来都在积极弘扬中华体育的传统项目，并使其与现代美国体育融合，不断发扬光大。他们把中国的武术、气功、龙舟、舞剑、舞狮、围棋、象棋等比较流行的传统项目传播到美国各地。拿武术来说，美国在1994年就成立了32个武术社团，几乎占全球海外武术社团的一半。1993年8月21日美国成立美国国家武术总会，美籍华人吴廷贵担任总会长，克林顿总统亲自致电祝贺，3 000多人到会，盛况空前。同时，美国华侨华人也积极将美国的篮球、游泳、网球、棒球、美式足球等项目和先进的技艺传入中国，起着桥梁的作用。另外，美国华侨华人也积极为侨乡筹集体育基金，资助兴建体育设施。可以说，美国华侨华人在开发体育功能、弘扬民族精神、增强对祖（籍）国的向心力方面起着促进作用。②

（三）美国华侨华人与中国传统文化价值观的传播

中国文化的核心是中华文化价值观及中华文化精神，这些价值观和文化精神体现在华侨华人的日常行为和各种活动上。

以硅谷的华侨华人为例，他们虽然接受西方最前沿、最先进的科学文化知识和管理方法的教育，并受到崇尚自由、个性、竞争的美国文化的熏陶，但其身上自然而然地会展现从祖辈或父辈那里汲取的几千年传承下来的中国传统文化气质。比如，硅谷华侨华人身上呈现的勤奋、刻苦、诚实、踏实、内敛、谦逊、爱国等中华传统文化里所提倡的人格品质，“以人为本”的经营理念，将“和谐”理念全面引入到组织的人际

① 参见侨报网（http：//www. chinapressusa. com/）和新华网（http：//www. xinhuanet. com/）的相关报道。

② 邵允振：《1980年代以来的美国华侨华人与中美关系》，暨南大学博士学位论文，2006年，第83~85页。

关系中，实现良好的“团队合作”的温馨氛围。①

美国华人精英赵小兰的个案，也可以很好地诠释中华文化价值观对华侨华人的影响，并通过他们展现中华文化价值观的魅力。美国前劳工部部长赵小兰在肯定自己“非常荣幸曾经为自己的国家服务”的同时，也称赞中国传统价值观、哲学思想以及中国改革开放的战略与成就。赵小兰在2001年美国劳工部部长提名演说中提到：“那些年我奋斗的动力来源于家庭的温暖，因为我的父母非常乐观，对未来充满希望，他们从不悲观，他们相信未来会更好，我们也会更好。”赵小兰父母“爱而不骄，严不守旧”的家教准则令她印象深刻，据说乔治·赫伯特·沃克·布什在任总统时曾十分认真地要求太太芭芭拉虚心地向赵家学习如何教育孩子。赵小兰在接受凤凰卫视采访时，称赞中国人的哲学思想非常具有智慧，并以金融危机为例加以说明。她说：“我认为高瞻远瞩非常重要，在美国发生很严重的金融危机就是因为很多人都目光短浅。他们只设立季度收入和目标，先用掉以后的，不考虑将来。所以我觉得中国高瞻远瞩的哲学思想、做事讲究适度、保持与他人和自我的和谐，都是很值得借鉴的。”针对有些中国年轻人对西方的崇拜，她这样回应：“他们可能认为西方的东西都是好的，但我对这个观点有所保留。根据我在西方的生活经历，有很多西方可以向中国、向东方学习的地方。……每个国家都要寻找自己的方向，基于自己的文化和历史，所以，全盘接受西方思想，原封不动地借用于亚洲是行不通的，因为这里有所不同：不同的哲学思想，不同的历史，不一样的行事方式。”②赵小兰将中西合璧视为其成功之道。她认为，亚裔尊重家庭和教育、追求完美的价值观丰富了美国社会的文化。她为自己有中华文化背景而自豪，并将自己能够保留中华文化的本根归功于父母。她在美国接受专访时也强调：“在我的一生中，每当我向前发展的时候，我都会试着保持和记住我的文化

① 杨刚、王志章：《美国硅谷华人群体与中国国家软实力构建研究》，《中国软科学》2010年第2期。

② 《赵小兰——功成身退之后》，http://phtv.ifeng.com/program/mrmdm/200908/0818_1597_1308022_2.shtml。

本源。这也是我之所以成为我的原因。对于自己继承了两种文化传统，我深感自豪。”① 同样，她对中国的改革开放政策及改革开放后所取得的成就也十分赞赏：“中国经济已经融入了世界经济，并在过去三十年中成长迅速。尽管会有挑战，我觉得大家都有信心，中国人有智慧去解决问题。”②

事实上，美国人对中国的传统文化乃至中国思想先贤也十分敬重。2009 年 10 月 28 日，美国国会众议院以 361 票赞成、47 票反对，压倒性多数通过关于纪念孔子诞辰的第 784 号决议案。该决议案称赞孔子创立的哲学思想对世界各国的社会和政治思想产生了深刻影响并且继续在发挥影响力。该决议案特别赞赏孔子思想中的重要价值观，例如：“自省、自修、真诚和社会关系中的相互尊重，以在个人和公共生活中实现公正和道义”；“己所不欲，勿施于人” 和 “己欲立而立人，己欲达而达人”；“理想的政府应建立在忠诚、尊老和承认家庭重要性基础上”；“政界人士必须成为诚实和道德的模范”。③ 美国国会通过纪念孔子的决议案，表明美国人愿意将孔子思想中的核心和精华视作普世价值，并加以吸取。

（四）华文教育与中华文化传播

中华文化在美国的传播离不开华文教育的作用，华文学校是华人在美国推广中华文化的重要平台之一。在美国许多社区都有中文学校，20 世纪 90 年代末美国共有中文学校 634 所，在校学生约 8.2 万人，从 1990 年到 1995 年，学习中文的学生增加了 36% 。④ 中文也成为学生所

---

① 《荣获影响世界华人大奖　赵小兰：我没忘自己的根》，中国新闻网，2008 年 3 月 30 日。

② 《赵小兰——功成身退之后》，http：//phtv. ifeng. com/program/mrmdm/200908/0818_ 1597_ 1308022_ 2. shtml。

③ “H. Res. 784：Honoring the 2560th Anniversary of the Birth of Confucius and Recognizing His Invaluable Contributions to Philosophy and Social and Political Thought”, in *The House of Representatives*, *U. S.*, October 28, 2009, at http：//www. govtrack. us/congress/bill. xpd? bill = hr111 – 784.

④ 蔡德奇、江永良等著：《华侨华人的新发展》，厦门：厦门大学出版社，2001 年，第 31 页。

学习的外语中增加最快的语种，成为美国的第二外语。①

华文学校以前主要针对华侨华人，但如今越来越多的美国各族裔子女及成年人也纷纷进入华文学校学习中文，他们除了想了解中华文化传统外，更多地将学习中文作为了解中国、认识中国，扩大与中国经济、文化、科技交流的有力工具。为使全美中文学校在发展华文教育、推动中西文化交流方面发挥整合功能，还成立了全美中文学校协会。他们计划通过提升现有中文学校的办学质量和水准，逐渐完善现有业余华文教育体系，早日实现与北美的教育系统接轨。②

（五）美国华文媒体与中华文化传播

随着华人族群经济实力的增长、人数的增多和对自身权益的重视，海外华文媒体的影响越来越大。

海外华文媒体包括报纸、期刊、广播、电视、互联网等传媒形式。在报纸方面，从 1854 年到 1996 年期间，在美国出现的华文媒体就有 753 种，数量仅次于新加坡，单就 1995 年而言，就有 130 余种华文媒体发行，在海外位居第一。其中，《世界日报》、《星岛日报》、《侨报》、《明报》是美国近 20 年间兼跨东西两岸发行的华文四大报纸。在电视方面，美国现有华语电视台 10 多家，亚美电视、中华电视、北美卫视被称为三大华语电视网。此外，还有华语电台和不少华文网站。

华文媒体在美国的影响也在上升。《世界日报》、《星岛日报》、《侨报》、《明报》四大华文报纸总发行量就超过 70 万份，占了全美华文报纸发行量的近一半。1998—2008 年，美国华文媒体的数目和发行量增长了近三成，日报每天总印量超过 25 万份。《华尔街日报》曾报道，《星岛日报》和《世界日报》的发行量如果与美国主流英文报纸放在一起排名，可以排在 20 位上下。③ 根据全美性非营利团体新加州传媒

① U. S. Census Bureau, Summary File 3, 2003. 转引自国务院侨务办公室政研司编：《北美华侨华人新视角——华侨华人研究上海论坛文集》，北京：中国华侨出版社，2008 年，第 135 页。

② 邵允振：《1980 年代以来的美国华侨华人与中美关系》，暨南大学博士学位论文，2006 年，第 77 页。

③ 高金萍：《美国华文报纸的进路》，《青年记者》2008 年第 10 期。

(New California Media)、美国进步中心(Center for American Progress)和民权教育基金会领导会议(Leadership Conference on Civil Right Education Fund)联合进行的调查可知,40%的华裔通过华文媒体获取日常信息,超过半数的华裔新生代通过华文媒体来了解中国,学习中华文化,约有80%的华裔经常阅读华文报纸,25%的华裔收看华语电视的次数多于收看英语电视的次数。[①]

海外华文媒体一方面担负着维护华侨华人福祉,指导华侨华人融入当地主流社会,促进所在国经济发展和社会进步的使命,另一方面也在传承中华文明,以及推进所在国与中国友好合作方面发挥了重要作用。

比如,美国华人靳羽西任职纽约华语电视台期间,利用其通晓中国普通话、粤语、英语和日语的优势,从1982年开始创办《看东方》电视节目,将东方尤其是中国的各种传统文化介绍给美国公众,第二年该节目就被美国48个州518家电视台竞相播放,引起极大反响。1985年《看东方》成为美国20个最受欢迎的节目之一。纽约市长为此向她致函祝贺。同年,靳羽西被美国一家最具影响力的有线广播杂志评为美国电视界最重要的六名人士之一。[②]

第三节 美国侨胞参与中国软实力建设面临的挑战

美国侨胞透过不同渠道,以多种形式,在促进美国人对中国的了解,促进中美关系和两岸关系的平稳发展,以及传播中华文化等方面发挥了积极作用。但美国侨胞参与中国软实力建设也面临一些挑战与困难。

---

① 路君燮:《加强对美国华文媒体研究之我见》,《研究与探讨》2009年第4期。

② 邵允振:《1980年代以来的美国华侨华人与中美关系》,暨南大学博士学位论文,2006年,第80~81页。

一、中美关系的波动及美国政客的冷战思维所带来的挑战

在冷战期间中美对抗的年代，美国华侨华人虽然关注中国的发展，愿意参与协调中美关系，但实际上难以大有作为，不少华人甚至深受其害①。随着中美关系的改善和正常化，美国越来越多的华侨华人得以参与协调中美关系，致力于推动中美理解与合作。

同时，我们也应当看到，当前美国社会仍然有部分政客存在冷战思维，把中国作为其潜在的对手，不断挑动中美关系的敏感话题，损害美国华侨华人形象。由于一些政客和媒体的渲染，美国社会对华侨华人仍然存在一定的猜忌和不信任。据美国百人会组织的全美调查结果，1/4的美国人对美国华裔仍然抱有“很负面的看法”，将近1/3的美国人认为华裔对这个国家不够关心和忠诚，将近1/4的美国人表示自己不会也不赞成自己的亲戚与亚裔通婚。②

美国主流社会对华侨华人的猜忌和不信任，仍然会影响美国华侨华人参与和中国有关的活动，包括中国软实力的建设。

二、国家认同、民族认同与文化认同的差异

学术界在海外华侨华人的认同问题上存在不同的看法③，其中认为海外华侨华人的认同是双重甚至是多重的观点应是较为中肯的。就美国华侨华人而言，就存在族裔认同、国家认同、政治认同和文化认同等多重认同。首先，美国华人都会认同自己的华人族裔身份。美国人口普查局统计华人人口，就是采用这种自我族裔认同的方法。其次，作为美国

---

① 陈依范著：《美国华人发展史》，香港：香港三联书店，1987年，第279~280页。

② 《少数美国人对华裔仍抱负面看法》，《华声报》，2004年4月12日，转引自中国网，http://www.china.com.cn/chinese/kuaixun/542546.htm。

③ 学术界大致有以下几种观点：一是海外华人的认同主要是文化认同，而在文化认同过程中融合与冲突并存；二是海外华侨华人具有中国文化情结，其对中华文化的认同是矢志不渝的；三是中国留学生对主流文化认同增强，而对中华文化认同减弱；四是华侨华人文化认同是多重的。参见李其荣：《寻求生存方式的同一性：美加新华侨华人的文化认同分析》，《东南亚研究》2008年第5期。

公民乃至美国政府官员的华人自然保持对美国的国家认同，为属籍国国家利益尽责。再次，美国华人的中国情结，尤其是中华文化情结是难以割舍的，在鼓励他们融入主流社会，为美国作贡献的同时，也应鼓励他们为中国的发展尽一份力。因此，我们应当尊重美国华人的多重认同。就如美国首位华裔市长黄锦波所说："中国是我的生母，美国是我的养母。我要为生母尽孝，为养母服务。"①

三、美国华侨华人不同群体的差异

由于来源地的不同以及历史渊源和意识形态等方面的差异，美国华侨华人群体也十分复杂。从来源上看，除了土生华裔外，既有来自中国大陆的移民、中国香港的移民，也有来自中国台湾的移民，还有来自东南亚的华人移民和难民。在中国大陆移民中，有民族的差异，有年代的差异，也有宗教信仰的差异。就社会阶层来说，有失业者、底层体力劳动者，也有高科技行业的白领和大企业老板。② 这些差异甚至对立，既影响华人社会的团结，也不利于中国软实力的构建。

---

① 《"中国才是生母"首位华裔美国市长黄锦波在粤演讲》，《南方都市报》，2005 年 10 月 18 日，转引自南方网，http://www.southcn.com/news/gdnews/rw/200510180075.htm。

② 庄礼伟：《美国华裔应在壮大自身的前提下关心和介入美中关系》，见国务院侨务办公室政研司编：《国务院侨务办公室课题研究优秀成果集粹：2000—2005 年》，2006 年，第 582 页。

第八章 欧洲侨胞与中国软实力

欧洲在自身发展和促进当地社会经济文化发展的同时，也在文化、经济、社会乃至政治等各个领域直接或间接地参与中欧关系，加深中欧之间的了解，促进中国与欧洲国家之间的合作，并积极维护中国形象和华人形象，传播中华文化，介绍中国国情和发展道路，所有这一切都或多或少地提升了中国形象，一定程度上增强了中国的软实力。

第一节 欧洲华侨华人概况

欧洲是华侨华人增长较快的地区之一。20 世纪 50 年代，全欧华侨华人总数仅 1 万余人，到 70 年代，由于大批以华裔为主体的印度支那难民的涌入，全欧华侨华人总数猛增到 50 万人以上。随后，由于来自中国大陆的新移民的大量增加，欧洲华侨华人在 20 世纪 90 年代中期已经突破 100 万，1998 年达到约 116 万。[①]

进入 21 世纪，欧洲华侨华人人数继续直线攀升。至于具体数字，

① 依据台湾“侨务委员会”编印《华侨经济年鉴》（1998 年版）相关表格统计。

有较保守的“100 万人”之说[1]，有惊人的“500 万人”之说[2]，而欧洲华侨华人社团联合会（以下简称“欧华联会”）通过其隶属社团进行广泛调查后得出的目前有“250 万欧洲华侨华人”的说法相对较为可信。从华侨华人分布来看，英国、法国和俄罗斯的人数最多，荷兰、德国、意大利、西班牙等国次之，比利时、瑞典、奥地利等国属于第三层次。至于具体人数，也有不同的估计。毛起雄认为，英国、法国、意大利、德国等四个国家的华侨华人各超过 30 万人，荷兰 15 万人，比利时、西班牙、葡萄牙、奥地利、瑞士等国各约 10 万，爱尔兰、卢森堡、希腊等国各约 3 万，北欧的瑞典、挪威、冰岛、芬兰、丹麦等国的华侨华人各约 2 万人。[3] 而李明欢认为，英国、法国最少也有 40 万人，荷兰、德国、意大利、西班牙的华人总数分别在 10 万至 20 万之间，而比利时、瑞典、奥地利等国的华人人数分别在 3 万左右，至于俄罗斯为五六十万人。[4]

随着中国经济的高速增长及中欧经贸关系的加强，欧洲华侨华人的社会发展出现了明显的变化，其基本发展趋势是“规模壮大、实力增强、地位提高、多元分化、相互竞争、跨国化生存成为常态”。许多欧洲华人借助“中国制造”的强劲竞争力及中国人的出国旅游热，纷纷投身于进出口商品的批发和零售业及旅游业与餐饮业，促进了中、欧之间的经贸往来，繁荣了地方经济，活跃了当地市场，丰富了当地普通人民的日常生活。据统计，仅批发商，位于巴黎北郊的欧贝维利耶市约 600 家，西班牙马德里拉瓦别斯区有 300 多家，意大利罗马胜利广场周

---

① 台湾“侨委会”将 2004 年底、2007 年底和 2009 年底的欧洲华人数估算为 100.3 万、114.4 万、125.9 万，参见台湾“侨务委员会”：《中华民国九十八年版侨务统计年报》，2010 年，第 75 页，台湾“侨委会”网站。

② “500 万人”之说多来自俄罗斯远东研究院学者。

③ 毛起雄著：《当代国内外侨情与中国侨务法制建设》，北京：中国民主法制出版社，2008 年，第 5 页。

④ 李明欢：《欧洲华人社会剖析：人口、经济、地位与分化》，《世界民族》2009 年第 5 期。

边地区大约有150家。另外，欧洲中餐馆也超过4.3万家。[①]

在社会文化方面，欧洲华侨华人也有相当的影响力。据欧华联会的调查统计，欧洲华侨华人侨团组织有800多个，华文报纸杂志社有101家，华文学校有340所，就读的华人子弟有5.5万多人。[②]

随着社会经济地位的提升、社会交往的增加及对当地语言文化的适应，欧洲华侨华人的参政意识也逐渐增强。于是，欧洲华侨华人逐渐加入到参政议政的行列，并取得了一定的成效。比如在英国，自1986年华人吴美莲成功竞选伦敦路易斯汉姆区议员后的20多年间，各地先后约有20位华人担任过地方议员；2002年，英国议员迪斯莫尔发起成立多党派英国华人议会小组，致力于在英国议会中争取英国华人的利益；[③] 由英国选举委员会资助、明爱伦敦学院和伦敦华人社区网络联合推出的“选出华人明天”活动，从2006年开始针对英国华人系统地介绍英国当地的选举程序，以提高华人对政治和投票的积极性，进而推动华人融入英国政治。在法国，祖籍广东的曾宪建于1986年当选为法兰西共和国国民议会有史以来第一位华裔议员，1988年再次当选为国会议员；1984年来法留学的何英于2001年当选为巴黎附近碧西市副市长；祖籍广东的颜如玉于2001年当选为艾斯波利市副市长。[④] 在荷兰，荷兰侨界于2004年发起成立了一个由200多人参加的助选委员会，支持荷兰裔华人政治家何天送竞选西欧议会议员；[⑤] 2005年荷兰华人集资成立了荷兰华人参政议政基金会。[⑥] 在意大利，华人季志海于1997年底

---

① 《欧洲时报》，2008年9月11日；转引自李明欢：《欧洲华人社会剖析：人口、经济、地位与分化》，《世界民族》2009年第5期。

② 《欧洲时报》，2008年9月11日。

③ 引自李明欢：《欧洲华人社会剖析：人口、经济、地位与分化》，《世界民族》2009年第5期。

④ 《广东侨办赴欧洲考察见闻：华人不应做政治的侏儒》，原载《南方日报》，引自新华网，http://news.xinhuanet.com/overseas/2006-10/02/content_5163752.htm。

⑤ 《荷兰华人成立助选委员会支持何天送竞选欧洲议员》，中国新闻网，http://www.chinanews.com.cn/n/2004-05-12/26/435364.shtml。

⑥ 《荷兰有一个华人参政议政基金会：访侨领毕传有》，人民网，http://chinese.people.com.cn/GB/42316/3284579.html。

成功当选为弗利市议员，成为该市的常务外籍议员；2006 年，来自温州年仅 21 岁的刘成当选为意大利安科纳市议员，成为意大利最年轻的华人议员、安科纳市历史上首位华人议员。在西班牙，华人谷维纯于 2007 年当选为托雷莫里诺斯市议员。①

总体来看，虽然欧洲华人参政率很低，但他们已经意识到通过参政议政的形式反映诉求是争取自身权益的最有效途径，并取得了一定的成效。这种积极参与社会管理与公共事务的精神和行动，“对于改变欧洲华人原先那种只顾埋头赚钱、自私封闭的形象，提高华人的社会地位，产生了积极的社会影响”②。

综上所述，随着欧洲华侨华人人口的增加及经济力量的增强，其社会和政治影响力也逐渐上升，这正是欧洲华侨华人参与构建和发展中国软实力的基础与资源。

第二节　欧洲侨胞与中国软实力的提升

一、民间外交：欧洲华侨华人在中欧关系中的作用

2004 年 5 月，国家主席胡锦涛在中国人民对外友好协会成立 50 周年庆祝大会上发表的重要致辞中就强调：“民间外交的作用越来越重要。发展民间外交，有利于增进各国人民的友谊，有利于促进经济、文化的交流和合作，有利于为国家关系的发展奠定广泛的社会群众基础。”③

过去中国开展民间外交主要有两种方式：一是所谓的“人民外交”，即中国大陆利用各种途径通过一些民间组织和机构对外开展民间

---

① 引自李明欢：《欧洲华人社会剖析：人口、经济、地位与分化》，《世界民族》2009 年第 5 期。

② 引自李明欢：《欧洲华人社会剖析：人口、经济、地位与分化》，《世界民族》2009 年第 5 期。

③ 《欧洲时报》，2004 年 5 月 27 日。

外交；一是发挥海外侨胞的作用，就是发挥广大的海外侨胞在沟通中外了解和发展经贸关系上的重大作用。两相比较，前者往往限于出访时间的短暂、对当地情况的不熟悉，很难做到深入和持久。而后者不同，海外侨胞“长期生活在当地，对当地的社会环境和民情比较熟悉，与当地居民都有一定的交往和联系，由他们介绍情况、牵线搭桥，事半功倍”①。

近年来，中欧关系虽然经历了一些波折，但总体而言还算稳定。中欧关系的稳定发展离不开欧洲华侨华人的作用。2009 年初春，温家宝总理在访问西班牙时曾说：“中西两国关系在中国和欧洲各国之间是最好的关系，西班牙政府对我国的核心利益问题是理解的，在涉台涉藏问题上也是完全理解和支持的。我们要进一步扩大深化两国战略伙伴关系……这里我们要感谢旅西侨界、华侨华人对此作出的积极贡献。”②可见，华侨华人在中国外交与维护中国利益方面发挥了很大作用。

作为民间使者，海外侨胞发挥的独特作用包括：一是牵线搭桥，促使政府、议会、工会、商会代表访问中国，让欧洲主流社会了解中国、理解中国、携手中国，对中国友善；二是邀请、接待中国代表团访问欧洲国家，建立友好城市，促进经贸文化交流，发展和加深中欧友谊；三是在危急关头和外交僵局中进行沟通工作，化解危机，推进外交关系的和谐发展。

二、国际公关：欧洲华侨华人维护中国形象

中国形象包含两个方面：一是国家形象；二是中国人形象。前者包含国家整体形象和政府形象，后者是中国公民和海外华人的形象。二者之间构成相辅相成的关系。

近年来，欧洲华侨华人以实际行动在很多事件上维护了中国人形象

---

① 《欧洲时报》，2004 年 5 月 27 日。

② ［西班牙］徐松华：《海外华人和祖国荣誉——中国形象 25 年来在西班牙的变迁》，《统一论坛》2009 年第 6 期。

和中国国家形象。[1]

（一）在日常活动中赢得居住国人们的尊重

海外侨胞具有中国人的良好传统，比如勤劳节俭、智慧经商、遵纪守法等，赢得了居住国人们的尊重，也“有效地维护了中国人的整体形象和中国的国家尊严”。比如，在华商的推动下，中国和西班牙的经贸关系得到了快速的增长，从20世纪的几乎空白到2003年的35亿美元、2008年的280亿美元。中国人移民西班牙的创业者比例是最高的，达2万余人，而中国人的犯罪率是最低的。西班牙国王卡洛斯曾说：“在西的中国人是勤劳的、遵纪守法的群体。”

（二）维护华侨华人利益与中国人的形象

随着华侨华人力量的增强及权利意识的加强，欧洲华侨华人近年来也十分重视维护华侨华人利益与中国人的形象。其中，华人社团、华文媒体和华人领袖发挥了积极的作用。这从以下个案中可以得到印证。

1998年春节刚过，为抗议一家西班牙电影制片厂拍摄名为暴露移民黑社会内幕，实际上是丑化中国人的电影《黄泉》，西班牙16个侨团开展了一系列联合抵制行动，最终取得了胜利。第一，侨团发布公开信。一是给侨胞致公开信，劝退绝大部分参演侨胞；二是给该电影公司致公开信，希望他们尊重事实，以中西友谊为重，不要做歧视华人的事情。第二，侨团请律师控告该公司电影具有种族歧视实质，反诉《黄泉》反人权。第三，通过欧华联会律师上书欧盟和西班牙文化部，指出《黄泉》具有种族歧视的实质，并到欧盟说明情况，结果欧盟基金会冻结了该电影制片公司以反对非法移民为幌子骗取的资助金。第四，开展舆论工作。侨团在马德里海外统促会之声举行的“欧盟反种族歧视大会”上对西班牙电影制片公司的行为进行了揭露。在西班牙媒体和法国、英国等重要华文媒体《欧洲时报》、《星岛日报》上发表文章，呼吁华侨华人同心同德争取权益。虽然该公司坚持顽固立场，聘请菲律宾

---

① 该部分材料及引文，除注明外，均引自［西班牙］徐松华：《海外华人和祖国荣誉　中国形象25年来在西班牙的变迁》，《统一论坛》2009年第6期。

人冒充华人在一年后拼凑了一部情节支离破碎、内容低劣的小片，但在一个地方仅放映三天就草草收场。这场联合抵制行动所取得的胜利，使我们看到华侨华人一致维护中国人形象的决心、智慧和力量。

2004 年，西班牙鞋城发生震惊世界的“烧中国鞋事件”，西班牙华侨华人协会代表华商向市长致公开信，配合使馆展开不卑不亢的交涉；通过华文媒体做好华商及华侨华人的思想稳定工作；鼓励精通西语的副主席、华商上电视台辩论；接受报纸广播采访，使整个西班牙舆论从同情本国鞋业工人失业，反过来批评暴徒的粗暴行为，转而同情华商。经过严正交涉，当地政府承认“烧鞋”为暴力事件，抓了四个肇事者，将闹事的 40 人诉至法庭，同意赔偿并保证不再发生类似的事件。

2010 年 6 月 20 日，旅法华侨华人在巴黎举行“反暴力，要安全”的维权游行，向法国社会传达华人诉求，希望法国治安部门加强整治，打击盗抢犯罪，维护华人社区的安全。这次游行以法国华侨华人会、法华工商联合会、中法服装实业商会、法国外籍兵团华人战友会和法中友谊互助协会等名义申请，由法国各大华人社团联合发起。参与这次游行的华侨华人、中国留学生估计超过 3 万人，其中年轻人超过半数。游行吸引了许多法国主流媒体前来采访，也得到了当地不少居民的支持。华人居住较集中的 20 区的区长、法国前总统希拉克的养女及一些法国友好人士也与华人站在一道，表达对华人诉求的支持。①

（三）维护祖（籍）国尊严

作为华夏子孙，海外侨胞向来关心祖（籍）国的发展，也积极维护祖（籍）国的尊严。以下的例子就是很好的说明。

1997 年香港回归祖国前夕，西班牙华人社团经过向当局争取，不但举行了声势浩大的 6 000 人庆祝香港回归祖国的大会，还促使西班牙等六个国家的电视台现场直播，大长了中国人的志气。

1999 年 5 月，以美国为首的北约轰炸中国驻南斯拉夫大使馆，西班牙华人社团组织 1 000 名华侨华人包围了美国驻西班牙大使馆，强烈

① 中国新闻网，2010 年 6 月 21 日。

谴责以美国为首的北约的野蛮暴行。

2000 年以来，由于台湾陈水扁在岛内搞“台独”，西班牙侨团成立了西班牙中国和平统一促进会，展开了长期的、针锋相对的反“独”促统活动，不失时机地向西班牙主流社会宣传中国坚持统一、反对分裂的立场，并利用巴斯克分裂势力“埃塔”恐怖活动造成的恶劣影响作对比，使西班牙当局在涉台涉藏问题上理解并支持中国。

2008 年，西藏发生了“3·14”打砸抢烧暴力事件，西方反华媒体歪曲事实，诽谤中国政府，遭到海外留学生、华侨华人的有力反击。西班牙侨学界在西班牙广场举行了抗议示威活动，并在华文报纸上对西方反华媒体的行为进行了揭露反击，维护了祖（籍）国尊严。

三、文化交流：欧洲华侨华人与中华文化的传播

海外侨胞是传播中国文化的使者，欧洲华侨华人也不例外。遍布欧洲各地的唐人街、中餐馆、中医诊所、华文学校、中华武馆等成为展示中华文化的重要场所和路径，而华人过春节、中秋节等节庆及华人的婚丧习俗活动，则让西方人有了“零距离接触”中华文化的机会。

（一）唐人街展现中华文化

从唐人街来看，目前在法国、英国、意大利、荷兰、比利时、匈牙

荷兰海牙唐人街（图片来源：http：//photo. uschinapress. com）

利等国有20多个唐人街区，这些唐人街区成为展现中华文化的重要舞台。德国之声网站发表的题为“唐人街今昔谈”的文章就认为：“五千年的积淀赋予了中国文化巨大的生命力、感染力和外张力。即使是生活在海外的华人，也会或多或少地保留和延续中华文化的元素，并给自己旅居的地方打上深深的烙印，唐人街就是一个明证。”① 就如有记者所描绘的，当走在巴黎13区时，“犹如置身国内的城市，一块块汉字标牌，各种风味的中餐厅，以及出售中国传统工艺品的商店随处可见。在熙熙攘攘的过往行人中，听到的是熟悉的乡音，看见的是熟悉的容貌”②。

（二）中医在欧洲的影响力

中医中药是灿烂的中华文化中的奇葩，世界科学文化宝库中的瑰宝。在两千多年前的古典医籍中，便可见中国的医药学家对人体生理病理的认识和治疗疾病的方法已有深入的研究，对疾病预防与养生法则更有精到的见解。中医在当今的欧洲也有较大的吸引力。中医在欧洲产生的影响自然离不开华侨华人的贡献，比如来自中国的医生及当地华侨华人开的中医诊所对中医传播所作的贡献。

以英国为例，随着人类回归自然的影响以及与中国的历史渊源，英国人对中国传统医学中的针灸、按摩和中药比较认同，甚至有关人士还努力促使立法机构对中医行业立法。据报道，全英有中医诊所、中药店2 000多家，就业人数上万，当地政府对中医比较宽容。③ 近十年来，中医药在英国的发展甚为迅速，并成为欧共体的第三大中草药市场。在英国，中国的医药还受到王室的信赖，女王每次外出旅游，总是带着顺势疗法的各种药物，女王的妹妹玛嘉烈公主曾用中草药治疗同期性偏头痛。或许是得到王室的默许，中草药、针灸等各种中西医结合疗法在英

① 《华人经济实力不断壮大　唐人街不再是“贫民窟”》，环球网，http://www.huanqiu.com/www/84/2007-09/1611.html。

② 《新移民成主力军　欧洲唐人街塑造中国新形象》，原载《环球时报》，引自中国经济网，http://www.ce.cn/xwzx/gjss/gdxw/200703/18/t20070318_10732654.shtml。

③ 肖飞：《英伦华人剪影》，《欧洲时报》，2004年10月23—24日。

国蓬勃兴起，现每年大约有 250 万英国人采用中草药、按摩、正骨和针灸疗法，支付医药费用多达 9 000 万英镑。①

另外，德国人对古老的中医和针灸也有一定的认识，普遍持欢迎的态度。据统计，在德国大约有 5 万个医生从事中医，并且每年有将近 200 万个患者接受中医的治疗。②

（三）华侨华人与中国传统文化在西欧的发展

海外侨胞在传播中华文化、促进外国友人对中国的了解方面做了大量的工作。2004 年春节，法国华人团体与 6 000 名华侨华人出钱出力，与北京来的艺术家们共同在香榭丽舍大街举行史无前例的春节大游行，展示中华民族风情，轰动了欧洲。据当地一些媒体说，中国的春节文化征服了巴黎。③

法国华人艺术团体——长江艺术团在马赛进行表演

（图片来源：http：//www. chinaqw. com）

欧洲华侨华人也十分积极推广中国传统艺术。据《欧洲时报》报

① 《中医在欧洲》，中国文化网，http：//www. chinaculture. org/gb/cn_ madeinchina/2005 - 07/29/content_ 71443. htm。

② 《中医在欧洲》，中国文化网，http：//www. chinaculture. org/gb/cn_ madeinchina/2005 - 07/29/content_ 71443. htm。

③ 《欧洲时报》，2004 年 5 月 27 日。

道，2005 年 9 月，“西欧中国书法协会”在德国北部城市梅施德正式成立。协会由数位旅欧华人书法爱好者牵头，旨在弘扬中国书法艺术，促进旅欧华人联谊，为华人和当地主流社会书法爱好者提供一个交流技艺的平台。中国驻法兰克福总领馆主任谢俊平、副主任吴允辉在出席成立大会时，赞扬旅欧中国书法爱好者为弘扬中国文化、促进交流所作的努力，并勉励大家把会务工作做得有声有色。①

另外，法国华人艺术团体也在积极展示中华传统艺术的魅力。比如，以旅法华人艺术家组成的法国长江艺术团，就经常出现在法国和西欧的重要喜庆活动上。自 1998 年正式成立以来，这支融合了中国民族音乐、舞蹈、杂技、武术、地方戏曲和民族声乐的艺术团体，不但多次在侨界的活动中为侨胞表演丰富多彩的文艺节目，深受广大旅法侨胞们的喜爱和欢迎，而且利用各种各样的舞台向西方观众展现着中华文化的迷人风采。据长江艺术团团长黄曼丽介绍，在他们每年近 60 场的演出当中，90% 以上的演出对象是西方观众，长江艺术团由此也成为许多西方观众了解和欣赏中国艺术的一个窗口。长江艺术团先后参加了在巴黎举行的“中国文化周”、“中国文化季”和“中国文化年”的演出活动；他们还曾在巴黎市政厅、联合国教科文组织总部、巴黎迪斯尼乐园、比利时布鲁塞尔大学城剧院、荷兰大剧院、葡萄牙赌城大剧场、法国里尔“世纪大剧院”、法国里尔“上海一条街”、法国图书沙龙中国主宾国开幕式等大型活动中一展风采，尤其是在 2011 年的香街彩妆大游行上，他们作为唯一参加游行的华人艺术团的彩妆亮相，更是获得了一致好评。②

（四）华文教育展示中华传统文化魅力

随着改革开放的不断深入，我国经济实力和综合国力的不断增强，世界各国越来越重视中华语言、文字、文学、道德观、文化，由此带来

---

① 《欧洲中国书法协会在德国成立》，中国侨网，http://www.chinaqw.com/node2/node2796/node2882/node3113/node3116/userobject6ai266554.html。

② 《法国长江艺术团：绽放在法兰西土地上的中华艺术奇葩》，中国侨网，http://www.chinaqw.com/node2/node2796/node2882/node3113/node3116/userobject6ai249252.html。

世界各国对华文需求的上升。

在西欧国家，华文学校多以华人社团合资或独资举办的业余补习班为主力，部分西欧国家鉴于保护少数民族传统文化的目的也投入部分资金举办中文学校。在法国、荷兰等国家的一些大学里也相继开设了中文系以招揽部分从事与中国有关的外事或研究人员。据李明欢教授统计，时至20世纪末，由欧洲各国华侨华人自行创办的各类中文学校或中文班已达300所以上，其中，以英国最多，大约有160～180所，遍布英伦三岛；其次为荷兰和法国，各有30～40所；再次是德国20多所，西班牙10多所，意大利10所左右。[①]英国侨界的中文教育十分发达。目前全英有200多所中文学校，几乎每个华人社团都有自己的中文学校，社区中心也设有中文学校，学生人数有2万多，绝大多数是华裔子弟，也有当地的英国人；在中文学校里授课的教师有1 000人左右。[②] 近几年西欧各国也开设了数家孔子学院，极大地丰富了华文教育的领域，扩大了中国文化的影响力。

华文教育对于广大旅居西欧的侨胞来说，不仅仅是教会下一代认几个汉字，讲几句中国话这样简单。更为关键的是，这是维系与祖（籍）国联系的情感纽带，也是保持中华民族特性的“留根工程”。毋庸讳言，不少海外华裔青少年存有一定程度的“民族认同疲惫”，“不愿做华人”的思想在一些人身上还相当严重，但是，他们又不可能完全、彻底地融入当地社会，这就造成了一种很大的困惑。如何培养华裔下一代的民族意识，华文教育无疑是最佳途径。

同时，华文教育也是推广中华文化的重要渠道。据《西欧时报》报道，由法国华文教育协会主办、《西欧时报》孔子课堂和法国潮州会馆承办的法国中文学校书写比赛在中文学校举行，法国18个中文学校的6 200名学生参加了比赛，吸引了大量家长们前去观看。[③]

---

① 李明欢著：《欧洲华侨华人史》，北京：中国华侨出版社，2002年，第726页。

② 肖飞：《英伦华人剪影》，《欧洲时报》，2004年10月23—24日。

③ 《法国中文学校举办汉字书写比赛6 200名学生参赛》，国务院侨务办公室网，http：//www.gqb.gov.cn/news/2009/0311/1/12874.shtml。

再有，华文教育也潜移默化地传承和弘扬了中国传统文化价值观，如“天人合一”等文化价值观，中华民族勤劳勇敢、团结友爱、坚忍不拔、自强不息的民族精神，以及尊老爱幼、助人为乐的传统美德等。

（五）华文媒体与中华传统文化的传播

近年来，随着华侨华人人口的不断增多及两岸关系的和缓，欧洲华文媒体也加快了整合的步伐，办报风格和目标也有渐行渐近之势，弘扬中华传统文化、服务欧洲华侨华人以及促进中西方交流和沟通等逐渐成为共识。

《欧洲时报》是欧洲最大的华文报纸之一，1983 年 1 月 1 日在法国创刊发行。法国总统希拉克，中国领导人胡锦涛、江泽民等，或曾接见报社负责人并接受专访，或对《欧洲时报》给予高度评价，充分肯定了《欧洲时报》为促进法中友好合作而作出的积极努力。同样在华侨华人中拥有较大影响的华文大报还有《星岛日报》、《文汇报》、《欧洲日报》[①] 以及改组过的《欧华联合时报》等。

在弘扬中华传统文化方面，欧洲华文媒体积极报道、参与有关中国文化的活动。以意大利“中国文化年”活动为例，作为意大利最大、最有影响的华文媒体《欧华联合时报》在活动开始前往往推出一系列时评，为意大利“中国文化年”的圆满召开而造势。对于来自中国大陆的艺术演出活动，欧洲广大华文媒体都给予了大篇幅的报道和关注，像由国务院侨务办公室牵头的“文化中国·四海同春”欧洲演出，《欧洲时报》等西欧有影响力的媒体都进行了广泛的专题报道，突出其文化内涵。还有每年的维也纳音乐大厅的中国民族乐团的精彩演出都在广大华文媒体报道中占据重要位置。

广大欧洲华文媒体不仅通过报道宣传中华传统文化，而且适时参与一些居住国的文化活动，展示中华传统文化的魅力。2010 年 2 月 13 日正值虎年除夕，欧洲时报文化中心应邀参加了法国 92 省王后镇市

① 拥有 27 年历史的法国中文报纸《欧洲日报》已于 2009 年 8 月 26 日发表公告，宣布自当年 8 月 31 日起停刊。

（Bourg-la-Reine）举办的2010年春节亚洲文化节。这次文化节期间，文化中心为法国观众举办“中国少数民族体育”摄影图片展，同时，在王后镇的中心广场上设摊展示中国绘画、书法艺术品及富有中国民族特色的各类工艺品等。

再有，欧洲华文媒体在促进中西方交流和沟通方面也作出了积极的贡献。比如，以《欧洲时报》为首的广大欧洲华文媒体积极牵头，多方联系中国艺术团体，为他们到欧洲演出牵线搭桥，旨在推动中西方文化交流，增进普通民众对东方文化的感性认识，弘扬传统文化魅力。

除了报纸，中文广播、中文电视也是华文媒体的重要媒介。中文广播、中文电视“以其直接、形象、生动、活泼的视听效应，形成中文报刊所无法比拟的传播优势，吸引了众多听众和观众。其在欧华中文传媒业中的地位，也是后来居上”①。

四、华侨华人与中国经济发展道路的影响

广大欧洲华侨华人不但是新中国经济建设的参与者，也是新中国尤其是改革开放以来中国经济取得巨大成就、走向成功发展道路的宣传者。

改革开放迄今，中国经济以其独特的发展轨迹历经多次全球经济危机的冲击而依然保持较高的增长速度令世界瞩目。中欧贸易额从1978年的33亿美元起步，实现了巨大飞跃。据中方统计，2003年，中欧贸易首次突破1 000亿美元，达1 252亿美元，此后每两年增加1 000亿美元：2005年达2 173亿美元，2007年达3 562亿美元。2007年中国从欧盟进口1 110亿美元，增长22%；出口2 452亿美元，增长29%。2008年1—4月，中欧贸易额达1 299亿美元，同比增长25.4%；中国对欧盟出口879亿美元，增长25.4%；自欧盟进口420亿美元，增长25.3%。目前，欧盟是中国第一大贸易伙伴和最大的出口市场，中国是欧盟第二大贸易伙伴。中欧贸易在中国外贸总额中所占比重达16.4%，

① 李明欢著：《欧洲华侨华人史》，北京：中国华侨出版社，2002年，第759页。

其中对欧盟出口占中国出口总额的 20.7%，居第一位；自欧盟进口占中国进口总额的 11.4%，仅次于日本，居第二位。[①]

伴随着中欧双边经贸往来的加深，欧盟国家的企业、个人投资商也试图更多地了解中国大陆的投资信息。华文媒体由于其特殊的地位和与中国大陆的紧密联系，越来越受到西欧社会的重视，也成为西欧国家了解中国的重要渠道。

西欧华文媒体也不失时机，抓住机遇发挥自己的特殊作用，致力于用中文打造全面沟通中欧的信息互动平台。每家媒体都开出专门的版面全方位、多角度地介绍中国尤其是令世人瞩目的中国经济的发展，以便广大华侨华人、西欧各国企业关注中国发展，促进经贸往来，达成双赢。

以《欧洲时报》关于近两年中国经济发展的报道为例，其报道中国经济的内容主要包括：宏观经济走势、中国政府领导对于经济发展的重要讲话、中欧经贸交往、中国应对金融危机的举措与成绩、欧盟对于中国经济发展的报道、中国经济发展中的问题等，可谓全方位、立体式报道。另外，在关于中国新闻的报道中经济新闻占据了重要的版面，及时而显著。在其报道中国经济的过程中，也常常引用中国内地主流媒体的文章与评论，内容比较客观与中肯。像 2009 年关于从中欧国际工商学院 MBA 毕业的美国前总统尼克松侄孙德闻·尼克松的一篇报道中，引用尼克松侄孙的原话讲述了中国经济、政治环境的巨大变化，这无疑对西欧各国国民有很大的示范作用。因为德闻·尼克松只是众多国际学生求学中国的一个缩影，折射出中国商学院的国际魅力与日俱增、中国经济蓬勃发展产生的吸引力这些不争的事实。[②] 通过这些及时而准确的报道与介绍，西欧国家对于中国的发展成果也有更多认同。

---

① 以上数据来源于中国商品网，http：//ccn. mofcom. gov. cn/spbg/show. php? id =7747。

② 《尼克松侄孙：我的中国之旅"慢慢来"》，欧洲时报网，http：//www. oushinet. com/172 –546 –37700. xhtml。

第三节　欧洲侨胞参与中国软实力建设面临的挑战

虽然欧洲华侨华人在中国软实力建设中直接或间接地发挥了重要作用，但也面临一些挑战和困难。除了前已述及的西方国家政府和民间敌对势力的干扰，以及中国与欧洲国家关系的波动所带来的影响外，欧洲华侨华人参与中国软实力建设还面临欧洲紧缩的移民政策、华侨华人融入当地社会、华人社会的团结等挑战与困难。

一、欧洲紧缩的移民政策波及华人社会的发展

第二次世界大战后相当长一段时间内，欧洲国家一直推行多元文化政策，对大量涌入的外来移民基本持宽容态度，但到20世纪末21世纪初，随着外来移民，尤其是阿拉伯国家移民的大量增加，加上“9·11”事件的冲击及全球经济危机的持续影响，欧洲极右势力开始抬头，排外情绪急剧升温，英国、法国、德国等国政府加大了移民治理力度，先后收紧了移民政策。①

我国学者曹云华指出，欧洲移民政策的变化，一方面将会“进一步压缩华侨华人的生存空间，使新移民更难加入住在国国籍”，另一方面还会“加剧华侨华人与住在国人民的矛盾。一些不负责任的政客也有可能利用经济危机，挑拨离间民族矛盾，把华侨华人当作是政府政策失败的替罪羊”。② 这样的形势和环境自然会对欧洲华侨华人发挥其作用带来极大的挑战。

---

① 李明欢：《9·11之后欧洲移民政策的若干思考》，《华侨华人历史研究》2002年第4期；《世界侨情报告》编委会编：《世界侨情报告：2011—2012》总序、欧洲部分，广州：暨南大学出版社，2012年。

② 蓝一莲：《欧洲紧缩的移民政策压缩华侨华人生存空间》，侨报网，2012年6月26日。

二、欧洲侨胞融入当地社会的问题

中国人移民欧洲的历史虽然不算短，但大量华侨华人进入欧洲是在20世纪70年代，尤其是90年代以后。进入欧洲的华侨华人多数为东南亚印度支那华裔难民及中国新移民。可以说，“欧华社会是个年轻的移民社会，华社主体所走过的历程不过半个世纪，尚未或刚刚开始步入成熟”①。虽然欧洲华人与当地社会经济发展之间的相互依存度在上升，“欧洲华侨华人与当地主流社会相处还是平和的”，但欧洲华侨华人与当地国民族在文化、习俗、观念、经营理念等方面还存在诸多隔阂，②“华人作为一个整体，离融入主流尚有一些距离”③。

一般来说，由于海外侨胞身处海外，与当地人朝夕相处，因此一直被看作是中华民族在海外社会的“代言人”以及直接了解中国的一扇“窗口”。海外侨胞的一举一动都将被赋予族群的烙印，他们承担着树立华人族群形象，从而间接维护中国形象的责任。因此，欧洲华侨华人，尤其是新移民，能否走出较封闭的华人生活圈，提升自身素质，适应、接纳当地文化习俗，积极融入当地社会，为当地社会经济多作贡献，不但关乎华人族群形象，也间接影响中国形象。

三、华侨华人不同群体的差异

由于来源地的不同及历史渊源和意识形态等方面的差异，欧洲华侨华人群体较为复杂。

根据李明欢教授的研究，目前西欧华侨华人大致可以分为六大群体：第一，来自香港和广东的粤语群体，多为20世纪50—60年代由香港赴欧者。英国、荷兰、德国、比利时诸国社团均具有不同程度的香港

---

① 朱慧玲：《欧洲华侨华人社会的现状及其特点》，《华侨华人历史研究》1999年第4期。

② 李明欢：《欧洲华侨华人社会现状与发展趋势》，载王晓萍、刘宏主编：《欧洲华侨华人与当地社会关系：社会融合·经济发展·政治参与》，广州：中山大学出版社，2011年，第14～16页。

③ 《欧洲华人为何难以融入当地主流社会》，《中国青年报》，2006年8月28日。

文化。第二，浙江籍人士，除了少数50年代已经居留欧洲的华人外，绝大部分是70年代末以来，浙江青田、温州人以家庭团聚、继承遗产、餐饮劳工、旅游探亲为由，赴西欧、南欧等的“连锁移民”（主体是农民）。第三，来自西欧诸国原殖民地印度尼西亚、苏里南、印支等地的华裔难民或移民。第四，台湾省籍人士，主要是“二战”后因婚姻、投亲、求职等移民欧洲的台湾人。第五，90年代东欧剧变时从中国大陆各地赴东欧的新移民。第六，以留学身份进入并居留西欧的留学人员群体，主要是60年代以来来自中国台港地区的留学生、东南亚的留学生和中国大陆的留学生。[①] 这些不同背景的华人在政治和社会文化等多方面立场不同，观点迥异。不同华侨华人群体的差异甚至对立，既影响华人社会的团结，也不利于中国软实力的构建。

① 李明欢：《战后西欧华侨华人社会发展变化初探》，《华侨华人历史研究》1992年第1期，第63~70页。

第九章
东南亚侨胞与中国软实力

近年以来，东南亚华人的政治经济实力和地位都比过去有了明显的增长和提高，其在政治、经济、文化等领域的影响力正在不断增强和扩大。随着全球化的发展，中国—东盟自由贸易区的建立和启动，不仅为华人和居住国提供了更多的商机和发展机遇，也为广大东南亚华人提供了进一步施展才华、发挥独特作用的广阔空间。东南亚侨胞是未来中国与东南亚各国友好关系发展、文化交流、经贸合作的重要桥梁，也是提升中国国际形象、增强中国软实力的重要力量。

第一节　东南亚华侨华人概况

冷战结束以来，中国经济有了突飞猛进的发展，综合国力日渐增强，中国与周边国家的关系也获得了进一步的改善与发展，尤其是与东盟国家的联系日益紧密，经贸合作不断加强，文化交流日益深化。中国在东南亚的影响力得到进一步扩展，华侨华人的地位和作用日益凸显。据厦门大学庄国土教授的最新研究数据显示，目前全球华侨华人有4 543 万，东南亚华侨华人约有 3 348.6 万，约占海外华侨华人总数的

73.4%。20世纪80年代后，迁入的中国新移民在250万以上。[①] 印度尼西亚、泰国和马来西亚既是东南亚也是世界华侨华人人口数量最多的三个国家。

“二战”之前，东南亚华人大都在政治上认同中国，与祖籍地保持着密切的政治、经济和文化联系，他们对当地政治的参与度和对经济的影响力也相对有限。“二战”结束后，东南亚国家相继独立，随着90%以上的华人加入当地国籍，华人的政治身份发生了根本性的转变。

战后几十年来，东南亚华人政治地位的变化复杂而曲折，具体到每一个国家又各有不同。印尼华人长期处于二等公民的地位，只要身份证上被标明了华裔的符号，就意味着不能参与任何政党活动，只有10%的人可以上印尼国立大学，一切都以原住民优先为原则。政治上受到排斥，华人唯一的出路是经商，这也促成华人在经济上的成就，但也不幸地成为被排斥的理由。苏哈托下台后，印尼政府才逐步调整了华人政策，尤其是瓦希德当选印尼总统后，废除了十多条歧视华人的法规条例，华人的政治地位得到前所未有的改善和提升。此后，历届政府基本上都延续这一政策，华人也开始踊跃投入到参政议政的行列中来。马来西亚华人在1957年独立时就获得了公民权，这也是华人政党努力的结果，但由于谈判的条件是承认“马来人优先”的地位，因此导致了在独立之初华人与马来人政治地位的不平等，但这种不平等并不影响马来西亚华人组建政党、参政议政、积极维护自身权益。学者们普遍认为，马来西亚等国的华人的政治地位和政治影响力在东南亚国家中算是比较高的。菲律宾华人政治地位的变化是以1975年为界的，之前华人入籍有很多限制；1975年之后，马科斯上台后中菲建交，菲律宾的入籍政策放宽，华人实现集体入籍，在政治上开始融入菲律宾社会。20世纪80年代开始，菲律宾华人开始积极参政，华人的政治地位大大提高，从总统、部长、议员到地方官员都有华人的身影。泰国华人的入籍政策是最为宽松的，入籍华人与当地公民拥有同等的政治地位和权利，因

① 参见庄国土：《东南亚华侨华人数量的新估算》，《厦门大学学报》2009年第3期。

此，在东南亚国家中，泰国华人不仅是与当地融合得最好的，也是社会政治地位最高的。相对而言，印支三国和缅甸华人的社会政治地位要弱很多。尤其是缅甸，一直以来都强调“原住民政治权力优先”。总体来看，东南亚国家中，新加坡、泰国、菲律宾和马来西亚等国华人的社会政治地位相对较高，其他国家近年来均有不同程度的改善。

相对于政治地位而言，东南亚华人的经济实力和经济地位则略胜一筹。这一方面是因为早期到东南亚谋生的华人大多是出于经济目的，为了赚钱养家，谋取更好的生活，他们更注重经济活动，再加上华人勤劳、节俭，且善于经营，很快就在经济领域崭露头角。另一方面，由于战后初期，东南亚国家大都对华人在政治上采取排斥、压制的政策，导致他们只能从经济上寻找出路。随着战后各国华侨华人政策的不断调整，尤其是大部分华人加入居住国国籍，华人经济逐渐成为居住国经济的一个组成部分，华人对居住国经济的贡献也日益凸显，东南亚各国对华人经济的限制政策开始放松，对华人资本也由排斥、限制到认同和支持，从而促使华人经济有了长足发展。尤其是在华人政策相对宽松的新加坡、马来西亚、泰国、菲律宾等国，华人资本在当地经济中占有优势地位。20 世纪 80 年代，东南亚出现了一大批以华人资本为主体的现代企业集团和跨国企业集团。90 年代，华人资本在泰国工业中占有绝对优势；马来西亚的华人资本占了近 45%；新加坡的主要大财团几乎都由华人掌控；菲律宾最大的两百多家企业中，60% 都由华人持有。[①] 经过 1997 年金融危机的冲击，华人企业重新调整产业结构后实力得到进一步的恢复和加强。目前，在东南亚地区华人的经济构成中，既有大型华人企业集团（大都集中在金融、贸易、制造业和房地产业，主要分布在新加坡、马来西亚、泰国、菲律宾和印度尼西亚等国），也有分布广泛的中小企业（主要以餐饮、商业、零售和服务行业为主）。据中新社发布的《2008 年世界华商发展报告》的统计数据，在亚洲前 1 000 强的上市华商企业中，中国台湾占 46%，中国香港占 3.8%，新加坡占

① 参见叶祥松：《略论东南亚华人经济》，《当代亚太》2001 年第 8 期。

12%，马来西亚占6%，泰国占3.8%，菲律宾占1.4%，印度尼西亚占1.4%。[①] 相比之下，印支三国和缅甸等国受多年战乱影响，以及当地政治体制、社会经济秩序和相关政策的制约，华人经济的发展相对滞后。随着冷战后国际、地区环境的改善，经济全球化和东盟经济一体化的发展，特别是中国—东盟自由贸易区的建立，给这几个国家的华人经济创造了更多的发展机遇。近几年来，虽然该地区华人经济仍以中小企业为主，但也产生了一些较大的、有实力的华人企业集团，尽管其经济落后于东南亚其他国家的华人经济，但总体看来他们在当地的经济地位还是比较高的。

第二节　东南亚侨胞与中国软实力的提升

东南亚侨胞拥有跨国和跨文化的独特背景，他们不仅深受中华传统文化和价值观的影响，同时也熟悉、了解居住国的情况，且具有较好的社会经济和文化等方面的资源。他们不仅在中国与东南亚国家关系发展中起着桥梁和纽带作用，也对中国在东南亚软实力的提升与发展发挥着独特而重要的推动作用。其主要体现在以下三个方面：

一、介绍并推崇中国发展模式，提升中国在东南亚的国家形象和影响力

自2004年5月11日美国高盛公司资深顾问乔舒亚·库珀·雷默提出“北京共识”以来，国内外对“中国模式”的描述多种多样，主要集中在以下几个方面：积极参与全球化进程，同时保持自己的特色与自主性；实行渐进式改革，维护政治社会稳定；以经济发展为核心，追求社会和自然的协调发展与可持续发展，兼顾效率与公平；走和平发展道路，做负责任的大国。由此可见，中国模式更多地体现为一种理念，即

① 覃翊：《全球金融危机下的东南亚华人经济》，《八桂侨刊》2009年第1期。

和谐与可持续发展的理念。

中国模式受到许多发展中国家，尤其是东盟国家的推崇。中国模式的特点在于拒绝“休克疗法”，推行渐进改革，并在这一进程中正确处理稳定、改革与发展的关系。中国模式表现在集中精力满足人民最迫切的需求，首先就是消除贫困并在这个领域取得显著的成绩。三十年来，中国的贫困人口从2.5亿减少到1 400多万，贫困发生率从30.7%下降到1.6%。[①] 世界70%的脱贫是在中国实现的。当今世界最大的问题就是消除贫困，仅此一点，中国模式的经验就具有深远的国际意义，对同处于发展中的东南亚国家而言，更具有示范效应和借鉴意义。仅仅在三十年前，中国可以说和他们一样贫穷，甚至比某些东南亚国家还要贫穷，而如今中国已成为世界舞台上的经济强国。尤其是经历1997年东南亚金融危机和2008年美国次贷危机后，中国模式的借鉴意义更加凸显。

东南亚华人，尤其是第一、二代移民，受过长期的华文教育，都有不同程度的“中华文化情结”，他们加入居住国的国籍后，仍保留着华族的语言、文化和习俗，他们对中国的国情和发展模式比较了解，而且中国改革开放的制度创新很多是由他们献计献策制定出来的。如中国经济特区的建立和发展都不同程度地采纳了华侨华人的政策建议。同样，如今他们也自觉自愿地把中国模式介绍到居住国，希望东南亚国家能够借鉴中国发展的成功经验，这不仅有利于华人居住国的建设和发展，也进一步提升了中国在东南亚的软实力，对中国软实力的发展起到了积极的推动作用。这在印度尼西亚、马来西亚、越南、柬埔寨等国家中都有不同程度的体现。2008年9月26日印尼西加里曼丹省副省长黄汉山（黄汉山先生是印尼历史上首位华人省级地方行政长官，也是印尼历史上华人担任的最高职务）上任后，就接连到广东、山东、河北等省考察，学习中国发展经济的经验。他在与时任广东省副省长万庆良会晤时

---

① 《改革开放30年：中国贫困人口已减少至1 400多万》，人民网·天津视窗，2008年12月6日，http：//www.022net.com/2008/12-6/431542163370043.html。

说："此行目的是来向中国学习，向广东学习，不仅仅局限于经贸方面的学习，还包括文化方面的学习。"① 马来西亚占地2 217平方千米的柔佛州"依斯干达"南部经济区，也是学习、参照中国经济特区的发展经验和发展模式建立起来的，并以东南亚华商和华商网络为中介，吸引中国企业前往投资。② 越南的成功转型也正是得益于推行了类似中国的转型方式。越南走的也是先农村后城市、循序渐进式的革新道路。早在中越关系正常化之前，越南就已开始密切关注、研究中国的改革经验，特别是农村家庭联产承包责任制的改革，并结合越南的情况加以实践。

在华人的推荐和影响下，越来越多的东南亚国家开始关注中国的发展模式，并尝试着接受、仿效中国模式，为自身国家的建设和发展所用。中国的国家形象和在海外的影响力也因此得到提升。

二、传播中华传统文化与和谐理念，参与构建多元和谐社会

在日益全球化的今天，单靠硬实力已难以赢得世人的尊重，对一个国家和民族而言，文化的魅力才能保持长久的影响力。东南亚华侨华人作为中国文化在海外的传承者，他们通过华文教育、华文传媒和华人社团三大法宝在促进中华文化与当地主流文化不断交融的过程中，也将中国文化中最基本的价值观——和谐的内涵传递到居住国。

（一）华文教育的推动

华文教育是传承中华文化的关键，它的兴盛与发展有助于推动中国与东南亚国家的交流，也有利于东南亚国家更加客观地认识中国文化的价值和意义，进而推动当地社会的开放与包容，促进不同民族多元文化的和谐共生。

---

① 《万庆良副省长会见印尼西加里曼丹省副省长黄汉山》，潮汕风情网，2009年4月19日，http://ren.csfqw.com/peoplename/ShowAddArticle.aspx? artid=18053。

② 王望波：《中国—东盟自由贸易区中的东南亚华商》，《南洋问题研究》2007年第3期。

我们已经看到，目前，东南亚各国华文教育事业蓬勃发展，呈现出良好的发展势头。不仅华文学校的规模在不断扩大，办学模式也呈现出日益多样化的趋势，并得到了东南亚各国政府的认同和支持。马来西亚就形成了从小学到大学的完整的华文教育体系；泰国、菲律宾、印度尼西亚、新加坡和越南的华文教育都被政府纳入国家教育体系中；经过政府的审核，柬埔寨、缅甸等国的华人可以自发创办华文学校。东南亚华人社会通常把发展华文教育看成是培养子女继承中华传统文化，掌握更多谋生技能，加强对中国的认识和与中国开展经贸合作的重要途径。因此，长期以来，学习华文的主要是华人子女。然而，近年来，东南亚许多国家都出现了“汉语热”，越来越多的非华裔学生也选择到华文学校学习。有数字显示，在一些东南亚国家的全日制华文中小学和幼稚园中，非华裔学生约占 30%，有些甚至达到 50%。以菲律宾为例，在华人较集中的马尼拉地区，华校中纯华人血统的学生仅占 30%，首都以外的地区，华校中菲律宾血统的学生占了 70% ~80%。[①]

马来西亚尊孔独立中学（图片来源：http：//www.xinhuanet.com/**）**

① 参见周聿峨著：《东南亚华文教育》，广州：暨南大学出版社，1995 年。

（二）华人传媒的功能

和其他大众传媒一样，东南亚华文媒体具有传播信息、引导舆论、服务社会、提供娱乐等功能。但是，它也具有跟其他大众传媒不一样的特殊性，即弘扬中华文化、维护华人权益、促进华人与当地民族的沟通融合。1993年，柬埔寨华文报纸《华商日报》提出的办报方针，可以说代表了大部分华文媒体的心声："以宣传柬华文化为己任，以促进工商经济为使命，以服务广大读者为职责。"① 传承中华文化可以说既是东南亚华文传媒的共同传统，也是它们未来共同的发展方向。近年来，华文媒体对中国介绍力度的加大、内容的增多等都体现了中华文化在东南亚的传播成就，大大有利于东南亚国家认识中国、了解中国。

新加坡的主要媒体集团有两个：一是新加坡报业控股有限公司，一是新加坡传媒公司。新加坡报业控股有限公司是新加坡最大的出版机构，出版《联合早报》、《联合晚报》、《新明日报》和《星期五周报》等四份华文报纸；新加坡传媒公司经营电视台和电台以及相关网站，其中最重要的是英语的第五频道及"亚洲新闻台"和华语的第八频道。根据相关资料，新加坡每天阅读英文报的人数为151万，而华文报只有117万；相反，每天观看华语电视节目的人数高达197万，而观看英语频道的则只有159万。马来西亚现有华文报共18家，是海外拥有华文报最多的国家。华文报的日销售量超过马来文报和英文报。马来西亚有华文期刊63种，其华语广播电视也逐渐得到扩展，6套广播节目中的4套有华语广播，3个电视频道则在每天下午的6～7点播放华语节目。印尼目前有7家华文报纸，3家华语电台。中国学者在印尼做过相关调查，发现印尼很多华人都订两种语言的报纸，一种是印尼文，一种是华文，他们每天都翻阅华文报纸，因为从华文报纸上不仅可以更真实地了解中国的历史文化，更可以目睹中国这三十多年的飞速变化和发展。② 印尼华文报纸除了刊登时政要闻外，还专门设置了中国财经新闻板块，

---

① 周中坚：《东南亚华文报刊的世纪历程》，《东南亚》2004年第2期。

② 罗红、高红樱：《印尼华文媒体的历史、现状及前景》，《新闻记者》2005年第8期。

不管是宏观调控，还是微观经济的发展，经济、金融、房地产、股市、旅游等方面的信息都有相关报道，全方位地报道了中国的现状。此外，印尼华文媒体还开设了以中国文艺为主的副刊，内容涵盖了中国古代文化和当代文学、当代人的生活以及传统习俗等。

（三）华人社团的影响

东南亚各国的华人社团积极鼓励、扶植各类华文学校，开展各种中华文艺活动。每逢中国传统节日如春节、端午节、中秋节等，便会举办

2011 年马来西亚吉隆坡市妈祖庙文化节

（图片来源：http：//www. xinhuanet. com/）

舞狮、唱戏等具有中国传统文化特色的节目，并邀请其他族群参加，增强他们对中华传统文化的了解。此外，华人社团还举办各种慈善活动和对祖宗的祭祀活动。如马来西亚的华人社团，自 1984 年起每年举办一次“华人文化节”，为期一个月，主要以文艺表演和讨论讲座等形式向全社会展示华人的传统文化。这也是东南亚国家中马来西亚的年轻华裔对中华文化的认知度和认同度最高的主要原因。在华人的宣传和影响下，不少原属于华人的传统习俗已逐渐成为东南亚多元文化的重要组成部分：在印尼就出现了用印尼语演唱的京剧；在东南亚许多国家，春节已经成为法定公众假日；中国传统的太极拳运动、针灸疗法以及华语电影，受到不少东南亚原住民的欢迎。华人社团还通过普及中国传统医学

知识与技能，救死扶伤，加深华族与当地民众的融合。如印尼中医协会就经常围绕中华传统技艺开设讲座，举办短期培训班，借此向年青一代华人和友族传播中华传统文化。由于草药的使用和中医学的治疗已为印尼大众接受和肯定，因此来参加课程学习的不仅有印尼华人，还有其他当地民众。这样的开班授课不但让印尼新一代华人继续传承了中华传统文化，而且扩大了当地民众对中华文化的了解与认识，可谓一举多得。① 华人与友族人民同甘苦、共患难，这不仅有利于改善印尼其他各族人民对华人的态度，还能改善印尼对中国的态度，促进两国关系进一步发展。有记者调查发现，目前在越南"中国文学热"正在逐渐升温，中华文化的影响随处可见。越南河内市中心上下四层、颇具规模的长前图书大厦里，除了中国古典文学颇受欢迎外，中国近现代文学著作同样备受推崇。② 另外，新加坡和马来西亚更以其在东南亚便利的地理条件及拥有众多华人的优势，成为第四大中文图书市场，并将来自中国的华文书籍销往印度尼西亚、菲律宾、泰国和越南等其他东南亚国家。随着全球化的发展，东南亚华人社团的活动开始在双边、区域和次区域及全球范围内展开，促进了中国与东南亚国家及地区间的跨文化交流和经贸活动。

中华文化可以说既是桥梁，也是沟通的途径。自 1991 年中国开始与东盟进行对话并成为东盟磋商伙伴国，到 2001 年 11 月建立中国—东盟自由贸易区以来，华人更容易与中国建立广泛而密切的联系，沟通的渠道也日益多样化。华人特殊的文化背景也促进了中国和东南亚国家的文化交流与经贸合作。他们的行为和影响让居住国政府和人民都认识到，尊重并吸收华侨华人的传统文化，对他们的国家建设和现代民族文化的发展是有利的。马来西亚前总理马哈蒂尔等人就曾号召马来人向华人学习经商，一些马来人家庭也把子女送到华文学校就读。可以说，华

① 丁丽兴：《试论后苏哈托时代印尼华人社团与印尼多元和谐社会的构建》，《东南亚研究》2009 年第 5 期。

② 费洪海、任晓晴：《"中国文学热"在越南升温，中华文化影响随处可见》，新华网，http：//news. xinhuanet. com/world/2007 -05/04/content_ 6056875. htm。

人有利于居住国人民正确了解和认识中国，消除当地民族对华人的偏见，同时也有助于中国与东盟国家合作关系的健康发展。在此借用马来西亚前总理马哈蒂尔的话："历史不能没有华人"，东南亚华侨华人是中国—东盟自由贸易区建设中的桥梁，传承着文明和进步。①

由此可见，民族文化是一个民族的民族之根、民族之魂。居住在东南亚地区的华人在居住国谋求生存与发展的同时，虽然创造性地将中华文化、居住国本土文化和其他文化融于一体，逐渐形成了具有鲜明地域特色的华人文化，但"这种文化在内涵、形式、形态乃至深层的价值观等方面仍然保留着浓厚的中华文化色彩"②，并转化成一种延绵不断的"文化情结"。中华文化的核心，即根植于中华民族内心的精神和情感是难以磨灭的。中华文化重伦理、重亲情，强调天人合一、人伦和谐，并体现在中国人对人与自然、人与人之间关系的认识中，进而形成了中国人特有的价值观和民族心态。谦和礼让、尚义重情、温良勤俭、勤奋耐劳等中华民族的传统美德也成为华人与当地民族和谐共处的法宝，更构成了当地人心目中良好的中国形象。

三、支持、理解和解释中国的外交政策与外交行为

纵观新中国成立以来的外交理念，是一个从"和平外交"走向"和谐外交"的过程。中国传统的"和平外交"通常指手段、方式上的和平，即非暴力、非战争手段解决问题的政策。而目前中国倡导的"和谐世界外交"理念可以说比以往更前进了一步，它既包括了传统和平外交的含义，又不限于这层含义，即致力于使"相关各方"的关系不仅限于和平共处、不发生冲突，还要争取通过"协调"来达到"和谐"的良好状态，显示出中国传统文化中和谐思想与现代互利共赢观念的有机结合。③ 然而，正在崛起中的中国面对西方"中国威胁论"的打压，

---

① 胡晓玲：《华侨华人在中国—东盟自由贸易区的作用》，《东南亚纵横》2007 年第 5 期。

② 罗豪才：《发挥华侨华人优势推动和谐世界建设》，《群言》2007 年第 8 期。

③ 肖枫：《从"和平外交"到"和谐外交"》，《理论参考》2007 年第 5 期。

要让中国的和谐外交更具说服力，使中国在国际格局和国际秩序的建设中赢得主动，首先需要国际社会尤其是像东南亚这样的发展中国家的理解与支持，才能更好地在与世界的沟通中扩大合作，实现互利共赢，进而扩大中国在国际上的话语权，提升中国“和谐世界”外交理念的国际感召力。如何让东南亚国家更客观地理解和认同并支持中国的外交政策和外交行为，华侨华人的作用至关重要。

长期以来，东南亚华侨华人可以说一直扮演着中国与东南亚国家友好使者的角色，也是将中国与“和”文化传递到东南亚的和平使者。因为相对于西方，向外移民伴随着对外侵略的进程，华侨华人的移民则伴随着对外贸易、求知、全球化和躲避内乱的流亡。他们的最终目标非常单纯，是为了寻求更好的生活，所追求的是和平、和谐。因此可以说，东南亚华侨华人是“和”文化的使者，他们一直在居住国和中国之间搭起“和谐”的桥梁，尤其在推动中国与东南亚国家政治、经济、文化关系的发展等方面起着特殊的桥梁和纽带作用。在历史上，东南亚华侨华人为促进中国同居住国建立和发展外交关系作出了重要贡献。如今，东南亚华侨华人充分发挥自身优势，常常通过华商网络和社团组织等各种不同方式，积极从事促进双边关系发展的各项活动，为居住国政府发展对华关系建言献策、增信释疑，向居住国宣传中国的和谐外交政策和互利共赢的合作理念。具体表现如下：

积极推动中国与东南亚双边、多边政治经济关系发展，传递和谐理念。东南亚华侨华人直接或间接地参与了中国与东南亚国家的外交关系的恢复、改善和发展，他们利用自己对居住国的深入了解，为拓展中国与东南亚的外交空间，发展双方友好关系作出了突出的贡献；尤其是在促进中国同东南亚一些国家缔结友好省市，加强双方从中央到地方的政治、经贸合作，促进文化交流等方面做了大量的工作，也强化了东南亚国家对中国的体制与实力的认同。在这方面，东南亚华人尤其是华商所起的作用较为突出。以菲律宾为例。菲律宾华商联总会理事长蔡聪妙先生，是一位旅居菲律宾50多年的华人，曾任菲律宾卫星公司董事长。20世纪90年代，他在是否选择中国公司来帮助菲律宾发射第一颗国际通讯和广播卫星"飞鹰二号"的问题上力排众议，并亲赴美国取得有关分析和论证数据，成功说服拉莫斯政府与中国签署了合作发射菲律宾卫星的备忘录，并于1997年由中国"长征三号"火箭成功发射，用事实证明并展示了中国卫星发射的技术与实力，扩大了中国的影响力。①

东南亚华商经过多年的苦心经营，大都在居住国拥有一定的社会地位和社会影响力。为了生存与发展，他们中的不少人与当地政要、社会名流、军队要员等建立了密切的联系，拥有了丰富的人脉资源。在泰国、马来西亚、菲律宾等华人积极参政的国家，许多华人本身就是政府官员、国会议员（如泰国、马来西亚的华商）或政府国策顾问（如印度尼西亚、柬埔寨的华商），他们拥有多种影响政府决策的资源和途径。此外，他们对中国的政治经济体制、政策偏好、外交表达方式、文化特点和风土人情等都比较熟悉，可以较为客观地理解、解释中国外交政策的真实含义，较为准确地传递外交信息，在推动双边和多边关系和谐稳定发展的同时，也提升了中国在东南亚的软实力。这从中国—东盟自由贸易区的顺利启动和双方合作的迅猛发展中都可以看到良好成效，这些都离不开东南亚华商的中介融合作用。对此，马来西亚前总理马哈蒂尔曾表示：东南亚华人是连接马来西亚、泰国、新加坡、印度尼西亚、越南、柬埔寨等东南亚国家与中国的一条共同主线。海外华人埋头苦干、艰苦创业的才干和精神，是他们取得成功的要素。如果没有华人，东南亚的经济状况肯定不会像今天这般有活力。②

华商将中国的企业引荐到东南亚国家，促进了中国与东盟国家的经贸合作，同时也为双方在体制模式、政策导向、经营管理方式、制度文化建设等方面提供了相互了解、相互交流与相互学习的平台，有利于加强东南亚企业与相关国家对中国现行政策的理解和认同。

积极参与居住国主流社会活动，推动中国与东南亚国家的民间外

---

① 参见陈添地：《国计民生萦心头——访菲律宾华商联总会理事长蔡聪妙》，《炎黄纵横》2006年第7期。

② 陈克齐：《华商网路在中国—东盟自由贸易区建设中的作用》，中国侨网，http://www.chinaqw.com.cn20040726。

交，通过报刊电台、各种协会、开展公益活动等方式引导舆论，对当地民众施加影响，促进东南亚国家的政府和民众更加全面客观地认识和了解中国。这是中国改革开放 30 多年来东南亚华侨华人群体最大的变化特征，也是其实现“民间外交”的有效途径。如有“救灾大王”之称的菲律宾华人慈善家佟刚先生，身兼菲中友好协会理事和菲华联谊会秘书长职务，长期以来他专心致力于社会慈善事业，赢得了当地各界的尊重。他不仅热心于菲律宾的大众公益事业，也十分关注菲中友好关系的发展。在举世瞩目的北京奥运会举办前期，“藏独”、“疆独”分子制造了一系列恐怖事件，引发了世界的关注，甚至引起了其他国家对中国的误解和偏见。而中国能够顺利地解决这些问题、消除误解，华侨华人无疑起到了关键作用。如 2009 年新疆维吾尔自治区首府乌鲁木齐发生“7·5”打砸抢烧严重暴力犯罪事件后，东南亚华侨华人纷纷发表声明或讲话，支持中国政府采取措施维护社会稳定和民族团结。柬埔寨中国和平统一促进会、柬埔寨中华文化发展基金会、柬华理事总会、柬埔寨中国商会和柬埔寨港澳侨商总会发表联合声明，坚决支持中国政府采取果断措施，维护社会安定和国家统一。[①] 再如，2004 年 5 月，曾有一家在美国注册的公司派人与菲律宾卫星公司签订了委托转播法轮功节目的合同，公司董事长蔡聪妙先生获知后，为取消合同，不惜损失上千万美元，他的理由是：“君子爱财取之有道。中国要稳定，不能让法轮功搅乱政局。”[②]

在近几年一系列的反华事件中，东南亚侨胞采用各种方式向世界展示了他们支持中国领土完整、支持中国和平发展的决心和信心。他们的宣传和影响使居住国政府和人民能更客观地认识和理解当代中国的现实国情与外交行为，也丰富了中国进行民间外交的手段。

① 《海外华侨华人支持中国维护社会稳定民族团结》，新浪网，http：//news. sina. com. cn/c/2009 - 07 - 08/005118173694. shtml。

② 参见陈添地：《国计民生萦心头——访菲律宾华商联总会理事长蔡聪妙》，《炎黄纵横》2006 年第 7 期。

第三节　影响东南亚侨胞发挥作用的主要因素

一、华侨华人居住国政策因素

"二战"结束后，特别是自20世纪50年代后期开始，东南亚各国相继获得独立。从自身政治发展的需要和民族主义立场出发，独立后的东南亚国家大都不同程度地采取了限制华侨华人政治、经济、文化发展的强制同化政策，这导致华侨华人社会发生了根本性的转变。

政治上，在经历了社会动荡和多次的排华事件后，广大华侨的政治认同观发生了改变，他们认识到，为了更好地生存与发展，他们必须转变观念，尽快融入主流社会。在短短的二三十年的时间里，90%以上的华侨都选择加入居住国的国籍。战后几十年来，由于东南亚各国采取了限制或禁止中国新移民入境的政策，使得土生华人在华人总人口中的比例日益增多。华人政治身份的转变可以说从根本上切断了华人与祖籍国政治联系的纽带。与此同时，华人经济的发展也受到相关政策的限制。文化上，基于同样的原因，东南亚华人与祖籍国之间的文化联系几乎中断，再加上居住国政府对华文教育的限制，以及对华人在文化上实行同化政策，导致战后出生的华人"新生代"的传统文化观日渐淡薄。他们很少或基本上没有接受过母语教育，对祖籍国的了解非常有限，也不像老一辈华人那样对祖籍国怀有深厚的感情。

从20世纪80年代初开始，华侨华人所居住的东南亚各国无论在经济上、政治上还是各国之间以及与中国之间相互关系的发展上，都发生了深刻的变化，东南亚国家与中国的关系由战后初期的政治对抗转向了经济合作，从军事争夺转向了商品竞争……90年代以来，中国与东盟国家的关系开始进入全面恢复阶段，合作与发展成为主流，尤其是在经贸领域，双方的合作关系有了明显的进展。不仅高层交往频繁，经贸关

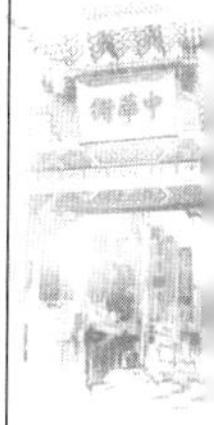

系也日渐深入，中国与东盟国家签署了多项贸易协定，贸易额不断增长。在此背景下，东盟国家对本国的华人政策进行了调整，一些国家逐步放宽了华人到中国探亲、旅游和进行商业活动的限制。华人与祖籍国的联系与交往重新密切和频繁起来。由此可见，随着改革开放后中国经济的飞速发展，经济利益已逐渐取代政治制度和意识形态观，成为东盟对华关系发展的决定因素。东盟国家在华人政策的制定过程中，也逐渐趋向于以现实利益为优先考虑的原则。中国—东盟自由贸易区计划的推行，无疑给双方带来更多的发展机会，这对东南亚华人来说，其发展优势是可以预见的。从长远来看，出于自身经济利益的考虑，东盟国家仍将会利用华人的力量和优势加强与中国的合作，那么，华人与中国的经贸、文化联系也将会得到进一步加强，这将有利于华人在中国软实力建设与发展中发挥积极的作用。

但是，我们也要看到，华人居住国的相关政策始终决定着华人在当地的生存与发展、地位与作用、前途和命运，也必然影响着华人对中国在东南亚软实力建设与发展中作用的发挥。作为生活在东南亚的华侨华人，居住国的经济和政治环境也是与其生存及发展息息相关的。居住国动荡，则其受害；居住国发展，则其受益。如今，东南亚经济继续走上发展的道路，当地人民追求民主的热情高涨，东南亚华人参政的主动性也在逐步提高，参政条件也在逐步改善，但华人的未来与发展，以及与中国的关系定位，仍受制于居住国的相关政策和法规。由于东盟各国在对待民族问题尤其是华人问题上还存在着差别，在一些国家，华人经济的发展、华人与祖籍国经济联系的加强，时不时也会受到种族主义者的干扰而引发种族矛盾，导致种族冲突，或被政客所利用而演变成敏感的政治问题。

二、中国因素

（1）中国与东南亚华人居住国关系变化的影响。新中国成立初期，政府选择了站在以苏联为首的社会主义阵营，与以美国为首的西方资本主义阵营划清界限。东南亚大部分国家属于西方阵营，这也导致中国与大多数东南亚华人居住国站在了对立面。中国与东南亚国家的关系受到东西方冷战的影响，当地华侨华人也因此备受歧视和压迫。改革开放后，中国政府积极改善与其他国家的关系，如中国政府积极参与东盟地区的对话与合作，发展与东南亚各国的友好合作关系，提出“和谐世界”的理念等；近几年来，在南海问题上，中国政府主张通过和平谈判来协商解决问题，提出“主权归我，搁置争议，共同开发”的原则，也得到了东盟各国领导人的理解。中国与东盟各国关系发展得好，华人政治地位也相应提高，影响力也相应扩大。

战后的历史表明，中国与东南亚国家关系的好坏，往往直接影响到当地的华人政策。中国与东南亚国家关系的良性互动和友好发展，不仅有利于双方经贸关系的迅速发展，也是华人得以与中国进行正常来往的根本前提。这也关系到中国在东南亚软实力的建设与发展，以及华人在其中能发挥怎样的作用。

（2）中国外交与侨务政策的影响。清末和国民政府时期的国籍法以血统主义为原则。1954 年中国政府对外交战略进行了重大调整——取消双重国籍政策，并在 1954 年与印尼签订了《中华人民共和国政府与印度尼西亚政府关于双重国籍问题的条约》。这一条约的签订，可以说是中国政府外交、侨务政策发生重大变化的标志。在 1954 年 9 月第一届全国人民代表大会上，周恩来谈到了政策调整的原因：“在对我国不友好的国家中，华侨的处境甚为困难”，“华侨的国籍问题是中国过去反动政府始终不加解决的问题。这就使华侨处于困难的境地，并且在过去常常引起中国同有关国家的不和。为了改善这种情况，我们准备解决这个问题，并且准备首先同已经建交的东南亚国家解决这个问题”。①

从中国政府外交侨务政策调整变化所导致的结果中可以看出，中国的外交、侨务政策取向和发展在很大程度上决定着华侨华人能否在中国

---

① 《历年国务院政府工作报告（1954—2012 年）》，中华人民共和国中央人民政府网，http：www. gov. cn/test/2006 -02/23/content_ 208673. htm。

软实力建设与发展中发挥有益的作用。

（3）中国自身实力地位的变化与发展所造成的影响。中国自身实力地位间接影响着华人居住国政府的华侨华人政策，进而影响着华人在居住国与中国之间关系的定位与作用的发挥。如20世纪70年代中国实行改革开放政策以来，经济实力不断上升，国际威望和影响力日渐提高，东南亚华侨华人的地位也因此而获得提升。随着华人居住国政府相关政策的调整，华人生存和发展的境遇也得到明显改善，其对居住国与中国之间的桥梁作用也越来越受到重视，反过来也加强了居住国对中国的关注与了解，提升了中国的影响力。

三、东南亚华侨华人自身的因素

战后东南亚华侨华人社会的一个重要特点就是华人国家认同的转变。“二战”前，东南亚华侨华人在政治上大都认同中国，“二战”结束后，由于东南亚国家推行强制同化的政策，再加上中国“双重国籍”政策的调整，华人的政治认同不得不转向居住国。国家认同的转变，以及与祖（籍）国关系的疏远，再加上近二三十年来居住国政策的限制、压制，东南亚华侨华人的思想观念及民族心态发生了不小的变化，这种变化与欧美华侨华人之间的表现是有差异的。如今，政治上华人已加入当地国籍，他们大都自认为是当地公民，如新加坡人、马来西亚人、菲律宾人、泰国人、印度尼西亚人等。以印度尼西亚为例，有侨务工作者在印尼雅加达、棉兰、泗水、万隆等四个城市做过问卷调查，调查表共发放226份，回收202份。结果显示，印尼国籍的共199人，中国国籍的仅3人（据了解，均为新侨）；其中认为印尼是自己祖国的有196人，占印尼国籍总人数的98.49%，认为中国是自己祖国的仅有5人（其中3人是新侨），另外1人未填。[①] 由此可见，大部分华人已将居住国视为祖国，在政治上忠于居住国，已是一种常态。

① 此调查结果为暨南大学学者于2003年8月9日至9月6日率团赴印尼四个城市举办“中国海外交流协会第三期印尼华文教师培训班”期间开展“印尼华文教育现状问卷调查”时所调查的一个问题。

在教育方面，由于大多数东南亚国家实行限制、禁止华人教育的政策，导致华文教育中断了30多年之久，很多华人将子女送到当地各级中、小学，职业及中等专业学校，国立或私立高等院校学习，有的还送到欧美各国留学深造，因此很多华裔青少年和儿童都不会讲华语，对中华文化了解甚少。在婚姻观念及关系上，“二战”前华侨华人男女大部分只在本族内通婚（虽也有部分与外族通婚，但大多是华侨华人男性娶外族女性）；“二战”后，这种婚姻观念已被打破。目前，东南亚华人妇女和当地原住民男性结婚者已大量增多。如印尼华人与当地居民通婚的人数就有所增加。据我国学者温北炎教授的调查，“印尼华人移居当地已有数代人，在小城镇农村，华人与当地居民杂居，通婚现象比较普遍”。“当问到‘您的兄弟姐妹或亲戚中是否有人与当地人通婚’时，回答‘有’的占49.4%，‘没有’的占39.9%，‘不知道’的占10.7%。华人社会中，女青年嫁给当地人的现象比过去增加了，被华人或社会瞧不起的现象减少了。”[①] 在文化方面，东南亚国家的一些华人也发生了认同上的转变。他们中的一部分人已成为伊斯兰教、天主教及基督教教徒。当地民族文化及各种教会文化正在灌输进他们的思想认识及意识之中，他们开始认同当地的文化观、价值观及文化生活习俗，而对中华文化和习俗已基本淡忘，甚至毫无所知。

此外，当今的东南亚华侨华人社会正处于新老交替的过渡时期，老一代华侨华人年龄增大且在事业上逐步淡出，新生代华侨华人开始走向前台。他们主要的特点是知识水平较高，创新意识较强，掌握了较多的国外先进管理理念和科技信息，从事职业多元化，但受中华传统文化教育较少。国内曾经有学者对东南亚新生代华人进行了问卷调查发现，关于国家认同，大部分被询问者均认同他们现在所居住的国家，把居住国当作自己的祖国；关于文化认同，自觉地学习华文的人仍然占多数，对当地的民族文化，大部分人抱着一种为适应环境而必须接受和学习的态

① 温北炎：《经济全球化背景下印尼华人进一步融入当地社会的机遇与挑战》，《东南亚研究》2005年第5期。

度；关于未来职业选择，年青一代华人一般不太愿意继承父业，从事工商业，而喜欢从事各种专业工作，这种变化在马来西亚籍学生中表现得更为明显。①

① 曹云华：《东南亚华人青年如何看待华人与当地民族的关系》，《东南亚研究》1999 年第 4 期。

对策启示篇

第十章
侨务工作与中国软实力

中国侨务工作肩负着维护侨益、凝聚侨心、汇集侨智、发挥侨力的重任，为中国的建设和发展，为在国际政治、经济、文化、社会领域的大舞台上注入更多的中国元素发挥着独特的重要作用，在建构和提升国家软实力方面发挥了积极作用。

第一节　中国侨务工作对国家软实力建设的独特贡献

一、侨务工作在政治领域为构建和提升国家软实力发挥了积极作用

中国是一个侨民大国。早在中国民主革命时期，孙中山先生就发动华侨华人争取世界民主进步力量的支持，推翻了封建君主专制制度，使具有五千年文明的中国，跻身于民主共和的世界大潮之中……翻过百年的屈辱历史，中国人民站起来了。新中国的诞生使海外华侨欢欣鼓舞，也不免使众多的周边邻国心存忧虑。周恩来总理以坦诚的外交政策和侨务政策正确处理了东南亚国家担心的中国侨民问题。中国政府不搞双重国籍、鼓励华侨选择居住国国籍的政策化解了东南亚国家对中国和中国侨民的疑虑，也使“出嫁的女儿”依然情系桑梓，成为促进祖籍国与

属籍国友谊的纽带和桥梁。

文化大革命后，乘着改革开放的春风，侨务部门下大力气拨乱反正，平反了10多万件涉及海外侨胞和归侨侨眷的冤假错案，清退了4 000万平方米的华侨私房，清理了60多万份归侨侨眷职工的档案。“一视同仁、不得歧视、根据特点、适当照顾”，侨务战线的同志用情、用心抚慰了“左”的错误给海外侨胞和归侨侨眷造成的心理创伤，重新凝聚起几千万海外侨胞和归侨侨眷对祖国母亲的向心力，极大地激发了他们积极投身于改革开放和现代化建设的热情。1990年9月7日，第七届全国人民代表大会常务委员会第十五次会议通过了《中华人民共和国归侨侨眷权益保护法》，这是中国侨务法制建设的重大建树；2004年，中华人民共和国国务院颁布《中华人民共和国归侨侨眷权益保护法实施办法》，全国30个省区市也相继颁布了本省区市的实施办法；2006年，全国人大常委会就该法执法情况进行了全国大检查；《归侨侨眷权益保护法》纳入国家普法规划，这些活动进一步提高了全社会对侨务政策的认识和重视，也向国际社会展现了中国政治建设、法制建设的社会主义特色。中国特色社会主义为中国侨务工作提供了广阔的时代舞台，中国侨务工作也为社会主义中国的建设和发展增添了鲜明的中国特色。有利于海外侨胞的长期生存和发展，有利于发展我国同海外侨胞居住国的友好合作关系，有利于推进我国现代化建设和祖国统一；注意外籍华人与华侨的国籍区别，尊重外籍华人的族裔感情，增进他们与祖籍国的亲情乡谊；遵循相关的国际条约和惯例，公开、合法开展侨务工作，这些中国侨务工作的基本方针、政策和原则，成为中国特色社会主义理论和实践的重要组成部分。据学者统计，今天世界上已有70多个国家设立了侨务工作机构。这与国际移民的频繁现象和认识到侨务工作的重要作用不无关系，也与中国侨务工作的影响、示范和成效不无关系。有的国家领导人向我国领导人请教侨务工作的经验，有的国家派员来华考察、了解、学习侨务工作，有的国家甚至完全比照中国的侨务机构成立本国的侨务机构……如果说有“中国模式”，中国侨务应该忝列其中。

自新世纪始，中国涉侨部门每年邀请海外侨胞回国列席全国人民政治协商会议。迄今已有数十个国家、数百名海外侨胞代表列席了全国人民政治协商会议，旁听国务院总理向全国人民代表大会作《政府工作报告》。邀请海外侨胞列席全国人民政治协商会议，为海外侨胞参政议政、建言献策提供了平台，极大地激发了他们关心、参与和宣介中国建设发展的积极性。来自日本的列席代表姜维撰文说："全国政协邀请海外侨胞列席代表出席两会，是海外侨胞政治生活中的一件大事，随着中国国力日渐强大，海外侨胞同祖国的血脉相依之情就更加深厚，让海外侨胞近距离了解国情也是中国执政党的自信所在。"① 列席代表以亲见亲闻的与会感受向居住国人民介绍中国特色的民主政治，介绍中国人民参政议政的人民代表大会制度和中国共产党领导的多党合作、政治协商制度，不仅符合中国的国情，而且比西方议会民主成本更低、效率更高。来自澳大利亚的列席代表唐林在参加全国人民政治协商会议后说，中国的崛起已势不可当，但又阻力重重。宣传中国的巨大成就，凝聚广大海外侨胞的力量；宣传中国的和平崛起，增进与居住国民众的共识，是我们的责任。

海外华侨华人纷纷成立反"独"促统组织，开展反"独"促统活动；许多传统亲台社团和人士相继访问大陆，实现了"破冰之旅"，在海外华社形成了一支反"独"促统的强大力量。2005 年，"第三届世界华侨华人社团联谊大会"在北京发表了《大会宣言》和《海外华侨华人致台湾同胞书》；2008 年元宵，侨务部门推动海峡两岸同胞和海外华夏儿女共同在福建成功举办了"海峡两岸闹元宵，全球华人盼团圆"活动，情景令人动容。"子规夜半犹啼血，不信春风唤不回。"与 2000 年华侨华人首次举办"全球华侨华人推动中国和平统一大会（德国柏林）"时仅有一位台湾同胞与会相比，2010 年举办的"全球华侨华人促进中国和平统一大会（中国香港）"有 600 多位台湾同胞踊跃参会，其规模成为历次同主题大会之最。涉侨部门还因势利导，积极支持海外华社开展反对、抵制"藏独"、"东突"分子分裂、祸乱中国的活动，宣

① 姜维：《华侨华人热议两会》，《中国侨商》2010 年总第 22 期，第 25 页。

示、维护、捍卫了国家的核心利益。

二、侨务工作在经济领域为构建和提升国家软实力发挥了积极作用

改革开放以来，海外华侨华人在中国大陆创办的企业和投入的资金所占我国外资企业总数和实际利用外资总额的比例一直较高。许多省市的第一家外资企业就是侨资企业，中国成为吸引外资的主要国家，侨务工作功不可没。侨资企业还是中国企业“走出去”的先行者。1993 年，香港中国旅行社在美国投资建设的“锦绣中华园”（以下简称“中华园”）在佛罗里达奥兰多迪斯尼世界主题公园旁隆重揭幕。据时任我国驻美使馆参赞彭湛东回忆，“中华园”开园正值中美关系建交以来最为严峻和困难的时期，就在美国政府中断对华高层接触、实行对华制裁的情况下，美国前总统尼克松、前国务卿黑格、美中关系委员会主席康纳布尔等政界高层欣然受邀参加了开幕庆典委员会。中国政协副主席钱伟长、国务院侨务办公室主任廖晖和佛罗里达州州长罗顿·查尔斯出席了“中华园”的开幕式。中国驻美大使李道豫和夫人借“中华园民族服饰表演团”赴美演出，分别邀请亚洲驻美使团馆长和各国驻美使馆馆长夫人观看表演。一次普通的商业活动、两场中华服饰表演，就在美国本土打破了美国政府坚持的对华制裁政策。

近年，按照国家经济结构调整和区域协调发展战略，侨务部门积极组织侨资企业开展“侨资企业西部行”、“兴国利侨——牵手西部”、“侨资企业东北行”等活动；积极引导华侨华人参与中部地区崛起、西部大开发和振兴东北老工业基地的战略实施。随着国家经济转型和经济发展方式的转变，侨务部门又适时举办“全国百家明星侨资企业杰出创业奖”和“全国百名华侨华人杰出创业奖”评选表彰活动，进一步在侨界营造建功建业、争先创优的氛围，推动优秀侨资企业、优秀侨商人士在国家经济建设进程中的不断涌现。侨务部门在引资、引智为国家和地方经济社会发展服务的同时，坚持以“为侨服务”为宗旨，以科学发展观涵养侨务资源，保持其与中国经济同步发展和实现可持续发展

涉侨部门关心、支持侨资企业，联合开展为侨服务行动年活动，不遗余力地为侨资企业维权解忧，推动解决涉侨经济纠纷。在维护侨益、凝聚侨心、汇聚侨智、发挥侨力的同时，也进一步推动了我国投资环境的完善和优化。

科学技术是第一生产力，人才资源是第一资源。几千万华侨华人居住在世界各地，活跃在政治、经济、文化、社会各个领域，构成了一个集政治、经济、文化、社会资源于一体的资源宝库。为把海外华侨华人高端人才与建设创新型国家结合起来，侨务部门邀请海外知名专家学者和企业家为建设创新型国家建言献策，充分调动和激发了海外英才为国服务、回国创业的热情。2000 年，侨务部门举办了第一届“世界华人论坛”。“论坛”以“21 世纪：中国经济·科技展望”为主题，深入研讨中国经济、科技在新世纪的发展前景，推动海外华侨华人与中国在经济、科技领域的广泛合作。第二届“论坛”以“中国加入世界贸易组织后金融业的机遇和挑战”为主题，对加快中国金融领域的改革和发展提出了许多建设性的意见和建议。第三届“论坛”以“建立中国—东盟自由贸易区：华商面临的挑战、机遇和对策”为主题，体现了中国政府睦邻、安邻、富邻政策，积极推动中国与东盟的互利共赢。第四届“论坛”以“实施‘走出去’战略——海外华商企业与中国民营企业的合作与发展”为主题，推动中国民营企业与海外华商优势互补、合作共赢，融入当地社会，增进中国与世界各国的友好交往。第五届“论坛”以“海外华侨华人高端人才与建设创新型国家”为主题，从微观到宏观，从政策到战略，从改革到创新，提出了一系列建设性意见。第六届“论坛”以“创新中国·和谐发展”为主题，围绕科技创新和促进经济发展方式转变积极建言献策。侨务部门在新世纪第一个十年间六次举办“世界华人论坛”，为海外华侨华人工商企业、科技界人士和国内相关部门提供了交流的平台，达到沟通信息、扩大共识、促进合作的目的。媒体评论：“论坛焦点的转换，体现了海外华侨华人在心系中国发展‘硬实力’的同时，对提升‘软实力’的关注也愈加强烈。对中国来说，海外华侨华人如同一股源源不断的暖流，每当中国有需要时，他们总是义无反顾，全情投入，倾力支持。当中国刚开始改革开放时，海外华侨华人一马当先，承担起‘助推器’的重任，促使中国经济走上持续、快速、健康的发展轨道。当中国入世后，金融业面临海外投资涌入而形成的外来竞争时，他们无私地介绍国外先进的管理经验，为加速中国金融领域进行自身改革与完善献计献策。当2003年第十六届三中全会后的中国决心实施‘走出去’战略时，华侨华人又敞开胸怀，帮助中国企业参与全球竞争……”①

综合实力的竞争就是人才的竞争。侨务部门广泛与海外华侨华人专业人士、团体建立和加强联系，充实海外人才数据库，积极为国家引进人才，围绕国家人才强国和科教兴国战略，组织创业政策咨询报告团赴海外介绍国情、宣介政策；举办“华侨华人专业人士创业创新项目交流会”、“华商企业科技创新合作交流会”、“海外华侨华人高新科技洽谈会”；开展“海外华裔杰青华夏行”、“海外人才为国服务博士团”活动。这些活动突出了国家科技创新、节能环保、经济发展方式转变的战略主题，为海外人才回国创业、为国服务提供了平台，架起了桥梁。2008年，美国普林斯顿大学分子生物学家施一公毅然放弃美国国籍和千万美元的研究经费返回中国。《纽约时报》评论，施一公及其他知名科学家相继回国表明，中国正以更快的速度缩小与发达国家的科技差距。② 除施一公外，陈十一、饶毅、李学龙、李东升等一批海归人士也先后汇入了中国“千人计划”的宏伟蓝图。2010年，全国政协副主席、科技部部长万钢在第六届“世界华人论坛”开幕式上介绍，改革开放以来大批海外留学人员学成回国，已成为我国科技领军的重要生力军。目前，中国留学人员已占国家重点学科项目带头人的72%，两院院士的80%。国家推出了引进高层次人才的“千人计划”，目前已有829人

① 《从硬实力到软实力　世界华人论坛献智中国发展》，中国新闻网，2008年10月29日，http：//www.chinanews.com/hr/kong/news/2008/10－29/1430536.shtml。

② 《美报：中国政府吸引“明星海归”回流》，《参考消息》，2010年1月8日，第8版。

回到祖国。[1] 江苏侨务部门以"引天下英才、聚海外智力"为目标，经过10年的努力，一个海外人才创业带已经在扬子江两岸初步形成。进入留学人员创业园的"海归"企业超过1 000家，汇聚了逾万名海外专业人才。据江苏省人事厅介绍，海归仅在江苏创业园开发的高新技术项目就达2 700多项，拥有国家专利386项，完成国家和省级重点攻关项目163项。在"海归"的带动下，2007年江苏的光伏产能超过1 000兆瓦，占国内总量的3/4，全球总量的1/4，走在了世界光伏产业的前列。据不完全统计，2009年，全国已建有各类留学人员创业园150多个、入园企业逾8 000家、在园留学人员2万多。华侨华人专业人才在中国现代化建设进程中发挥的社会影响力和科技影响力，在中国软实力构成要素中产生了1 +1 >2 的综合效应。

三、侨务工作在文化领域为构建和提升国家软实力发挥了积极作用

中华文化是中华民族共同的精神家园，是维系国家统一和振兴中华的精神纽带。帮助海外华侨华人传承和弘扬中华文化，是侨务部门一项长期而艰巨的基础性工作。多年来侨务部门一边组织人员编写适合不同地区、国家的华文教材，一边培训海外教师和外派教师，以满足分布在全球几万所华文学校的几十万华文教师、几百万华人学生传承中华文化的需要。为了更大限度地满足海外华侨华人的精神文化需求，侨务部门在五大洲许多国家设立了华星影库和华星书库，提供图书、影像资料、报纸杂志，深受海外华社的欢迎。侨务部门还积极开展与华侨华人居住国教育部门的合作，开展华文教育双边交流，为华侨华人在居住国传承中华文化营造宽松的外部环境，也拓宽了汉语教育国际推广的路径。

吸引、延揽人才的能力反映了一个国家思想文化和科学技术的影响力与创新力。美国长盛不衰的原因之一就是通过大学招生吸引、汇集了

---

① 《万钢对话海外侨胞：祖国是施展才华最佳舞台》，中国新闻网，2010年7月26日，http://www.chinanews.com/zgqj/2010/07-26/2425237.shtml。

全世界最优秀的人才。学生时期是长身体、长知识，形成世界观、价值观和人生观的关键时期，即使短暂的留学经历也可能影响其一生。据教育部统计，截至2008年，中国各院校累计接受国际学生146万余人次；2008年当年共接受各类来华留学生22.35万人[①]。按同时段统计，侨务系统的院校（暨南大学、华侨大学、北京华文学院和粤、桂、滇华侨学校）接受的国际学生为83 278人次和5 904人，虽然仅分别占全国总数的5.7%和2.6%，但若和全国招收境外学生院校总数相比，侨务系统的院校数尚不足全国招收境外学生院校总数的0.2‰。可见，中国侨资院校在海（境）外的吸引力和影响力之大。

中国新闻社被廖公誉为“我国新闻战线的奇兵”。新中国成立初期，为了打破西方反华势力的干扰和阻隔，中国新闻社除发文字稿外，还开设“中国新闻广播电台”，用短波频率对外播音，以让海外侨胞直接了解来自祖国的讯息。今天，中国新闻社作为国家对外报道的主要渠道和重要窗口，以平均每天播发新闻电讯稿100余条，每月提供专电、专稿300篇左右，播发重大新闻和专题新闻图片1 000多幅，供五大洲几千万华侨华人了解祖（籍）国的信息。特别是在乌鲁木齐“7·5”事件中，中新社发出了“第一篇中文报道”、“第一篇图片报道”、“第一家披露权威伤亡数据”，及时报道了事件真相，回应了国际社会的关切；有效抑制了谣言传播，赢得了话语权和主动权。2009年，由遍及五大洲48个国家和地区的216家海外华文媒体加盟的“世界华文媒体合作联盟”在中国新闻社主办的第五届“世界华文传媒论坛”上宣告成立。这为中国新闻社进一步发挥民间通讯社优势，引领世界华文媒体，加强国际传播能力，建设国际一流通讯社又迈出了坚实的一步。

为了让世界人民了解中国，以“影响有影响力的人”为目标的《中国新闻周刊》（以下简称《周刊》）遵循市场规律，不断开拓对外传播路径，已先后在日本、美国、韩国、意大利和南亚地区出版发行当地文版。2007年，《周刊》日文版进入日本的书店、报亭、地铁站，使中

---

① 《146万留学生选择来中国》，《环球时报》，2009年7月31日，第22版。

国主流媒体的信息直接传递到了日本民众的手中。《周刊》日文版还进入日本前三家最大的手机电信运营商网络和 iPhone、iPad 以及谷歌 Android 用户终端。为纪念《周刊》日文版创刊，日本前首相羽田孜率日本友好代表团赴京参加纪念活动。中国新闻出版总署副署长李东东评价，《周刊》落户日本是中日传媒界交流与合作史上的里程碑①。在中日关系陷入冰点之际，《周刊》进入日本，不仅拓展了中国主流媒体海外发展的空间，也为中日关系的融冰发挥了积极作用。2009 年，《周刊》英文版又走进美国，进入研究所、图书馆、外交机构、中国儿童领养家庭、孔子学院……《周刊》还进入国会山，赠送到了美国参、众议员的案头，开启对美媒体公共外交。如果美国参、众议员中的 1/10 能从《周刊》中了解中国的信息，如果《周刊》的信息能够影响美国参、众议员中的 1%，其意义和作用不言而喻。退一步讲，根据心理学研究显示，即使对方完全不同意你的观点，事实上你的表达仍会对其产生心理影响。作为一本“影响有影响力的人”的时政类刊物，《周刊》被高端人士称为“在华盛顿能看到的最好的来自中国的英文杂志”。作为中国国际航空公司、法国航空公司、美国联合航空公司、德国汉莎航空公司公务舱指定阅读刊物，《周刊》正影响着更多有影响力的人。

自 1984 年始，侨务部门就在春节、中秋等佳节思亲之际组派文艺团组赴世界各地慰问华侨华人，与他们共度传统佳节。2010 年，“文化中国·锦绣四川”艺术团的赴美演出还秀进了联合国总部，展示了丰富多元的川蜀文化和汶川灾区抗灾复建的精神风貌，扩大和增强了中国文化的影响力和感染力。至 2011 年，侨务部门已连续三年在春节期间组派“文化中国·四海同春”艺术团分赴五洲四海，在中国人民和世界人民之间架起了一座文化交流的桥梁。“文化中国·四海同春”海外巡演，使华侨华人倍感祖（籍）国的温暖和与友族民众同庆“春节”的自豪。多个国家的政要向演出活动发来贺词或亲临现场观看演出。加拿

---

① 《〈中国新闻周刊〉日文版创刊号销量突破 4.2 万册》，新浪网，2007 年 8 月 2 日。

“文化中国·四海同春”艺术团在巴西演出

（图片来源：http：//riodejaneiro. chineseconsulate. org）

大总理哈珀称，“四海同春”演出展示了无与伦比的中国文化，在国际上形成了奇妙的文化外交；南非总统夫人恩盖玛两次观看“四海同春”演出，她认为，中国文化丰富了南非的文化多元性，两国应继续加强文化交流；美国观众称“四海同春”是“来自中国最好的礼物”。[①] 旧金山和纽约市还分别将“文化中国·四海同春”艺术团在当地的演出日定为“文化中国·四海同春日”和“中国农历新年庆祝日”，以志欢迎和纪念。这充分展现了“文化交流比政治交流更久远，比经济交流更深刻”[②] 的无穷魅力。

四、侨务工作在社会领域为构建和提升国家软实力发挥了积极作用

数以千万计的华侨华人散居在世界各地，分属于不同阶层，工作在不同领域。他们的积极支持和配合为中国侨务部门开展公共外交提供了广阔的天地。

---

① 《“四海同春”展示中国文化影响力》，《中国新闻》，2011 年 3 月 4 日，第 43 页。

② 这是温家宝总理 2010 年 10 月 6 日在欧盟总部“中欧文化高峰论坛”开幕式上的发言。

1992 年侨务部门首组中医慰侨团访问泰国（当时，中医尚未得到泰国政府的承认）。中医团借助泰华社会的人脉关系和泰华社团的社会影响，积极开展友好交流活动，成功拜访了泰国卫生部，并为泰国王室、政府部长、将军、府尹（相当于中国的省长）和社会民众 2 600 余人进行了询诊，取得了良好成效。泰国朋友说，中泰友好，交往频繁，但像中医团这样在泰国社会广受民众喜爱，所到之处都有传媒跟踪报道，为中国访泰团中所少见。中医团的询诊效果和社会影响引起泰国卫生部门的重视。泰国卫生部副部长亲自持花到旅店看望中医团并郑重表示，泰国卫生部决定派员赴华考察中医并邀请中国中医师到泰国讲学，以加强中泰两国在传统医药领域的交流合作。1993 年，泰国卫生部官员来华考察；1994 年，中泰合作成立泰国中医研究所；1995 年，曼谷华侨中医院建立，标志着中医在泰国完全取得了合法地位。2000 年初，侨务部门组织中医团赴印尼慰问华社。在华人朋友的帮助下，中医团与印尼社会各界进行了广泛的接触，印尼执政党总部，省、市长官邸，军营驻地、政府医院、华人诊所、社团会所都成了中国医师进行询诊、宣介中医、开展友好交流的场所。印尼国会卫生、劳工、移民、社会福利委员会主席对中医的四诊八纲（望闻问切，阴阳表里，寒热虚实）非常诚服。他特意安排印尼电视台采访中医团，以让更多的印尼人民了解中国和中医文化，并表示要在印尼国会提出废除将华文刊物列为违禁品法令的议案，以推动中国和印尼文化的交流（当年，印尼国会即废除了将中文刊物与毒品、武器、淫秽物品一起列为违禁品不许入境的法令）。截至 2010 年，侨务部门已组织了 20 多个中医慰侨团，出访亚洲、大洋洲、非洲、南美洲的数十个国家，在慰侨的同时，也为当地人民提供询诊服务，增进了当地人民对中华文化的了解和感情，推动了中医文化的国际化。

侨务部门每年接待成千上万名华裔青少年来华参加以“寻根之旅”为主题的各种夏（冬）令营活动，为侨务资源的涵养和侨务工作的可持续发展注入新的源流。凡参加过夏（冬）令营活动的华裔青少年，

增强了对“根”的意识、“魂”的情感和“梦”的追求。[①] 他们返回居住国后，纷纷向同学和朋友讲述参营见闻，成为一支无形地向外国青少年群体宣介当代中国的宣传队。中国侨务部门教育华侨遵守居住国法律，尊重居住国社会、民族、宗教习俗，与当地人民和睦相处；鼓励华人融入主流社会，为居住国的发展和居住国与我国的友好合作发挥积极的作用。侨务部门在华侨华人社团中，倡导建设“和谐侨社”，进而宣介中国政府倡导建设“和谐世界”的主张和理念，在海外华社和华侨华人聚居国产生了积极影响。只要国际间还存在移民现象和移民问题，只要和平发展、合作的人类主旋律没有改变，中国侨务工作倡导华侨华人推动“和谐世界”建设的主张和理念就会在更广的范围内产生积极的影响。

将几千万海外华侨华人和归侨侨眷的力量聚合起来，积极参与公共事务，通过体现人类进步价值的社会活动形成一种风气、一种凝聚力和吸引力，就是社会软实力的一种体现。据不完全统计，自改革开放以来，海外华侨华人兴办公益事业和扶贫济困的捐款已逾 800 亿元人民币。海外华侨华人捐建的公益项目从综合性大学到希望小学，从科技馆到图书馆，从医院到幼儿园、敬老院，切实推动了中国社会建设的发展。2008 年我国南方地区遭受特大雪灾、汶川地区发生特大地震。侨务部门在第一时间启动了“抗雪救灾温暖行动”和“抗震救灾温暖行动”，实施“双百项目建设计划”（引导和动员侨界力量在地震灾区捐建 100 所侨爱学校和 100 所侨爱卫生院），引导和组织海外华侨华人和国内归侨侨眷向灾区捐款捐物、奉献爱心，帮助灾区民众抵抗灾害，尽快恢复正常的生产和生活秩序。仅这两次特大灾害就汇集了来自国内和世界各地的侨界捐赠 15 亿元人民币，有力地支持了抗雪救灾和抗震救灾工作。侨务部门还组织海外华社共同举办“全球华人悼念汶川大地震遇难同胞烛光晚会”，组织“携手共建——知名华商四川行”、“情系汶

① 习近平副主席在 2010 年海外华裔及港澳台地区青少年“中国寻根之旅”夏令营开营仪式上对营员们说，团结统一的中华民族是海内外中华儿女共同的“根”，博大精深的中华文化是海内外中华儿女共同的“魂”，实现中华民族的伟大复兴是海内外中华儿女共同的“梦”。

川——中外青少年心连心”夏令营等活动，充分体现了中华民族的凝聚力和携手灾区同胞重建家园的互助精神。经济学家厉以宁在四川汶川特大地震发生后曾感慨地说：“民族的凝聚力是最宝贵的财富，它会迅速转化为生产力，不仅有利于灾区迅速恢复重建，而且将使全国上下增加振兴中华的精神力量。”①

“三农问题”是中国政治、经济、社会的重要问题。侨务工作为服务国家发展大局，积极引导、推动、组织侨界开展“万侨助万村”活动，充分发挥和调动侨界力量关注“三农问题”，参与社会主义新农村建设。侨务部门组织“百名博士西部行”活动，为中西部地区农业生产的发展、农村产业的调整、农民生活水平的提高、农村生态环境的改善建言献策；组织侨界专业人士深入乡村，开展农业技能培训、村民自治讲座、法律咨询和医疗服务，直接为农民提供公共服务（其中治疗高海拔地区常见病——白内障的“光明行”活动还深入藏区为藏胞患者解除病痛、带去光明，深受藏族同胞欢迎）；引导华侨华人参与和支持农村敬老扶贫帮困活动与“好婆婆”、“好媳妇”精神文明评比活动，推动乡风文明与农村社会和谐，促进了民族团结和老少边穷地区的发展。一大批侨爱（侨心）学校、卫生院、敬老院、村民活动中心、文化站、图书室等犹如烂漫山花绽放在老少边穷地区。据统计，自2008年“万侨助万村”活动开展以来，已经对接落实各类项目3 000多个，惠及农民群众1 500万人，推动了我国农村公益事业的发展、城乡二元结构的改变，加快了城乡经济社会一体化进程，提高了农村人口素质，也推动了社会主义新农村建设和农村精神文明建设。新中国成立以来，侨务部门在全国共建有84个华侨农场，先后安置归侨、难侨30多万人（现有职工60多万人），为国家的经济建设和社会稳定作出了历史性的贡献。改革开放以来，侨务部门积极探索华侨农场的改革发展，努力推动华侨农场体制融入地方，经济融入市场，管理融入社会，为华侨农场体制改革的顺利推进和平稳转型作出了新的贡献。在城镇，侨务部门努

---

① 《我对当前中国宏观经济形势的看法》，《北京日报》，2008年7月7日，第17版。

力实施“归侨侨眷关爱工程”，开展慰侨送温暖活动，让贫困归侨侨眷和空巢老年归侨侨眷充分感受到社会的关心和温暖；组织下岗失业归侨侨眷开展职业技能培训，构筑困难归侨侨眷救助体系；引导归侨侨眷发挥自身优势参与社区建设，倡导“社区为侨服务好、侨为社区贡献多”的和谐氛围。据统计，仅“十一五”期间，全国设区的市级以上侨务部门独立或联合相关部门出台惠侨护侨政策性文件110多份（政策涉及贫困归侨侨眷生活救助、提高老归侨生活补贴、扶贫开发、舒缓住房困难、医疗救助、法律援助、拆迁安置、就业培训等社会焦点、热点问题），惠及归侨侨眷372.47万人。这些活动充分显示了侨务工作的社会属性，有力地支持了社会保障和社会救助事业，为探索、创新我国的社会建设和社会管理工作作出了贡献。

第二节　软实力视野下的侨务战略与侨务政策

21世纪的国际竞争是硬实力的比拼，也是软实力的较量。侨务工作能否站在新的历史起点上继续解放思想、开拓创新，决定了侨务工作能否实现历史跨越，为构建和提升国家软实力作出新的贡献。

一、“大侨务”战略与国家软实力

改革开放以来，中国的国内外侨务工作取得长足进步。其中最重要的一个方面是形成了中国特色的以中央“五侨”为代表的侨务工作机制。在这个机制下，各涉侨部门联合开展侨情调查，共同举办涉侨活动，合力督促处理侵犯海外侨胞和归侨侨眷在国内投资创业合法权益的典型案件等。在2009年12月4日中央“五侨”领导研讨此前开展的维护侨商投资权益联合调研情况的联席会议上，全国政协副主席、致公党中央主席万钢感叹地说：“世界上没有一个国家像中国这么重视侨务”，

"中央'五侨'以各具特色的工作形成了中国独特的综合优势"。①

中国高层对侨务工作极为重视。2005 年，中共中央总书记胡锦涛提出了"侨务工作三个大有作为"的重要观点；2006 年，胡锦涛在中央外事工作会议上，又明确提出了增强中国国家软实力的任务；2007 年，他希望广大华侨华人在推动居住国发展和进步的同时，发扬中华民族的优良传统，努力做中国现代化建设的积极参与者，做中国统一大业的积极促进者，做中华文明的积极传播者，做中国人民和世界各国人民友好交往的积极推动者，为中国的繁荣和进步，为世界的和平与发展作出更大的贡献；2008 年，他又提出，要充分发挥归侨侨眷和海外同胞在推动中国现代化建设方面的重要作用，在推动祖国和平统一大业方面的积极作用，在传播中华文化方面的独特作用，在增进中国人民同各国人民相互了解和友谊方面的桥梁作用。

我们都明白，今天中国的传统侨务工作要更上一个台阶，就要在现有成就的基础上，以国家"大侨务"为基础，转变观念，因应新形势的需要在实际工作中嵌入软实力的内容。如前所述，新中国成立以来，曾在不同的历史时期自觉或不自觉地应用过自身的软实力，且在不同程度上取得成效。但是，全面地、创造性地、自觉地打造国家软实力和应用国家软实力，并将之提升到与国家硬实力相提并论的战略高度，只是在中国作为一个负责任大国的国际地位得到极大彰显的今天才有可能。近几年来，"软实力"与"国家软实力"的概念在传媒、外宣以及侨务工作中的使用频率经久不衰。这是中国在和平崛起的形势下，包括"国家软实力"在内的国家综合实力得到增强的明显体现。在国家侨务工作中，着力打造和充分发挥国家软实力的作用，也是在新的历史时期海外侨务工作实现科学发展的题中应有之义。

今天，海外传统华侨华人及其后裔、新华侨华人在与祖（籍）国的认同和利益上存在着高度的交集点。今天，海外侨胞在念祖爱乡、参与中国发展并从中国的成就中获得利益的同时，也可以成为以不同方式

① 中国侨联网，2009 年 12 月 6 日。

维护中国国家核心利益的重要力量。同时，他们也是中国宣传和践行“和谐世界”理念的桥梁和纽带。

作为一个在海外有几千万华侨华人的正在崛起中的东方大国，如何加强和开展海外华侨华人的工作，使海外侨胞成为提升国家软实力的重要力量，相关部门应有前瞻性的战略思考。具体来说，应该思考和研究如何在现行的侨务理论中嵌入国家软实力的内容，使两者形成一个有机的理论体系和实践指南。最重要的一点是，要更精心地爱护和涵养海外侨胞资源，更精到地帮助海外侨胞在居住国生存发展，更精巧地开展海外侨务工作。这主要包括两个方面：一是国外侨务工作中应如何因应不同的华人社会群体，有的放矢地传播优秀的中华文化，宣传中国和平的对外形象；二是对于在目前和今后一段时期内的主要的国外侨务工作，如华人社团（含传统社团与新移民社团）、侨务引资引智、华文教育、华人新生代、重要华人组织、杰出华人领袖和科技文化精英、华人融入当地社会和当地民族关系、华人参政、华侨领事保护和应急机制、华人传媒和侨务外宣等各个方面，应自觉地从国家软实力的角度审视和开展。

二、通过海外侨胞作为民间使者的身份，传播中国软实力之制度优势

新中国成立 60 多年来，特别是改革开放 30 多年来，中国走过了过去需要数百年才可能走完的路。将中国这段历史放在人类历史的长河中来看，中国堪称创造了奇迹。世界历史上从来没有哪个国家在短短的时期内，使占全人类 1/5 人口的国家改变贫困落后的面貌。在中国取得巨大成就的过程中，海外侨胞作出了不可磨灭的贡献。中国在最近的几十年中摸索出一条“中国特色社会主义道路”。这首先是一个独特的经济发展道路，改变了世界发展的轨迹，被人们称为“中国模式”或曰“中国道路”。华侨华人也是“中国模式”的见证者和参与者。中国目前政治稳定，经济发展，文化繁荣，社会和谐，已被认为是各国特别是发展中国家的新样板。

中国的发展似乎是个谜，给了世界以惊奇和鼓舞。美国学者福山面对“中国经济令人惊异的快速发展”，改变了其在《历史的终结》一书中所作出的“美国模式优于任何发展模式”的断言。福山说：“客观事实证明，西方自由民主可能并非人类历史进化的终点。随着中国崛起，所谓的‘历史终结论’有待进一步推敲和完善。人类思想宝库需要为中国传统留有一席之地。”① 英国学者雅克在其《当中国统治世界》一书中写道：“中国绝对不会走上西方民主化的道路，只会选择一条不同于西方世界的发展模式；中国的崛起将改变的不仅仅是世界经济格局，还将彻底动摇我们的思维和生活方式。”对于雅克的“热捧”，我们非常清醒，因为中国从未想过要统治世界；“不称霸”是中国对世界的庄严承诺，“和谐世界”是中国的一贯主张。但“中国，正在改变世界”，雅克先生是清楚地看到了。

然而，怀疑、不以为然的眼光依然存在，抹黑与“妖魔化”的老调仍将不断被重弹。除了必要的澄清与回击之外，还要靠软实力的力量。国家制度是一种软实力，它的力量不在于宣传，而在于它是否回答和解决了人类社会所面临的问题。

20 世纪末 21 世纪初，世界上发生了一系列惊天动地的大事，例如，1989 年柏林墙倒塌，1991 年苏联解体，2001 年“9·11”事件及随后的阿富汗反恐战争，1998 年的亚洲金融危机和 2008 年美国引发的世界性金融危机，等等。这些事件从不同层面冲击着人类历史的进程。但相比这些短时的和突发的事件，长线的、持续性的中国和发展更具冲击力，在更深层面上影响着全球未来的发展变化。这种影响便集中表现在“中国模式”上。说到软实力，人们马上就会想起儒学、中餐、中文、中医、中国民歌。这些元素固然有助于外国人了解中国，但“中国模式”能展现现代中国的魅力。借鉴中国发展模式中的一些成功经验，有助于一些国家消除贫困，也将给很多尚未摆脱贫穷的国家提供另一种不同于西方的模式选择。当然，这并不等于说“中国模式”已经十全

① 《“捧杀”中国，以“中国模式”的名义?》，新华网，2010 年 1 月 24 日。

十美。“中国模式”目前还只是一个雏形，仍存在着诸多不确定性，归根结底，是因为中国的发展还存在着诸多不确定性。例如，“中国模式”到目前还无法提供解决社会贫富悬殊问题的良方。如何完善“中国模式”，实现可持续发展，则有赖于中国转变经济增长方式和继续进行改革。在这个过程中，海外侨胞将与中国的发展密不可分，与中国经济增长方式的转变密不可分，与“中国模式”的完善和中国国家软实力的提升密不可分。

我们应该清醒地看到，虽然 1949 年新中国的成立使一个半殖民化的中国告别了“挨打”的时代，30 多年的改革开放使一个贫穷落后的中国告别了“挨饿”的时代，但中国的崛起可能使她面临一个“挨骂”的时代，这一两年来中国所面临的周边和国际事态表明，中国可能同时还要面对一个“挨吓”的时代。中国正面临着传统和非传统并举的国家安全形势。中国正在昂首阔步地走向世界，同时世界也在不无惶惑地走向中国。环顾世界，我们不难发现形形色色的异样目光。

偏见需要纠正，需要化解，而海外侨胞应是最佳的“融合剂”。他们可以发挥“融合剂”的功能和手段，那就是民间外交。民间外交包括民间对政府和民间对民间的外交，有抗风险性强、回旋余地大的特点，可以改变中国以往在应对事件时往往只采取单一的政府外交管道的状况。数千万华侨华人是改革开放的受惠者，是中国改革开放的拥护者与参与者，也是中国改革开放成就的宣传者。中国与西方在社会制度、文化传统、价值观念等方面存在着许多不同点，广大海外侨胞可以帮助拉近中国和世界的距离，促进中国与居住国的经济科技合作交流和文化交流，是中国走向世界、世界了解中国的桥梁和纽带。现在需要做的重要事情，是如何通过广大海外侨胞在国际社会通用的语境下与世界对话，向世界传递中国的资讯，使误解尽可能地减少。

三、发挥华侨华人的作用，传播中华文化，增强中国文化软实力

文化是一个民族最重要的图腾和根脉，也是一个社会群体生命力、

凝聚力的最重要源泉。海外华文教育已经取得了长足进展，但很多时候尚集中在教育的技术层面，例如学校规模、教学方法、教学形式、教材、生源、与主流教育的关系等方面。这些问题固然重要，但海外华文教育所衍生的精神与文化生产力，以及这种生产力对当地社会进步、对华侨华人的生存前景、对沟通居住国与祖（籍）国的关系等多方面的复合作用更加重要。恰恰是在这些方面，海外华文教育将彰显其不可取代的增强国家软实力的作用。同时我们也要客观地认识和研究海外华文教育的发展现状和发展前景，有的放矢地做好海外华文教育工作。

中华文化的构成十分丰富深邃。传统中华文化是整体的中华文化的基本底色，它的历史积淀，以及在现当代的沿衍融汇，深化了中华文化的深厚内涵。传统中华文化的基本内容包括民间艺术与美术、民间音乐、民间戏曲、民间舞蹈、民间手工技艺、民间信仰与宗教、民间文学、民间知识、岁时节令（春节、清明节、端午节、中秋节、重阳节等）、传统医药（中医、保健、膳食与养身之道等）等等，也融汇在华人社会礼仪规范（包括创业礼仪、集会礼仪、各种宴会礼仪、游艺礼仪、婚丧奠祭礼仪）等活动中。与此同时，要深入探讨传统中华文化在海外的播迁，在居住地与当地文化的融合和变异（通过与侨乡的比较），从海外侨居地的角度看传统广府地区中华文化在海外中华大传统文化中的地位，传统中华文化在中国国家软实力体系中的角色担当。

数百年来，传统的老一辈华人居住在唐人街。近几十年来，他们中的不少人走出了唐人街，但今天应该审视如何重新走进唐人街。唐人街，不应是陈旧、老化、封闭、保守、落后的代名词，而应该有一个崭新的形象。事实上，近些年来，唐人街的形象在不断被刷新。我们应该充分发挥全世界五大洲几十个国家的唐人街的作用，通过民俗节庆、中国新年（春节）、文化周、文化月、文化年等活动逐渐扩大唐人街的影响力，让唐人街成为海外传承传统中华文化的重要平台。

法国先贤伏尔泰有句名言说，人生来就是平等的。这一名言被写入法国《人权宣言》和美国宪法。而伏尔泰却说，他这一思想受了孔子“己所不欲，勿施于人”的影响。可以欣慰的是，即使在德国这样一个

没有多少中国传统的国家，也塑有孔子像和“己所不欲，勿施于人”的普世价值观。作为核心价值观的“和”文化，贯穿于上面所说的各个方面。我们应着力挖掘其中“和”文化的精华和内核，同时，从哲学的高度探索核心价值观在中国软实力中的表现形式。华侨华人是传播“和”文化的使者。遍布世界各地的中餐馆、中医馆、武术馆、华文学校、中华民族文化艺术馆等是华侨华人谋生的地方。他们同时也通过自己的职业传播着中国文化，默默无闻地承担着文化使者的角色。

中国国家科技进步衍化而来的思想影响力应看作是国家软实力不可忽略的构成元素。科学技术是第一生产力，是就它推动人类社会进步的物质形态而言的。当它在国际上展现中国的政治影响时，便抽象为软实力的表现形态。科学技术没有国界，中国的科技发展总是与海外侨胞中的科技人才特别是其中的精英人才紧密地联系在一起的。在这种关系中，包含着科技交流的成分，但同样重要的是，海外侨胞中的科技人才所发挥的超越科技本身的思想影响力，是中国软实力得天独厚的构成元素。在认识海外侨胞中的科学家和技术专才及其科学研究成就的同时，我们也要认识他们的科学人文精神，认识蕴涵于这个群体中的中华文化软实力元素。总之，科学人文精神是有巨大的软实力彰显其价值的。针对海外侨胞中的科技人才群体进行的有别于“引智”的另一项侨务工作，就是开展科学人文精神交流。

传统中华体育包括民间游艺、传统体育，如太极拳、武术、气功、民间竞技等等，它们在国际上有着特殊的影响力。国际性体育在一国软实力的构成中具有特殊的地位。今天，中国体育的国际影响力与日俱增已是不争的事实。海外侨胞对中国体育的关爱，对中国体育成就的超越意识形态的高度认同，往往凸显出别的领域难以企及的独特的国家软实力。

中国人、海外华人的传统美德很多。例如，将以勤俭节约、量入为出的传统文化与西方国家的借贷消费文化观念相比较，就可彰显出传统中华文化的生命力。2008 年后的金融危机，使世界对本国国民的消费观念有所反思，对中国人和海外华人勤俭节约、量入为出的传统观念有所思考。

但我们也应该清醒地看到，并非有吸引力、影响力、号召力、创造力的文化，也并非有意志力、控制力的政治就一定能形成软实力，就一定能形成凝聚力。政治和文化之所以能形成软实力、形成凝聚力，前提是要以国家为载体。政治、文化产生于人，又相对独立于创造它的人。人类的优秀文化是属于人类世界的。政治、文化可以成为国家软实力和凝聚力，也可能不成为软实力，反而产生离散力，甚至有可能产生破坏力（最明显的例子莫过于巴以冲突）。

四、重视和鼓励海外侨胞融入当地主流社会，展现华人新形象

中国海外侨务工作的出发点是支持和鼓励海外侨胞融入当地社会，对居住国的经济发展和社会进步不断作出积极的贡献，并在居住国和祖（籍）国之间发挥桥梁和纽带作用。因此，我们应该立足于海外侨胞融入当地社会这个基本前提，并在此基础上探讨他们对发挥中国软实力的意义、方式和作用。具体来说，就是要实事求是地探讨传统华人与新华侨华人在逐渐融入居住国社会的过程中其身份、地位角色和政治认同等方面的不同变化，以及这些变化对弘扬中国软实力的优势和不利之处。

大部分海外炎黄子孙仍然在内心深处尚保留着一份对家乡和祖（籍）国、对中华文化的热爱。在今天全球化的大背景下，海外侨胞融入当地主流社会，只会增加和有利于居住国社会、政府和人民对中国的认知与交流，同时也会增强中国的软实力。

五、“以侨为桥——让世界了解中国”，增强中国的吸引力和感召力

今天人们已经普遍认识到，中国对西方的了解远胜于西方对中国的了解。要加大扭转中外“知识逆差”的力度，除尽力满足海外华社对华语传媒、音像等资讯的需求外（培养青少年后备读者），还要考虑如何以全球的眼光、国际的视野开展海外侨务外宣工作，用西方人听得

懂、愿意听的语言，把一个和平、开放、发展而又具有悠久历史和丰富文化的中国介绍给世界，让世界认识和了解中国，进而理解中国。要发挥双语、多语、互联网的作用，要使民族的成为世界的，还要在民族文化中加入国际性的元素。世界已经进入数字化时代，电子书报流行，传统书报面临着巨大的冲击。中国要走在大浪潮前面，侨务工作也要走在大浪潮前面。在向华侨华人讲述“开放中国”、“现代中国”、“和谐中国”、“真实中国”、“友好中国”故事的同时，也要让世界人民了解这些故事及其意义和作用。所谓软实力，首先有赖于国际社会的了解，只有了解了之后才会作出评价，进而产生认同感。这样一来，一国的软实力才可能得到提升。

在当前的形势下，加强中国的对外形象宣传具有更大的必要性和迫切性。如果只是单一地发展硬实力，难免会引起一些人的担心甚至敌意。这么多年来，对于中国军事和经济实力的发展，曾经激起一波又一波的“中国威胁论”，其始作俑者固然别有用心，但也有值得我们思考的地方。这就是中国没有及时向外宣传自己，没有充分表达自己的思想理念和方针政策，在外宣方式上没有理会对方是否接受和如何作出反应，以致很多外国人，包括一些善良的朋友不了解或不大了解中国，只觉得中国是一个神秘的国度。所谓担忧与恐惧都源于不确定性，对中国的不了解就为他们的担忧与恐惧提供了条件。所以，目前中国以更加开放的姿态向世人展示自己的任务才显得越来越迫切。

在宣传中国和平发展的大国形象的同时，也要注意文化“走出去”带来的负面影响。中国的和平发展是当今中国和世界的一个热门话题，中国永远不称霸，这是中国真诚而郑重的承诺，也是中国和平发展的理念基础之一。其实，中国的文化必将随着中国经济的腾飞而走向世界，这就像西方的先进思想曾经影响东方一样，其中蕴涵着历史的必然性。文化历来就是在互相影响中不断发展的。问题的关键在于，这种文化的本质是否含有先进的因素，是否有利于世界文化的多样化，是否有利于世界文化的不断发展和创新。中华文化是博大精深、自成体系的，有“己所不欲，勿施于人”的价值取向，有“和而不同”、“厚德载物”的宽大胸襟。这种文化本身不具有极端主义的排他性。中国人历来酷爱和平、重视文化，基于这一文化传统，中国历来主张在世界多样化的发展中实现人类的共同繁荣。

同时，我们也要将侨务文化、宣传、教育纳入国家公共文化服务和社会主流文化产业的视野与工作中来。例如，在向国外民众推广美国的文化、价值观和生活方式方面，众多本部在美国跨国公司就发挥了重要的作用，是他们将“美国”搬到了国外民众的家门口，以自己的言行推介美国。

中国在与世界打交道的过程中，确曾有不成熟的一面。普世价值与民族主义之间、现代文明与历史传统之间、经济发展与文化独立之间、全球化与区域化之间，确实存在着重重矛盾。出现矛盾并不可怕。“君子和而不同”既包括事物发展结果的“和而不同”，也应包括事物发展过程中探索手段和途径的“和而不同”。所以，完全可以“和而不同”地探讨“普世价值”和中国人独特价值观之间的关系，并寻求其中的契合点。

六、“以侨为桥——沟通中国与世界”，大力开展侨务公共外交

章启月大使谈出使比利时曾说，今天许多欧洲人还是通过看埃尔热的《丁丁历险记》了解中国的。她任大使期间，作了上百次介绍中国的演讲，演讲后还要回答听众的诸多问题。一任大使作上百次演讲可谓不少，但就是比利时这样一个千万人口的国家又有多少人能听到章大使的演讲？欧洲议会议员、欧中友协主席德瓦认为，欧盟国家民众对中国不满的原因有二：一是欧洲民众对中国实际情况知之甚少，往往只听信西方媒体的一面之词；二是遇到问题，中国又不善于根据欧洲人的习惯进行及时有效的解释和反驳。而西方国家民众对中国缺乏认识和了解，这正是某些反华人士散布反华言论的最好土壤。由此可见，改变中国对西方社会“信息逆差”的现状，是构建和提升中国软实力需要首先着力解决的症结。

“中国的外交是人民的外交，公共外交的智慧也来自人民。”[1] 几千万海外侨胞遍布世界各国，他们熟知居住国的情况，与居住国人民朝夕相处，最便于和居住国人民开展公众外交。如果有千分之一的侨胞在涉华问题上能够提醒身边的当地民众摘去“有色眼镜”，帮助他们理解、欣赏中国这幅“水墨画”[2]；如果有万分之一的侨胞能担当阐释中国立场、促进邦谊、争取对我理解和支持的“民间大使”，那将是一支何等壮观的队伍和力量！2009 年，在海外侨胞同庆中华人民共和国成立 60 周年之际，《加中时报》刊文指出，海外中华人民共和国国庆活动已转为大张旗鼓的社区活动，但主流社会的认知偏差仍未消除，如何搁置歧见、消除偏见，将中国近几十年来的真实发展状况传播于主流社会，恰是真正考验华人社区活动的关键之处。如果缺乏与主流社会普通民众互动、融合共庆的平台，缺乏主流社会传媒的公关宣传，那么庆祝活动、宴会等只是处于华人圈中，又有多少主流民众能够感同身受，投入更多关注，了解更多中国故事？移民来到新居地，故然自不可忘，唯有付诸行动，让主流社会真切认识中国的变化，那才是真正爱国之举。[3] 海外侨胞的认识已经达到如此高度，侨务部门又将如何给予引导和支持呢？

侨务工作为了鼓励海外侨胞融入主流社会，曾经提出“走出唐人街”的想法。然而唐人街不仅是海外侨胞族情、中华魂的寄托所在，也是外国民众（尤其是绝大多数没有到过中国的外国民众）了解和认识中国的窗口。无论是从华社自身建设、维系族群感情，还是维护国家形象、提升国家软实力的维度去考量，侨务工作都应走进唐人街、深入唐人街。侨务工作应充分发挥遍及世界各地的唐人街的作用，引导和支持唐人街（海外华社）加强自身建设（自我服务、管理、约束、维权）；推动和促进海外侨胞与当地人民和睦相处，倡导和鼓励海外华社团结互助、诚信守法、回馈社会；支持海外华社通过举办中华民俗节庆，中国

---

① 这是 2010 年 3 月 8 日杨洁篪外长在第十一届全国人大三次会议记者会上的讲话。

② 杨洁篪外长以“水墨画”和“油彩画”比喻中西文化的差异，以“有色眼镜”比喻偏见。

③ 《视角》，《福建侨报》，2009 年 9 月 25 日，第 3 版。

文化周、月、年等活动扩大唐人街的影响，把唐人街建设成为当地民众喜闻乐见、感知中国的窗口。这样做无疑将会大大提升和扩大中国的形象和影响力。为此，侨务工作应当重视唐人街，深入唐人街！

中国侨务外宣积60多年之经验，形成了世界华文传媒的主导地位，但在影响国际主流舆论、设置话题、主导话语权方面，侨务外宣尚处于摸索阶段。“话语权”是语言学中的一个新名词。按照国家语委副主任李宇明的解释，话语权分为发言权、影响力和话题权三个层次。李宇明介绍，在非传统安全理念时代，美国政府已经注意把语言问题“安全化”，并实施了“关键语言”战略，用“语言武器”装备美国军民。李宇明提出：“当今国家的利益已经超出本土，如何用各国人民习用的语言介绍真实的中国，减少误解与冲突……已是必须考虑的国家大事。”[①] 法国哲学家茱莉亚·克里斯蒂娃（中国加入联合国后首批邀请访华的西方学者）在“中欧文化高峰论坛”期间说：“世界喜欢可被理解的语言。中国如果想要走向世界，就要看它能不能找到一种可以令世界接受的、跟它有共同语境的语言。”[②] 几千万海外侨胞是中国改革开放的拥护者、参与者、受益者，也是“和谐世界”的宣传者、推动者、建设者。他们能够在国际社会通用的语境下与世界对话，能够用居住国人民听得懂的语言介绍中国的发展道路和成功经验，这不仅有利于中国的和平发展，也有利于世界的和平发展。如何开发和利用华侨华人这一人口语言资源，则需要侨务部门用心、用力。

“5·12”汶川特大地震周年之际，侨务部门邀请了20多个国家和地区的华文媒体赴川采访。海外华文媒体记者采写了一批“灾后重建成绩令人称奇”、“灾区百姓坚强乐观让人感动”、“社会和谐稳定有序使人振奋”等内容的报道，报道了灾后重建取得的巨大成就。2010年6月20日，巴黎华侨华人因华人社区安全没有保障举行了“反暴力、要安全”的万人大游行，引起了法国政府的关注。这反映了法国华侨华人

---

① 《中国语言资源动态》，2011年第3期，总第7期。

② 万佳欢：《世界喜欢可被理解的中国》，《中国新闻周刊》2010年第40期。

维权意识的提高。法国中欧名流协会秘书长吴忠事后反思，法国没有一家华人办的法文媒体，当地华文媒体难以对主流舆论产生影响是法国政界忽略华人群体的原因之一。而法国的阿拉伯、非洲裔都办有自己的法文传媒，以表达政治诉求，扩大族群影响。根据国际舆情学者郭可的研究统计，当今全球互联网信息量的80%为英语信息，中文信息（包括海外的华语地区和国家）仅占互联网信息总量的5%。[①] 可见，要使民族的成为世界的，还需在民族元素中注入国际性、时代性的元素。数字化时代，传统书报业正面临着业界人士称之为第四次浪潮的巨大冲击。面对行业浪潮的冲击，“着力建设语种多、受众广、信息量大、影响力强、覆盖全球的国际一流媒体，构建覆盖广泛、技术先进的现代传播体系，形成与我国经济社会发展水平和国际地位相称的国际传播能力”[②]，应是国家对外宣传工作的目标和要求。新华社开设了英文视频，中央电视台在已有英、法、西班牙语频道的基础上增加了俄语和阿拉伯语频道，《求是》杂志也发行了英文版……侨务外宣要提升国际传播能力，必须跟上时代的节奏和国际化的脚步。也许有人认为这超出了“侨务工作”的范围，但站在侨务工作三个大有作为的舞台上，这又何尝不是侨务工作的职责范围，因为它符合侨务工作两个服务的统一和“三有利”的原则。

七、探索国际文化传播的新途径，是中国大侨务的题中应有之意

曾获多个国际电影节大奖的电影导演贾樟柯在谈参加国际影展的体会时说：“中国的经济发展特别快，世界对中国的关注特别多。大家都想通过文化来了解这样一个庞大的经济体在想什么，它的感情是什么。……我几乎有点不敢去国际影展，因为每次去，都会被问及很多不是电影的问题，比如政治、经济，甚至历史等，这说明国际社会渴望了

---

① 《应增强对国际舆论的容忍度》，《环球时报》，2010年11月23日，第14版。

② 《全国对外宣传工作会议召开部署今年外宣工作》，人民网，2009年1月7日。

解中国，但我们的文化输出力度明显还不够。如果有更多的电影、文学、美术等输出的话，我们会从感情上跟国际社会沟通，彼此间的误解会少很多。”① “中国图书对外推广计划”负责人吴伟认为：“现在中国的产品制造，已经誉满全世界。外国人从中国的产品开始认识中国，但是我们的文化传播没有跟上。结果就导致中国越发展，他觉得你越威胁他。”② 比较而言，英国原文化事务大臣乔维尔说：“英国在过去300年里走进世人眼光的因素有很多，但英国的文化小说书籍绝对是不容忽视的关键。”③ 现今，国际文化传播的方式大致分为非产业性传播和产业性传播两种途径。非产业性传播主要是政府行为，产业性传播则政府行为和民间行为都有。根据传播学的研究，与非产业性传播相比，产业性传播的传播者积极性、主动性更大，受众接受度和互动性更高。中国是个文化大国，但还不是文化产业的大国。长期受计划经济的影响，我们还习惯于政府行为的非产业性传播。

由于文化具有政治、经济、社会多重属性，这一特性又赋予其具有文化软实力、文化生产力、文化融合力等政治意义、经济意义和社会意义。当今世界综合国力的竞争日趋激烈，谁占据了文化发展的制高点，谁就能在激烈的国际竞争中赢得主动。文化的繁荣和发展又是经济发展、社会进步的标志。中国共产党在十七大提出“解放和发展文化生产力”，并把它作为社会主义本质要求在文化领域内的必然体现。推动我国文化产业成为经济发展新的增长点，成为国民经济的支柱产业，进而提高文化产业在国民经济中的地位和作用，增强中华民族的凝聚力，扩大中国文化的国际影响力。2009年，国务院提出了《文化产业振兴规划》，标志着我国的文化产业已经上升为国家的战略产业。侨务工作作为党和国家一项长期的战略性工作，侨务文宣应当负起促进传播中华文化和提高文化产业国际竞争力的历史责任。

互联网是年轻人的世界。2008年奥巴马在总统大选中获胜的主因

---

① 《文化输出，感情诚实很重要》，《环球时报》，2009年3月20日，第23版。
② 《有时候，我们说的不是他想要听的》，《南方周末》，2009年10月22日，第31版。
③ 《四学者谈中国文化输出》，《环球时报》，2008年9月5日，第23版。

是借助互联网得到了大量年轻选民的支持。当前美国政府也积极利用互联网影响各国年轻人。美国国务卿希拉里就曾强调说："我们要通过新型社交媒体与全世界的年轻人沟通，我们要用最直接的方式将美国的政策传到这些年轻人的耳朵里。"① 因为她看到了"互联网才是21世纪的公共场所，是全球民众的市区广场、教室、集市、咖啡馆"②。我国学者胡百精说："舆论场就像一个大容器，你公开注入的信息越充分，其他人的意见空间和回击余地就越狭促。"③ 当今社会，网络已进入千家万户，成为一种大众媒介、一种文化现象。有人将其比喻为当今人类在吃住行之外第四件须臾不可离开的事情。特别是在传播方式已经进入"第五媒体"④ 的时代，云计算已经进入商业应用，如果我们的传播方式还囿于平面媒体，不仅受众少、时效慢、成本高，连注入信息的时空也会变得狭促，又何谈国家软实力的提升呢？在金融危机的冲击下，美国已有105家报馆倒闭，失业报人逾万。拥有《洛杉矶时报》、《芝加哥论坛报》等10家报纸的全美第二大报业集团——论坛报公司亦申请破产保护。而网络媒体却在逆势成长。有百年历史的保守报刊《基督教科学箴言报》也从2009年4月1日起改为网络版报纸；即使在有报纸天堂之称的日本，也深感信息渠道多样化的冲击和纸媒体走到尽头的危机。⑤ 这一趋势性的变化向侨务外宣工作提出了警示，无论是开展新华侨华人工作还是加强华裔新生代工作，抑或是涵养侨务资源、拓展侨务工作，加强侨务外宣网络建设都势在必行、刻不容缓！

互联网的运行完全改变了传统的营销经济学。互联网可以吸纳任何一个行业，可以充当商场、影院和广播电台……它可以将数百万的信息

---

① 《社交网站冲上美国外交火线》，《环球时报》，2011年2月25日，第4版。

② 《软实力竞争，西方从未停下脚步》，《环球时报》，2011年3月3日，第15版。

③ 《速读》，《中国新闻周刊》2009年第5期，总第407期，第14页。

④ "第五媒体"是指以手机为视听终端的个性化即时信息传播载体。它是以大众为传播目标、以及时为传播效果、以互动为传播反馈的大众传媒平台；也是目前所有媒体形式中最普及、最快捷、最方便，并具有一定强制性的媒体平台。前四大媒体分别为报刊、广播、影视和互联网。

⑤ 陈言：《报纸天堂的末代景象》，《中国新闻周刊》2010年第37期，总第487期。

送到一个人的面前，它可以使非流行、时髦、热销的商品同样实现最大商机，互联网提供的任何一样东西基本上都有人买。这就是美国克里斯·安德森提出的“长尾理论”①。安德森认为商业市场中的文化热点已经不再是市场的唯一文化，主流文化正在分裂成无数的文化碎片。无论是“大众专享”、“小众细播”还是“大规模定制化”的消费需求，只要供需瓶颈消失，那么当所有产品都能被人取得的时候，长尾奇迹就会出现。谷歌首席执行官埃里克·施米特说：“安德森的理念以一种意义深远的方式影响了谷歌的战略思想。如果你想看清商业界的未来，读读这本杰出而又及时的著作吧。”《跨越鸿沟》的作者杰弗里·摩尔称：“‘长尾理论’把握住了世界经济的变化核心。”Real Networks 首席执行官罗布·格拉泽呼吁：“任何关心媒体的人都应该读读这本书——实际上，任何关心社会和社会发展方向的人都应该读读这本书。”②

八、广泛团结各界华侨华人，壮大海外友我力量

侨务工作是做人的工作。联谊服务、反“独”促统、文宣华教、引资引智、维权慰侨、扶贫救助等都是围绕“人”而开展工作的。我们可以断言，侨务工作的重点会随着世情、国情、侨情的变化而变化，但侨务工作做人的工作性质永远不会改变。

今天，“五缘”（血缘、地缘、文缘、业缘、善缘）社团、“四有”（政治上有影响、社会上有地位、经济上有实力、专业上有造诣）人士、新华侨华人、华裔青少年、少数民族华侨华人群体都是侨务部门广泛联谊、服务的对象。高山不弃抔土，大海不拒涓流。要建立一支宏大的对我友好力量，侨务部门应将更多的不同界别和群体的华侨华人纳入侨务工作的视线。

---

① 安德森根据 iTunes 网上音乐商店曲目的流行度排序，发现在最流行曲目大量下载后，非流行曲目的下载量陡然下跌。尽管下跌，排名第 10 万首的曲目仍有千位数的月下载量，即使排在末端的曲目，也有 4～5 次的月下载量。而 iTunes 网上音乐商店的曲目存量为 200 万首。统计学将这些数据连成曲线状似一条长长的尾巴，“长尾理论”因此而得名。

② 经济参考报网站《文摘频道》，2009 年 5 月 12 日。

我国学者龙登高教授在美国考察时发现，华人基督教会近十年已发展成美国最大的华人社团，其影响日益超过传统社团。许多大陆新移民从无神论者转变为基督徒……①广东省侨办的调研报告指出，美国华人宗教组织规模庞大令人震撼。在洛杉矶地区 88 个区市中，华人教会组织就逾 120 个；洛杉矶华社普遍认为，洛杉矶华人信教人数占洛杉矶华人总数的一半以上；“西来大学”（台湾星云大师开办）面向全球招生；明月居士林的居士达三四千人；教会组织中高学历人士不断增加，在大型高科技工业区还出现了“博士教会”；洛杉矶千橡市经常参加活动的信徒中 95% 以上是博士、工程师、研究员……②即使我们将这些数字作为参考，也应认真考虑将海外侨胞中的信教群体纳入侨务工作的对象。历史上，中国与新加坡早期关系的发展就有新籍华人佛教徒的推动；在现实中，美国中国和平统一促进会会长就是虔诚的摩门教徒；澳大利亚有位敢与法轮功当面抗衡的女性是基督教救世军上尉。1994 年，涉侨部门与中国佛教协会和法国华社共同在法国举办的“中国佛教文化展”，引起法国社会的极大关注，法国文化部部长到场祝贺，红衣大主教会见全团等展出活动促进了中法文化交流，宣传了中国的宗教信仰自由政策，扩大了法国华社的影响，也有力地反击了西方国家挥舞的“人权”大棒。2005 年，侨务部门组织中医慰侨团访澳，在布里斯班佛光山开展询诊活动，该寺从住持到信众都是旅澳台胞，且没有一人到过大陆，初时气氛凝重，领队一句“我们的医生是来行菩萨愿，布无畏施的”，顿时拉近了两岸同胞的距离。法师和信众热情邀请全团在寺内参观、撞钟、用斋，并表示一定要去大陆走走看看。以上例证说明，拓展侨务工作的路径，可以提升国家的形象和扩大国家的影响；开展华侨华人信教群体的工作，有利于广泛团结不同信仰、不同阶层、不同地区、不同民族、不同年龄、不同职业、不同需求的华侨华人。

中国文化“走出去”的第一道门槛是翻译。据文化学者王岳川调

① 龙登高：《海外华人社会的新现象及其解释》，《华侨华人历史研究》2009 年第 4 期。
② 黎静等：《特殊的华人群体》，《福建侨务》2010 年第 1 期。

查统计，自1900年到2000年的100年间，中国知识分子前赴后继翻译了106 800册西方书籍；但这百年间，中国的书籍（包括古代书籍）被西方翻译的只有800多册（新闻出版总署的调查结果是100∶1，大致相同）。[①] 在著名归侨翻译家杨宪益[②]遗体告别仪式上不乏金发碧眼的外国友人，他们都是通过其译著了解、懂得、热爱中国的。有人说，杨宪益走了，中国自此将进入文学对外翻译的“大师断层期”。据国家外文局常务副局长郭晓勇介绍，中国目前有几十万翻译从业人员，但“还是缺少像杨老那样学贯中西，能通过翻译将中国文化介绍到外国的高级翻译人才”[③]。针对这样的“还是”，侨务部门应该能够引导、推动、发掘海外侨胞在这方面发挥作用、有所作为。推而广之，海外的中医师群体、华人体育兵团、文艺兵团等都可以也都在为扩大中华文化影响、提升中国软实力发挥无可替代的独特作用。这些海外侨胞群体应该成为中国侨务工作为构建和提升国家软实力向更高层面、更广领域、更深层次拓展的工作重点。

根据国际法，中国在海外数以百万计的留学生和劳务人员都是中国侨民，他们被计入海外华侨华人的总数中，也受到中国领事保护，但按照中国现行的侨务政策，中国留学生和劳务输出人员还不是侨务工作的对象。2007年，中国社科院发布的人才蓝皮书指出，中国28年来海外留学人员回国率约为25.77%，逾七成留学人员滞留海外。[④] 《纽约时报》引述权威数据揭示，2002年在美国拿到科学或工程博士的外国留学生，到2007年仍然留在美国的比例为62%。其中，中国博士留下的

① 《中国连一个文化学术名词都没喊出来》，《羊城晚报》，2010年12月13日。

② 杨宪益：归侨，1934年留学英国，抗战时在伦敦华侨中做救亡工作，并向日本国内寄发谴责侵华的宣传材料，1940年返回战乱中的祖国。杨宪益先生把中国古典文学经典《离骚》、《红楼梦》、《聊斋》等作品和当代文学精品《鲁迅文集》、《白毛女》等作品介绍给西方，并发起和主持了旨在弥补西方对中国文学了解空白的“熊猫丛书”系列，拓宽了中国文学对外沟通的窗口。

③ 《杨宪益辞世引发思考：翻译这座桥还牢吗?》，中国新闻网，2009年11月30日。

④ 《2007中国人才蓝皮书：海外留学人员逾七成不回国》，新华网，2007年5月31日。

有2 000多人，占中国留美博士的92%，比例高居各国第一。[①] 2008年，世界金融海啸掀起一波海外学子回国发展潮，但我国海外留学生和留学毕业的高级人才人数仍在百万以上。这一数字应该引起侨务和有关部门的重视。无论是从人才竞争还是侨务工作的可持续发展来看，侨务部门都应将留学生群体纳入工作对象，关心、爱护和引导他们的成长与发展，维护他们的权益，引导他们尊重当地法律和文化。华人学者熊玠（纽约大学终身教授）进言："中国要真正成为世界上普遍受尊敬的大国，必先有能为世界尊敬的国民。"[②] 华人学者杨健（新西兰国际关系学会奥克兰分会主席）认为，引导中国国民和移民尊重当地法律和文化是提升中国软实力需着力的地方。[③] 如果从维护国家形象大局和维护侨民权益出发，侨务部门（在国家还没有专职移民管理机构的情况下）参与劳务输出人员的管理，承担起移民管理机构的部分职责，协同有关部门加强对中国劳务输出人员和新移民进行教育、培训和引导，中国劳工被侵权，中国劳务人员与当地社会的文化冲突事件是完全可以避免的。

九、尊重文明差异，避免软实力“硬包装”

“文明冲突论”使亨廷顿成为国际学界富有争议的人物。尽管亨氏观点饱受争议，但他提出了一个需要认真思考的世界性问题。亨氏观点的现实意义在于提醒我们不同的文化之间是有可能引起冲突的，而且这种冲突曾经发生并还在发生。如果认为文化是软实力，随意进行文化传播、输出，问题不会太大；如果认为软实力冠以“文化”二字就可以放开推行，则是十分错误和非常危险的；任何事物的过度都会出现偏颇，“过度”也不是中国传统文化的价值观。

---

① 《脑力流失仍是中国经济的软肋》，《中国新闻周刊》2010年第7期，总第457期，第82页。

② 《参观上海世博会与思考“中国模式”——一个游子的感受与盛世诤言》，香港《中国评论》2010年8月号，总第152期。

③ 《龙跃南太：中国南太平洋战略与影响力评估》，香港天大研究院网站，2009年4月27日，http：//www. tiandainstitute. org/cn/article/108_ 1. html。

2008年，海外侨胞在反对“藏独”、护卫“奥运圣火”、维护国家尊严的大是大非面前，让世界领略了中华民族的凝聚力。海外华社振聋发聩的如虹气势，来自中华民族心底百年的压抑。这种民意表达的方式来得突然而迅猛，值得尊敬，也值得思考。如果我们作理性的反思或从科学发展观的角度看问题，与许多侨胞在居住国打着横幅、喊着口号，挥舞着五星红旗表达爱中国的激情方式相比，我们更赞赏英国侨胞戴着口罩，举着西藏“3·14”动乱真相和北京“人文奥运”的图板，无声地站在BBC广播大楼和国会前表示抗议的方式。与前者引起的冲突相比，后者吸引了众多英国民众驻足观看。这种无声的抗议符合西方主流社会言论表达的价值观，又让英国民众了解了事实的真相，揭露了西方媒体的虚伪，冲击了西方社会被扭曲的是非观。应该说，这种有理、有利、有节的表达方式效果更好，反击更有力。它既有利于中国影响力和形象的提升，也有利于海外侨胞的长期生存和发展。

随着中国国力的日益强盛，一些国家对我国的疑虑、猜忌及指向中国的各种小动作也会增加，如何引导海外侨胞作出正确回应，提高危机应对能力和政治公关能力，化消极影响为积极影响，化不利因素为有利因素，已成为中国和平发展过程中侨务工作面临的新课题。在现代社会关系中，民意属于利器，其力量和影响越来越大；民意又受文化、习俗、情绪等因素的影响，表现形式也纷繁复杂。一国（族群）民意的表达方式、表达程度有可能引发相关国家（族群）民意的不满和对决，而民意对决则意味着矛盾升级，甚至导致局面失控。因此，尊重、慎用、善用、引导民意反映了一个政府或一个国家对矛盾和纠纷负责任的态度。我国学者张胜军教授认为，慎重对待民意与发挥民间力量并不矛盾。在国际关系中，民意表达注意理性化和专业化效果会更好。表达民意不是比声音大小，不是比情绪激烈，而是要摆事实、讲道理、追求正义，以理性化和专业化争取人心，获得支持和尊敬，让中华文明的力量跨越国界，和谐万邦，成为全球文明发展史中有益的组成部分。[①] 2010

---

① 《民意表达，我们还需要学习》，《环球时报》，2009年3月6日，第11版。

年 8 月，西班牙巴塞罗那市中心赫然出现一条“中国人滚出西班牙”的标语。西班牙中国侨民协会对此情况没有组织华侨华人抗议，而是通过当地媒体邀请标语书写者在媒体陪同下与中国侨民对话，以坦诚的态度进行沟通。中国侨民协会还与标语地社区联系，希望通过社区与标语涂写者进行沟通。虽然邀请没有得到标语书写者的回应，却得到了西班牙民众在原标语旁书写的一条“种族歧视者滚出这里”的新标语。① 西班牙侨胞冷静理智地面对反对声音，妥善化解危机，为生存发展营造良好社会舆论环境的做法，正是侨务工作需要去关注、去研究、去推而广之的。

法国史学大师布罗代尔在《论历史》一书中指出，一种文化至少具有时空、借鉴、抵制三种特性。即每种文化都有其历史传统和地域范围，当外来文化有利于当地发展时才会予以借鉴和吸收，否则就会被拒绝和抵制。这在文化成为现代国家“软实力”，甚至是“民族意识形态”的当今世界体现得尤为明显。“己所不欲，勿施于人”，己所甚欲，亦应勿强施于人。只有让不同的国家、不同文化的人民从中华文化和中国发展道路中悟出对自己民族发展有益的启示，才能让世界真正理解中国，理解中国人民，理解中国的发展，才能使中华文明更具普世价值，这才是我们构建和提升国家软实力的目标。历史上，中国在西方世界的眼里一直是以文化中国被接受的，但短短的 30 年间，经济中国尚在被世界接受的过程中，政治中国又已站立了起来。中国的和平发展还有很长的路要走。我们不仅要面临政治、经济、外交、军事等多方面的考验和挑战，还要面对世界舆情（包括“指责”、“谩骂”、“抹黑”、“挑拨”）的心理考验和挑战。

任何国家和政府都重视对外宣传，都希望把自己的主张、政策乃至本国文化和思维方式让他国和他国人民理解与接受。经过十年一剑的磨砺探索，侨务部门推出的“文化中国”品牌系列活动已广受出访国人民欢迎。“文化中国”的内容和形式紧随海外侨胞的需要而编排，紧跟

① 《排华标语惊现巴塞罗那》，《环球时报》，2010 年 8 月 23 日，第 4 版。

海外侨胞居住国文化律动的节拍而调整。它没有"复兴"、"崛起"的豪语，但它仍然是中国文化的传播，是中国形象的宣传。十年来，"文化中国"品牌系列活动的足迹遍及五大洲，从未遭"指责"、"谩骂"、"抹黑"、"挑拨"的吐沫。它把宣传寓于慰侨之中（"文化中国"受到几千万海外侨胞的欢迎），把传播寓于文化交流和民族融合之中，他国人民也易于接受、乐于参与。这使前往观看"四海同春"节目，参与"文化中国"品牌系列活动的当地政要和民众逐年递增，他们自愿参与到中国春节阖家团聚、尊老爱幼、恭喜发财、祈盼新年、寄予希望的活动中来。

十、坚持"三个有利于"，实现和谐与共赢

在全球化的今天，多元文化观逐渐成为主流，不但在美国和欧洲被广泛认可，在东南亚也逐渐被接受。在这种多元文化发展的趋势下，越来越多的国家对华侨华人表现出更多的善意和尊重。我国学者庄国土在谈到东南亚多元文化时，就有如下的评论："1980 年代以来，东南亚族群之间的宗教文化冲突有所减少。鉴于族群和谐对国家政治经济稳定发展的重要性，东南亚各国政府纷纷表示对华人的善意，即使在印度尼西亚和马来西亚这两个穆斯林主导的国家，当政者也不同程度地表达对多元文化的理解和接受。"① 正是这种善意和尊重，使得海外侨胞在居住国发挥着越来越重要的影响力。

海外侨胞在居住国的影响力是我国软实力建设的重要基础，但要发挥海外侨胞在中国软实力建设中的作用，我们认为要有共赢思维。前已述及，随着中国的强大，西方某些国家政府和民粹分子总是戴着"有色眼镜"看中国，危言耸听地渲染"中国威胁论"，华侨华人有时被诬蔑为"第五纵队"和"黄色间谍"。为驳斥这样的诬蔑，消除华侨华人居住国政府和民间的顾虑，我们应当强调作为软实力的海外华侨华人资源

① 庄国土：《多元文化或同化：亨廷顿的族群文化观与东南亚华族》，《南洋问题研究》2003 年第 2 期。

的“共赢性”,[1] 即对华侨华人、居住国和中国等多方所作的贡献。

具体而言，就是坚持“三个有利于”的原则，就是要在有利于海外华侨华人长期生存和发展及当地社会经济文化的发展，有利于发展我国同华侨华人居住国的友好合作关系，有利于推进我国现代化建设和祖国统一的原则下，充分发挥海外侨胞在文化、经济、社会乃至政治等各个领域增强中国软实力的作用。

尤其值得一提的是，对已加入外国国籍的华人，应在尊重他们效忠所在国并尽公民责任的前提条件下，注重他们的特殊作用和影响，发展双边关系。加拿大哈珀政府时期的华裔部长庄文浩的话就很有代表性，他说：“我为自己拥有华人的文化背景而骄傲，我也为华人在历史上为加拿大作出了重要贡献而感到自豪。但我首先还是一个加拿大人。”他虽然积极为加拿大的国家利益服务，但也积极争取华裔权益，并一直在紧密跟踪中国内地和香港的发展变化，认为“世界应该欢迎一个强大的更加自信的中国”[2]。

---

① 高伟浓著：《软实力视野下的海外华人资源》，吉隆坡：学林书局，2010 年，卷首语。

② 赵青、杨士龙：《“华人参政首先要融入主流”——访加拿大华裔部长庄文浩》，《人民日报·海外版》，2006 年 3 月 7 日，第 5 版。

参考文献

一、中文著作

1. ［美］约瑟夫·奈著，门洪华译：《硬权力与软权力》，北京：北京大学出版社，2005 年。

2. ［美］杜维明著：《东亚价值与多元现代性》，北京：中国社会科学出版社，2001 年。

3. ［美］嘉戴尔斯著，何明智译：《全球媒体时代的软实力之争》，北京：中信出版社，2010 年。

4. ［美］罗伯特·杰维斯著，秦亚青译：《国际政治中的知觉与错误知觉》，北京：世界知识出版社，2003 年。

5. ［美］周敏著，郭南译：《美国华人社会的变迁》，上海：上海三联书店，2006 年。

6. ［日］金子将史、北野充主编，公共外交翻译组译：《公共外交："舆论时代"的外交战略》，北京：外语教学与研究出版社，2010 年。

7. 曹云华著：《东南亚区域合作》，广州：华南理工大学出版社，1995 年。

8. 曹云华著：《新加坡的精神文明》，广州：广东人民出版社，1992 年。

9. 潮龙起著：《美国华人史》，济南：山东画报出版社，2010 年。

10. 陈传仁著：《海外华人的力量》，北京：世界知识出版社，2007 年。

11. 陈乔之著：《华侨华人社会经济研究》，香港：香港地平线出版社，1998 年。

12. 陈文寿著：《华侨华人侨务》，香港：香港社会科学出版社有限公司，2007 年。

13. 陈奕平著：《人口变迁与当代美国社会》，北京：世界知识出版社，2006 年。

14. 陈奕平著：《依赖与抗争——冷战后东盟国家对美国战略》，北京：世界知识出版社，2006 年。

15. 范如松著：《东南亚华侨华人》，北京：世界知识出版社，1999 年。

16. 高伟浓、石沧金著：《中国的华侨华人研究：1979—2000》，北京：中国华侨出版社，2002 年。

17. 高伟浓著：《国际移民环境下的中国新移民》，北京：中国华侨出版社，2003 年。

18. 高伟浓著：《软实力视野下的海外华人资源》，吉隆坡：学林书局，2010 年。

19. 高伟浓著：《粤籍华侨华人与粤地对外关系史》，北京：中国华侨出版社，2005 年。

20. 国务院侨务办公室政研司编：《北美华侨华人新视角——华侨华人研究上海论坛文集》，北京：中国华侨出版社，2008 年。

21. 韩方明主编：《公共外交概论》，北京：北京大学出版社，2011 年。

22. 滑明达著：《文化超越与文化认知：美国社会文化研究》，北京：中国社会科学出版社，2006 年。

23. 黄纪凯著：《华侨华人与共和国》，北京：中华全国归国华侨联合会，2009 年。

24. 黄昆章、吴金平著：《加拿大华侨华人史》，广州：广东高等教育出版社，2001 年。

25. 黄昆章、张应龙著：《华侨华人与中国侨乡的现代化》，北京：中国华侨出版社，2003 年。

26. 暨南大学东南亚研究所、广州华侨研究会编：《战后东南亚国家的华侨华人政策》，广州：暨南大学出版社，1989 年。

27. 贾海涛、石沧金著：《海外印度人与海外华人国际影响力比较研究》，济南：山东人民出版社，2007 年。

28. 李安山著：《非洲华侨华人社会史资料选辑》，香港：香港社会科学出版社有限公司，2006 年。

29. 李安山著：《非洲华侨华人史》，北京：中国华侨出版社，2000 年。

30. 李鸿阶著：《华侨华人经济新论》，福州：福建人民出版社，2002 年。

31. 李君哲著：《战后海外华侨华人社会变迁》，沈阳：辽宁教育出版社，1998 年。

32. 李明欢著：《当代海外华人社团研究》，厦门：厦门大学出版社，1995 年。

33. 李明欢著：《欧洲华侨华人史》，北京：中国华侨出版社，2002 年。

34. 李明欢著：《国际移民政策研究》，厦门：厦门大学出版社，2011 年。

35. 李未醉著：《中外文化交流与华侨华人研究》，北京：华龄出版社，2006 年。

36. 李宇著：《海外华语电视研究》，北京：中国社会科学出版社，2011 年。

37. 梁英明著：《华侨华人百科全书》，北京：中国华侨出版社，2000 年。

38. 梁英明著：《战后东南亚华人社会变化研究》，北京：昆仑出版社，2001 年。

39. 廖小健等著：《全球化时代的华人经济》，北京：中国华侨出版社，2003 年。

40. 林金枝著：《华侨华人与中国革命和建设》，福州：福建人民出版社，1993 年。

41. 毛起雄著：《当代国内外侨情与中国侨务法制建设》，北京：中国民主法制出版社，2008 年。

42. 欧亚、王朋进编：《媒体应对：公共外交的传播理论与实务》，北京：时事出版社，2011 年。

43. 丘立本：《从世界看华人——华人研究新探》，香港：南岛出版社，2000 年。

44. 任贵祥著：《海外华侨华人与中国改革开放》，北京：中共党史出版社，2009 年。

45. 上海侨务理论研究中心编：《上海侨务理论研究报告集：2007—2008》，上海：上海人民出版社，2010 年。

46. 石沧金著：《马来西亚华人社团研究》，北京：中国华侨出版社，2005 年。

47.《世界侨情报告》编委会编：《世界侨情报告 2011—2012》，广州：暨南大学出版社，2012 年。

48. 孙浩良著：《海外华文教育》，上海：上海人民出版社，2007 年。

49. 檀有志著：《美国对华公共外交战略》，北京：时事出版社，2011 年。

50. 王赓武著：《东南亚与华人——王赓武教授论文选集》，北京：中国友谊出版公司，1986 年。

51. 王晓德著：《美国文化与外交》，北京：世界知识出版社，2000 年。

52. 王耀辉等著：《中国留学人才发展报告 2009》，北京：中国机械工业出版社，2009 年。

53. 王治理著：《传统文化与对外汉语教学》，厦门：厦门大学出版社，2008 年。

54. 温北炎著：《后苏哈托时代的印度尼西亚》，北京：世界知识出版社，2006 年。

55. 吴前进著：《国家关系中的华侨华人和华族》，北京：新华出版社，2003 年。

56. 吴前进著：《美国华侨华人文化变迁论》，上海：上海社会科学院出版社，1998 年。

57. 杨国标等著：《美国华侨史》，广州：广东高等教育出版社，1989 年。

58. 杨万秀、罗晃潮著：《中华文化与海外华侨华人》，广州：广州出版社，1998 年。

59. 艺衡著：《文化主权与国家文化软实力》，北京：社会科学文献出版社，2009 年。

60. 俞新天著：《掌握国际关系密钥：文化、软实力与中国对外战略》，上海：上海人民出版社，2010 年。

61. 张国祚主编：《中国文化软实力研究报告》，北京：社会科学文献出版社，2011 年。

62. 张秋生著：《澳大利亚华侨华人史》，北京：外语教学与研究出版社，1998 年。

63. 张向前著：《世界华文教育发展研究》，北京：中国言实出版社，2010 年。

64. 张应龙等著：《华侨华人与新中国》，广州：暨南大学出版社，2009 年。

65. 赵刚、肖欢著：《国家软实力　超越经济和军事的第三种力量》，北京：新世界出版社，2010 年。

66. 赵和曼著：《少数民族华侨华人研究》，北京：中国华侨出版社，2004 年。

67. 赵可金著：《软战时代的中美公共外交》，北京：时事出版社，2011 年。

68. 赵可金著：《公共外交的理论与实践》，上海：上海辞书出版社，2007 年。

69. 周敏著：《美国华人社会的变迁》，上海：上海三联书店，2006 年。

70. 周南京、方雄普、冯子平著：《华侨华人百科全书》，北京：中国华侨出版社，2001 年。

71. 周聿峨著：《东南亚华文教育》，广州：暨南大学出版社，1995 年。

72. 朱慧玲著：《中日关系正常化以来日本华侨华人社会的变迁》，厦门：厦门大学出版社，2003 年。

73. 朱杰勤著：《东南亚华侨史》，北京：高等教育出版社，1990 年。

74. 庄国土著：《当代华商网络与华人移民》，台北：稻乡出版社，2005 年。

75. 庄国土著：《华侨华人与中国的关系》，广州：广东高等教育出版社，2001 年。

二、中文论文

1. 潮龙起：《跨国华人研究的理论和实践——对海外跨国主义华人研究的评述》，《史学理论研究》2009 年第 1 期。

2. 陈奕平、范如松：《华侨华人与中国软实力：作用、机制与政策思路》，《华侨华人历史研究》2010 年第 2 期。

3. 陈正良、薛秀霞、何先光：《析海外华侨华人在推动中国软实力形成和发展过程中的作用》，《浙江学刊》2009 年第 6 期。

4. 陈志明：《华裔族群：语言、国籍与认同》，《广西民族学院学报》1999 年第 4 期。

5. 李爱慧：《美国华人基督教会的族裔特性探析》，《暨南学报》（哲学社会科学版）2009 年第 5 期。

6. 令狐萍：《美国华人研究的新视角：文化社区理论》，《华侨华人历史研究》2007 年第 1 期。

7. 吴金平：《对美、加华裔新生代特点的社会调查及分析》，《世界民族》2004 年第 6 期。

8. 许梅：《独立后马来西亚华人的政治选择与政治参与》，《东南亚研究》2004 年第 1 期。

9. 许梅：《海外华人与侨乡关系研究的路径探索》，《东南亚研究》2008 年第 4 期。

10. 许梅：《试析传统文化因素对早期菲律宾华人参政意识的影响》，《东南亚研究》2003 年第 2 期。

11. 许梅：《中国—东盟自由贸易区对东南亚华人与祖籍地关系的影响》，《东南亚研究》2003 年第 3 期。

12. 杨发章著、徐竹译：《论美籍亚洲人的身份认同、内外冲突和生存策略》，《国外社会科学》1985 年第 7 期。

13. 杨刚、王志章：《美国硅谷华人群体与中国国家软实力构建研究》，《中国软科学》2010 年第 2 期。

14. 叶虎：《海外华文传媒与中国国家形象塑造》，《当代亚太》2010 年第 2 期。

15. ［美］约瑟夫·奈、王缉思、赵明昊：《中国软实力的兴起及其对美国的影响》，《世界经济与政治》2009 年第 6 期。

16. 张小欣：《浅谈禅宗在越南历史上的传播及其文化影响》，《东南亚》2003 年第 2 期。

17. 张秀明：《移民与祖籍国的关系——美国华裔和印度裔的个案分析》，《八桂侨刊》2005 年第 4 期。

18. 周敏：《族裔特性、社会资本与美国华人中文学校》，《世界民族》2005 年第 4 期。

19. 周聿峨：《论海外华文教育与中国汉语推广》，《贵州社会科学》2008 年第 3 期。

三、英文文献

1. Cheng, Albert and Him Mark Lai, "The 'In Search of Roots' Program: Constructing Identity through Family History Research and A Journey to the Ancestral Land", in Susie Lan Cassel, *The Chinese in America: A History from Gold Mountain to the New Millennium*, Walnut Creek, CA: AltaMira Press, 2002.

2. Congressional Research Service, *China's Foreign Policy and Soft Power in South America, Asia, and Africa*, A Study Prepared for the Committee on Foreign Relations, United States Senate, 2008.

3. Ding, Sheng, *The Dragon's Hidden Wings: How China Rises with Its Soft Power*, Lanham: Lexington Books, 2008.

4. Fitzgerald, Stephen, *China and the Overseas Chinese: A Study of Peking's Changing Policy*, 1949—1970, Cambridge: Cambridge University Press, 1972.

5. Gill, Bates and Yanzhong Huang, *Sources and Limits of Chinese "Soft Power"*, London: The International Institute for Strategic Studies, 2006.

6. Joseph Nye and Wang Jisi, "The Rise of China's Soft Power and Its Implications for the United States", in Richard Rosecrance and Gu Guoliang, *Power and Restraint: A Shared Vision for the U. S. —China Relationship*, New York: Public Affairs, 2009.

7. Kibria, Nazli, *Becoming Asian American: Second-generation Chinese and Korean American Identities*, Baltimore: The John Hopkins University Press, 2002.

8. Kurlantzick, Joshua, *Charm Offensive: How China's Soft Power Is Transforming the World*, New Haven: Yale University Press, 2007.

9. Lai, Him Mark Lai, *Becoming Chinese American: A History of Communities and Institutions*, Walnut Creek, CA: AltaMira Press, 2004.

10. Li, Mingjiang, *Soft Power: China's Emerging Strategy in International Politics*, Lanham: Lexington Books, 2009.

11. Lien, Pei. te, "Ethnic Homeland and Chinese American Conceiving A Transnational Political Network", in Tan Chee-Beng, *Chinese Transnational Networks*, London: Routledge, 2007.

12. Louie, Andrea, *Chineseness across Borders: Renegotiating Chinese Identities in China and the United States*, Durham: Duke University Press, 2004.

13. McGiffert, Carola, *Chinese Soft Power and Its Implications for the United States: Competition and Co-operation in the Developing World*, Washington, D. C.: Center for Strategic & International Studies, 2009.

14. Ong, Aihwa and Donald Nonini, *Ungrounded Empires: The Cultural Politics of Modern Chinese Transnationalism*, New York: Routledge, 1997.

15. Ong, Aiwa, *Flexible Citizenship: The Cultural Logics of Transnationality*, Durham: Duke University Press, 1999.

16. Pan, Lynn, *The Encyclopedia of the Chinese Overseas*, Cambridge, Massachusetts: Harvard University Press, 1999.

17. Peterson, Glen, *Overseas Chinese in the People's Republic of China*, Milton Park, Abingdon, Oxon; New York: Routledge, 2012.

18. Portes, Alejando, "Theoretical Convergences and Empirical Evidence in the Study of Immigration Transnationalism", *International Migration Review*, Vol. 38, No. 3, 2004.

19. Richard L. Armitage, Joseph S. Nye, Jr. Cochairs, *CSIS Commission on Smart Power: A Smarter, More Secure America*, Washington: The Center for Strategic and International Studies, 2007.

20. Suryadinata, Leo, *Southeast Asian Chinese and China: The Politico-Economic Dimension*, Singapore: Times Academic, 1995.

21. Tan, Chee-Beng, *Chinese Overseas: Comparative Cultural Issues*, Hong Kong: Hong Kong University Press, 2005.

22. Tan, Chee-Beng, *Chinese Overseas: Migration, Research and Documentation*, Hong Kong: The Chinese University Press, 2007.

23. Tung, May Paomay, *Chinese Americans and Their Immigrant Parents: Conflict, Identity, and Values*, New York: Haworth Press Inc., 2000.

24. Wang, Jian, *Soft Power in China: Public Diplomacy through Communication*, New York: Palgrave Macmillan, 2011.

25. Wang, Lingchi, "Roots and Changing Identity of the Chinese in the United States", in Franklin Ng, *Adaptation, Acculturation, and Transnational Ties among Asian Americans*, New York: Garland Publishers, 1998.

26. Wong, Bernard P., *The Chinese in Silicon Valley: Globalization, Social Networks, and Ethnic Identity*, Lanham: Rowman & Littlefield Publishing Inc., 2005.

27. Yang, FengGang, *Religion, Conversion, and Identity Construction: A Study of A Chinese Christian Church in the United States*, Ann Arbor, Mich: UMI, 1997.